大道塾40年、空道20年の歩み

空道熱寫

▲大道塾設立直後の練習風景

▲1986年 総本部を練馬区に移転・開設

第4回 オープントーナメント
全東北空手道選手権大会ルール説明会
大道塾　披露パーティー

▲1981年2月17日 設立パーティー 大道塾発進！

▲大道塾発祥の宗本部道場（前東北本部）

▲1982年 北斗旗第1回大会 故亀井文蔵大会会長の挨拶

新設祝賀パーティー

▼初代事務長

▲2000年 現総本部、新設祝賀パーティーにて

▲大学の師 村山吉廣教授

ボクシングの師 白鳥金丸先生▲

▲2001年 第1回世界大会後

▲阿字ヶ浦での合宿

▲1982年『大道無門』の掛け軸を寄贈される

▲1981年 東北各地で演武会を催し格闘空手をアピール

▲旧友 生島ヒロシ氏

▲大道塾では年3回の全国会議がある

▲1982年 ミヤギテレビ杯オープントーナメント北斗旗空手道選手権大会

▲1994年 モスクワ遠征・セミナー開催

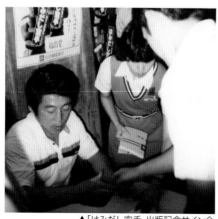
▲「はみだし空手」出版記念サイン会

▲日本テレビ「スーパージョッキー」出演

▲夏期合宿（茨城県阿字ヶ浦海岸）

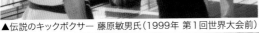

▲伝説のキックボクサー 藤原敏男氏（1999年 第1回世界大会前）

▲2009年 第3回世界大会後の幹部昇段審査

▲マフィアではない（笑）サンクトペテルブルグで

▲初期のウラジオ支部

▲2010年 大道塾設立30周年記念パーティ(於 文京区・鳩山記念館)

▲93年 遂に初の海外進出(ウラジオストク)セミナー

▲NHKドラマ『ビジネスマン空手道』の打ち上げで奥田瑛二氏と▲

▲ロスに柔術修業に行くが柔道経験者の打撃指導者という事で断られる

▲毎回熱心に観戦 作家 夢枕獏氏

▲ロシアでの第1回ワールドカップ（2011年）、会場は8000人強に膨れ上がった

▲第3回世界大会打上げ 河口湖にて

▲宴も酣（たけなわ）Train Start‼

▲ジョン・ブルミン、セム・シュルトなどのオランダ軍団と

▲第3回世界大会、8年目にして50数カ国の参加‼

▲2000年2月 総本部道場を池袋へ移転。全国支部長による初稽古

▲1999年「アテネオリンピックにパンクレーション復活を！」運動でギリシャへ

▲2010年1月 09年審査の認定証署名

▲2010年4月 ウクライナ遠征

▲2011年 約200人の基本は壮観だ

▲2011年 サマーキャンプ。下段には待ってましたと右ストカウンター

▲2011 体力別関東予選

▲2012年3月 デトロイト遠征

▲2012年5月 内田指導員初優勝!! 道場での祝賀会も味がある

▲2013年 大道塾の懇親会、締めの定番は「仰げば尊し」

▲2014年2月 高橋師範メキシコへ

▲2014年9月 オハイオにてセミナー&第4回世界大会アメリカ予選

▲2015年9月 ロシアでの空道熱は凄まじい

▲2015年 5月インド遠征

2017年 2ndワールドカップムンバイ(インド)

▲2015年 チリ遠征時の塾長

▲ワールドカップ日本選手団

▲第5回世界大会 −260優勝 清水亮汰

▲2019年10月 マルタ島支部設立セミナー

▲New Years Card

▲2018年 第5回世界大会が開催

▲第5回世界大会での「定法」演武

▲一番好きなカベルネ・ソービニオン種

CONTENTS

40周年に想う。

10周年（1990年）の時の挨拶では「お陰様で○年、という言葉はよくチラシやテレビのCMで目にしたり耳にしたりします。ある意味この何げない言葉も、わが身に当てはめてみると、本当に重い響きを持って迫ってきます。」で始まり設立当初の高揚感や逆の落胆や焦燥と言った疾風怒濤の日々を振り返っています。

20周年（2000年）時には「…折からのムエタイブーム（グローブ導入の是非論争）の終息に振り回され・・・・（中略）2,3年前経済界の風雲児と持て囃されていた有名な経済人が経営不振のためにその地位を降り、それまでの30年を振り返ってというインタビューに、『楽しいことなど何もなかったよ』と吐き捨てるように言ったのを聞いたとき、こんな人でもそうだったんだ!!と変に納得（共感）したものでした。」

と、大道塾が漸く軌道に乗りかけた1980年代後半からの「どっちが強いんだ!!」という肉体的強さ至上主義ともいうべき"格闘技"ブームの渦中で「心身のバランス取れた人材の育成と社会貢献」を命題とする武道の一翼を担っていたはずの「大道塾の立ち位置」を忘れ、圧倒的な格闘マスコミの力で右往左往させられる選手層との確執や、先の見えない武道界への苛立ち。

更には私事ではありますが、それまで30年間の自分の武道修行で培ってきた心身の全てを伝える積りだった長男を、20歳のこれからと言うときに突然失った地獄に遭遇。自分を見失った喪失感も襲い掛かり「俺は指導者たり得るのか???」との幾千回の自問自答を、ある経済人の言葉に被せて吐露しています。

そしてそれも古参塾生やご後援者の皆様の叱咤激励で何とか乗り越えた30周年（2010年）「『情熱』と言えば何かしらの夢がありますが『最強の武道を作るぞ!』との、（1970年代の極真空手ブーム時代）男らなら大抵が患った"熱病"にかられるままに暴走し笑、周囲の迷惑も顧みず大道塾を設立したのが、つい昨日のような気がします。（本当にご心配、ご迷惑をおかけいたしました）」

と、ある意味、長男の死を忘れるために、弟子の反対を押し切って予定通りに強行した2001年の「第1回世界空道選手権大会」。「突き、蹴り、投げ、絞めの全てを認める21世紀の総合武道、空道」を世界に問う!という、いわば組織の存続をかけた"大博打"を大成功裏に終えて、何とか"生き永らえた"安堵感や達成感からの、やや余裕の（?）回顧でした。

所がそれからの10年の40周年を迎える迄には、存続の先の「世界の中での大道塾、空道」という新しいステージでの局面が折々に待っていました。すなわち、単に強い技の研究・開発や選手の育成のみでは超えられない、世界的な組織力やより高いステージへの挑戦という高く大きな壁です。そういう意味では他の大きな世界組織のようなバックのない大道塾・空道は、まさに徒手空拳で巨大な風車に向かっているドン・キホーテのようなものかもしれず、幾人かの嘲りを受けているのかもしれません。

しかし、「虚仮の一念、岩をも通す」と言うように、無謀ではあっても夢や理想を語り続けることで、同じような志を持つものが一人増え、二人増えと実を結ぶものと信じたいものです。20年という短い歴史でも5回の「世界大会」と2回の「ジュニア世界大会」を重ね、60数か国、年平均3か国〜というペースで加盟国が増え続けており、なおも拡大中、という事実が今は語るべき"組織力"を持たない我々を力づけてくれています。

事実、国内的には昨年2019年には宮城県において初めて、県レベルでの「スポーツ（旧体育）協会」承認と言った嬉しいニュースがあり、近い将来、「国民スポーツ（旧育）大会」を主宰する「日本スポーツ（旧体育）協会」加盟への魁（先駆け）となってくれました。更に2025年には「国スポ青森大会（旧青森国体）」では公開競技として空道が採用され、全日本大会レベルでの大会を「国民スポーツ大会」の中で行え、多くの体育関係者の皆様に見て頂けるのです!!

どうか皆さん、次の50年には、より一層の発展の形を空道ファンの皆様にお見せできるよう、塾生一同、格闘技マスコミの賞賛は、励ましや自信に変えることはあっても、自己の寄って立つ武道をする人間としての足元を見据えて、大道塾と空道の100年、1000年に向けて、愚直だが、確着実な努力研鑽を重ねつつ邁進しようではありませんか。今後とも多くの方々のご理解ご声援、ご支援のほどをお願いしつつ、40周年のお礼の言葉に代えさせて頂きます。時代時代の風に吹かれフラツキ、雨に叩かれ縮こまりながらも、大道塾・空道はとにもかくにもここまで来ました。

大道塾・空道の50周年にも大いなるご期待をお願い致します。

NPO国際空道連盟・（社）全日本空道連盟 理事長
総合武道　大道塾　代表師範・塾長

東　孝

東 孝 略歴

1949 年	宮城県気仙沼市に生まれる。
1965 年	宮城県立気仙沼高校入学、柔道部に入部。
	ここで柔道にのめり込み生涯を「武道」と関わる契機となった。
1970 年	自衛隊入隊。
1971 年	早稲田大学第二学部へ入学。
1972 年	自衛隊を満期除隊。極真会館総本部に入門する（22才）。
	柔道で鍛えた頑強な肉体と、生来の負けじ魂とを武器として早く
	から頭角を現す。
1972 年	極真早稲田大学支部を設立。
1973 年	極真第5回全日本大会出場。
1974 年	極真第6回全日本大会2位入賞。
1975 年	空手と勉学の両立を目指して渡米。極真第1回世界大会6位入賞。
1976 年	極真第8回全日本大会3位。
1977 年	極真第9回全日本大会優勝。
1979 年	極真第11回全日本大会3位。第2回世界大会4位入賞。
	海外の大型選手との戦いの中、以前より感じていた
	体格差を補う為の顔面へのパンチ攻撃・金的蹴り・
	投げ技の導入の必要性を改めて痛感するに至る。
1980 年	自らが理想とする武道を
	追求すべく試行錯誤する。
1981 年	宮城県仙台市に
	「空手道大道塾」を設立。

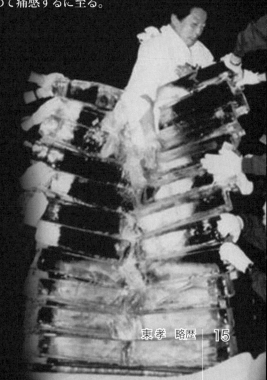

「社会に求められるタフな人間を育てる。国とともに青少年教育を支えるのが空道の使命。」

衆議院議員
小野寺五典 × 東 孝
大道塾代表

2019年12月2日　衆議院第二議員会館にて
聞き手　兼重友子

◎プロフィール　小野寺　五典（おのでら　いつのり）
1960年生まれ、宮城県気仙沼市出身。外務大臣政務官、外務副大臣、防衛大臣などを歴任した自由民主党所属の衆議院議員。現在、宮城県空道協会会長、全国空道連盟会長を務める。義父の元 気仙沼市長・小野寺信雄氏は東塾長の高校柔道部の先輩でもあり、仙台総本部時代の後援会長も務めていた。

小野寺先生と東塾長は、同郷で同じ宮城県気仙沼高等学校の出身。小野寺先生のお義父様の時代から、古いご縁のある仲です。外務副大臣や防衛大臣として国防に取り組んできた小野寺先生と、空道を世界に広めてきた東塾長がともに感じているのは「日本武道の可能性」。これからの日本の国造りには、子どもたちに武道を通じて人間力を磨かせることが必要だと語ります。

■気仙沼の地が輩出した
日本を憂う二人の雄

――― お二人はいつからのお知り合いですか?

小野寺 私と東先輩は、同じ宮城県気仙沼高校の出身なんです。東先輩の噂は在学中から聞いていましたよ。なんせ、当時は極真会館で最強の空手家として名を轟かせ、伝説の男として有名でしたからね（笑）。

東 悪名高くてね（笑）。

――― 東塾長はその頃やんちゃだったんですか?

東 いや、高校ではもうしてない。小学校でやんちゃは卒業（笑）。

小野寺 その後、私の義理の父が気仙沼市の市長をしていた時にご縁があり、よく応援に駆けつけていただきました。その時に初めて実物の東先輩にお会いし、郷土の誇りと感じておりました。

東 お義父さんの小野寺信雄先生が気仙沼高校柔道部の先輩でね。大道塾総本部が仙台にあった頃に後援会長をやってもらったり、色々とお世話になりましたよ。自宅にも挨拶に行ったことがあったから、そこで何度も顔を合わせていましたよね。

小野寺 気仙沼は狭い地域なので、人と人の繋がりが濃いですよね。空道は仙台を中心に宮城県での活動が盛んなので、私の選挙区と同じこともあり、たくさんの空道関係の方々に応援していただいております。

■世界が敬愛する日本武道を
国はもっと支援すべき

――― 小野寺先生は何度も空道の大会をご覧になられていますが、空道という競技をどう感じていますか?

小野寺 空道は世界中の武道家から愛されていますね。特にロシアなど空道をその国の武道として、むしろ日本以上に積極的に取り入れている国が本当に多い。世界大会ともなると日頃から鍛えている様子の海外選手をたくさん見かけ、世界中で広まっていることを実感します。

――― ロシアなど強国志向の国は、軍事力だけでなく格闘技や武道にも力を入れていますよね。今の日本人は武道への関心が薄いと感じますが、どう思いますか?

小野寺 不思議なことに世界では日本の武道や武道家を敬愛している人たちが多いのですが、本家本元の日本で盛んかというとそうでもない。実際に武道をやるかというと、サッカーや野球などのスポーツが選ばれがちです。外から見た日本人＝武士道のイメージと、実際の日本人の姿は乖離している印象ですね。

――― 今の日本にサムライや武士はいないし、武道文化に接することもほぼないですしね。

小野寺 そうはいっても、私たちの地元では毎週のように相撲大会や剣道大会が行われていますし、武道は子どもたちを中心に親しまれていると思います。中学校では男女で武道が必修科目になりましたしね。ただ、それが高校、大学、社会人と成長するにつれ、続いていかないのが現状ですよね。

東 実際に日本での武道の立場というのは、昔からあるから一目置かれているだけであって、海外から評価されているほどではない。国内で武道家の地位を高め、武道を盛んにするには、行政が日本の武道を支援して、選手が活躍する場を国際的に広げれば良いんですよ。もっと国が力を入れて武道大学のような学校をもっと作り、一定のレベルに達したり、成績を残したりした優秀な選手を指導員として海外へ派遣するといった武道外交があってもいいと思うんですよね。

かつて私が極真にいた頃、ブラジルに住む日系二世の人たちに、もっと日本から指導員を送ってほしいと言われたものです。日本人から武道を教わっていれば、現地の人たちの日本人を見る目が変わると。特に子どもたちは武道＝サムライに対する信仰も強いから素直に尊敬するじゃないですか。

小野寺 海外青年協力隊の中には柔道や空手のボランティア派遣もあるのですが、武道を専門職としている人たちばかりではありませんからね。東先輩の趣旨とはちょっと違いますよね。

東 実力がある人なら派遣先に住み着いてもいいし、日本へ戻ってきても生活できるように国が居場所を保証すればいい。

小野寺　よくよく考えてみれば、日本のオリンピック参加に尽力したのは柔道の父である嘉納治五郎先生ですし、2020年東京五輪のJOC会長も柔道金メダリストの山下泰裕さんですよね。これは日本の武道が世界で認められているからこそ、国際的なスポーツ大会に携わる場で武道家が活躍しているのだと思います。

東　今の日本の武道って、柔道一強なんですよね。それ以外の武道ももっと評価されてほしいですよ。

小野寺　実際には草の根愛好者がいますので、そこから広がっていくことを期待したいですね。

■学校で国際競争力を育み武道教育で精神性を養う

── ところで、東塾長が政治家になろうとしていたのはご存知でしたか?

小野寺　え?　知りませんでした…。

東　あはは（笑）。政治家っていうか、坂本竜馬に憧れたんだよね。俺たちの時代は70年安保の時代でしょ。当時『竜馬がゆく』とか革命をテーマにした番組がよく放送されていて、俺も東京で革命の志士になると思ったもん。でも政治家は色んな人に頭下げたりしてさ、とても俺はできないと思って。今やっている青少年教育の方が合ってたよ。

── 小野寺先生は青少年教育において、日本はどの分野に注力していくべきだと思いますか?

小野寺　私と東先生の役割はしっかり分かれていると思います。私が担うのは、これからの時代に求められる実務的な人材スキルを伸ばすための教育全般です。例えば、国際化に対応するための語学力、SNSなどのデジタルに強いITリテラシー、農業や漁業に携われる知識などを子どもたちに身に付けさせるのが国の役割だと思っています。

　でも、なかなか学校教育だけでは、子どもたちの心を鍛えることまで手が及びません。今や、学校や家庭ではなく、東先生たちの教える武道からの方が心の学びを得られるのかもしれません。そういった意味で、武道教育はとても重要な役割を担っていると思います。

── 武道から学べるのは、精神の強さということですか?

小野寺　あと、人への思いやりとか。私が驚いたのは「礼に始まり、礼に終わる」という武道の考え方です。もし真剣な戦いであれば相手のに怪我を負わせてしまう可能性があるなかで、相手にダメージを与えることの重さや敬意が感じられます。それなら決してガッツポーズなんてできるはずがありませんよね。これが日本人のメンタリティなんだなと感心しました。本来は学校や家庭で子どもたちの心も、生き抜く力も磨いていくべきなのですが。

── 生き抜く力とおっしゃいましたが、困難や課題にぶつかった時の乗り越え方など、武道を通じて身に付けられることは多そうですよね。

東　日本人っていうのは精神性において脈々とサムライの系譜が受け継がれているから、「小よく大を制す」や「長上を敬する」、「強きを挫き、弱気をたすく」など基本的なことは全部武道の中に入っているんだよ。武道文化を大事にすること自体が日本の大きな力になるんじゃないかな。

小野寺　武道文化を大切にし、武道を教えることを社会で実践していれば、弱い人をいじめず、人には礼を持って接し、自分の気持ちを抑えて冷静な対応をすることができる。これだけで立派な人じゃないですか。それに加えて学校教育では、国際社会で役立つためのスキルを教える。武道と学校で教わることが合わさって、初めて子どもたちの将来が見えてきますよね。

■社会をタフに生き抜くために心の護身術も身に付けて

東　あと、武道の大きな目的のひとつは、人間の闘争心というか凶暴な動物性をコントロールすることを身に付けることだと思うのね。今の子どもなんかすぐカッとなって友達や親を殺しちゃったとかあるけど、そういったことを訓練

できていないからだよね。実際に殴ったり、蹴ったり、投げたりしているとコノヤローって思う瞬間が絶対あるわけ。その時に自分の暴力性をどうコントロールできるようになるかかが大事だよ。

小野寺 痛さを感じますからね。それって相手に対して痛みを与えることの重さも感じることになりますし。そういう機会って普段あまりないじゃないですか。

—— 最近の子は殴り合いのケンカもしなくなっていますからね。

小野寺 ましてや学校で先生が体罰するのも禁止されていますし。やっぱり武道の中で得られるものは大きいと思いますよ。

東 でも体罰が一切禁止というのは、言葉としては美しいと思うけど、俺は建前論というか、実際の現場を考えない無責任な言い方だと思うよ。感情に振り回されて人を傷つけてはダメというのは言う必要もないくらい当然だけど、厳しさや苦しさを通じて初めて覚えることだってある。

俺は小学校時代結構な"ワンパク"で、お袋にお前のために我が家の名前に傷がつくからと泣かれてから、中学時代は大人しくしてたけど、その可燃性 (笑) は高校時代まで残ってて、「柔道なんか!」と思ってた。所が高校で投げられて初めて「このままの自分じゃダメだ」と気付いたよ。絶対ケンカじゃ負けないと思っていたのに、「小さくてもこんな強い人間がいるんだ!」とわかった時に謙虚にならなくちゃと思った。

今は極端な話、ある有名は評論家が「相手が怖いと思ったらパワハラになる」と言うのを聞いてショックを受けたけど、何も強い言動ができないでしょ。そんなこと言ったら顔の怖い奴はどうするの。存在自体がパワハラになっちゃうよ (笑)。冗談はさておき、誰でも彼でも「私は平和主義者です」、「私は一切強い言動はしません」と、外面的に優しいいい顔することが評価につながる、変な世の中になっている。

小野寺 でも、その評価で育った子どもや組織が良くなるかと言えば、そうではないですよね。

東 絶対違う。かえって悪くなる。世の中は理不尽さの連続じゃないですか。そんな時に優しさのみで育てられた子供が克服できますか!! 日本語では「可愛い子どもには旅をさせろ」、英語では「鞭を惜しんで子供を駄目にする」という諺もあるでしょう。

小野寺 暴力や圧力はいけないという反面、逆にそれらを受け止められる人材は成長するということなんだと思います。

東 でも今はそれを正論として表で言ったら大変なことになっちゃうでしょ?

小野寺 ええ、でも受け止めるということは、それだけタフな人間ということ。その方が組織としてはみんな欲しがるでしょう。自分がどっちの人間になりたいか、どっちの方が社会で活躍する幅が広がるかと考えたら、やっぱりタフになりたいですよね。

東 今はそれを言葉で説得するだけで、綺麗事で済ませようとしている。言葉だけで説できないこともあるから、多少の強制力を使っても気付かせなばならないのでしょう。それを放っておいていいとするなら、日本の将来はどうなるのですか。言葉での説得だけで育てようとする人が責任を取ってくれるのでしょうか??

小野寺 あなたのためと言って、表面的に暴力を振るのはやっちゃいけないことです。でも、色んなことを言われても一旦受け止めて、自分の中で前向きな形に消化できるようにするとか。そのような考え方ができる方が、その人の将来にとってはいいですよね。

—— 心の護身術ってやつですね。

小野寺 よく何気ない言葉がグサッとくることってあるじゃないですか。ついこの間も、お客さんが昔の選挙ポスターを見て「いやあ、この時にお会いしたかったですね!」と言うんですよ。その人に悪意はなかったと思いますけど、私は複雑な気持ちでしたよ (笑)。でもそこは悪い意味で捉えずに、若い頃のことを評価してくれたんだなと思うようにしました。自分なりに前向きに解釈して、何事もなかったように受け流す力を身に付けておくのも、社会をタフに生き抜くために必要なことだと思います。

「武道は日本人の文化であり
アイデンティティーですね」

スペシャル
対談
②

株式会社ジョイフル本田
代表取締役社長執行役員
× 細谷武俊

東 孝
大道塾代表

◎プロフィール　細谷 武俊（ほそや たけとし）

1964年12月1日生まれ。早稲田大学支部(通称早大極真会)で東塾長の後輩にあたる。1988年に伊藤忠商事（東京都）に入社後、アスクル（東京都）やカクヤス（東京都）、オフィス・デポ・ジャパン（東京都）などの経営に従事。2016年にジョイフル本田の社外取締役、2018年には取締役とホンダ産業（茨城県）の社長に就任。2018年、ジョイフル本田の代表取締役副社長兼営業本部長、商品本部統括に就き、2019年6月21日付で社長に就任。

東塾長の後輩にあたる細谷社長は上場会社の社長を歴任する経済界では知らぬ者のいない若手経営者。東塾長が創設した早大極真会のはなしや、現在の社会状況における武道の役割まで幅広く聞いた。

聞き手　川保天骨

どこまでも合理的な思考の結実が
早稲田支部の原点

—— 細谷社長は塾長の早大極真会の後輩ということでご登場願いました。出会いの経緯から教えて頂けますか?

細谷 早稲田の極真っていうのは大学からすると同好会なんですよ。でも部室には極真会館本部分支部っていう表札が掛かってたんですね。つまり極真会館総本部の直轄支部という事です。

—— それは何でですか?創設したのは東塾長ですよね?

東 うん、元々俺は昼は自衛隊勤務で夜は早稲田の二部という正真正銘の金のない "苦学生" (笑) だったから、自衛隊を 2 年満期で除隊してからは、日当が良いからって 1 年くらい、今道場のある有楽町線の池袋か東池袋から護国寺までの間を掘る、土方のバイトをしていたんだ。その後、23 歳になるのを機に一念発起して極真に入った。さすがに空手との掛け持ちでは体がもたないから土方は止めたけど、そのあとも数種類のバイトをしたんだが、その中で総本部でバイトかなんかしたんだよ、1〜2ヶ月。でもバイト代もらえなかったんだよ。「じゃあそのバイト代いらないから早稲田同好会を公認して下さい」って交渉して本部直轄分支部にしたんだ。そうすると、7 時からの朝練すんでから 10 時から 3 時過ぎまで配達のバイトして生活費を稼ぎ、4 時ぐらいから 6 時くらいまで学校の校庭で稽古してすぐに授業に出るという無駄のない生活ができたのさ。

—— さすが合理的な理由で作ってますね。

東 だってバイトもしなくちゃならないし、練習もしなくちゃならないし、勉強もしなくちゃならないし、時間的な余裕が一切ないんだ、あの頃は無駄な時間は 1 分も惜しかったよ、俺は。

—— で、部長なんですよね。

東 その後海外に行くために専念しようと、本部に戻った時には黒帯になってたから、本部の指導員という立場で、なおかつ部長だな。

—— どれぐらいの人数いたんですか?

東 学校中にポスター貼ったりしたから結構集まってきたよ。30 人ぐらいかな。

細谷 私の時は 50 人ぐらいいました。
こういうのは月謝みたいなのは取るんですよね?

東 部費の事か?部費は少しは取ってたんじゃないか??

細谷 本部への上納金は?

東 払わないよ。だってそういう約束だったから。指導員料もらえないんだから。それから一番最初入賞したとき、確か 6 位だったと思うけど、賞金くれるって話だったけどそれももらってないし（笑）

—— なるほど、時間の都合だけじゃなくて、経済的な都合も込められてたんですね。さすが先生は合理的ですね。

東 雑司が谷に住んでたしな。本部にも行きやすいし、大学にも行きやすいし。

—— 空間的な合理性も追求してますね。

東 だってあの頃、必死だったから。大学入ったのが 22 歳だし、同級生なんか皆卒業する歳だろ、とにかく時間を無駄にしないように知恵を絞ってたんだ。
なるほど、そういう東塾長の合理主義が徹底されて、ついには大道塾が生まれる礎になったかもしれないですね。

東 俺、酒好きでいつも酔っ払ってるって言われるけどさ、同級生と比べて 3 〜 4 年回り道をしてたから将来どうしようという事は必至で考えてたよ。要はその頃、余裕ないし酒を飲む以外は遊ぶ暇もなかったというわけだよ。

—— 大道塾って、けっこう理詰めの団体だと思うんですけど、塾生も結構理屈っぽいんですよ。

出会いのきっかけはブルガリアワイン!?

東　屁理屈多いな（笑）自分で撒いた種だけれどもよ（笑）
── 細谷社長は最初から早大極真会ですか?
細谷　いや、最初は『マス大山空手スクール』です。
── え、あの通信教育の?　真樹先生がやってた。
細谷　はい。その時は中学生で陸上部だったんですが、空手は通信教育の初級コースに入ってたんですよ。高校に入ったら道場に行こうと。しかしその当時、本部道場は見学禁止だったんです。怖くて入れないんですよ。当時まだ10代ですから。その時一緒にいた友達と「おい、どうする?」みたいな感じになったんですよ。色々悩んで、結局学校の近くにあった郷田道場に入ることにしたんです。高校一年生の時ですね。そこで緑帯まで取ったのかな。それから『はみ出し空手』読んで大学は早稲田に行くしかないって思って早稲田の極真に入ったということです。その時はもう塾長は大道塾になってましたね。その当時は三瓶先輩が全日本3連覇とかして、その他にもベスト8に入るぐらいの選手がいて早稲田支部結構強かったんですよ。東先輩が第1期の主将で、私が確か12期ぐらいの副主将だったと思います。だから先輩とは直接稽古はしてないんですよ。早稲田時代に接点といえば私が1年生の時に大道塾の弁天町の道場は見学に行きましたよ。で、これはあまり知られて無い話なんですけど、早大極真会から北斗旗に選手出てたんですよ。毎年2人ぐらい。その前、我々の先輩たちの世代は、東北大会に出てましたね。
── 北斗旗の前身になった大会ですね。
細谷　そこに松井館長とかも出てきてましたね。
── はい、ビデオで見たことあります。細谷社長は学生時代、塾長とはそれほど濃密な接点はないんですね。
細谷　卒業後ですね。こういう親しい関係になったのは。きっかけは私が酒屋（カクヤス）をやってた時に、荻野先輩という方がいまして、私より6年先輩なんですけど。なんで知ってるのかというと、よく部室に遊びに来てたのと、バイトの手配師みたいなことやってて結構世話になった先輩なんですね。その先輩が「東塾長からブルガリアのワインを日本で売れないか?　って相談されてるんだけど」という話だったんですね。
東　荻野はなんでも屋だから。困った時の荻野頼み（笑）
細谷　顔が広いんですよね。そこから繋がったんですよ。結局ワインは価格帯とかで合わなくて実現はしなかったんですけどね。
東　俺、いつも言ってんだけどさ、武道関係が海外に支部を広げる上で一番いい層へ食い込んでるのが柔道だよ。国のバックアップとかスポンサーついてる組織とかと繋がる事ができてる。その後が伝統派の空手。その次が極真なのさ。ウチなんかはその後だから、皆貧乏人とか若い奴らとかそういうのしかいないんだよ。だから海外でセミナー呼ばれていっても旅費払えないとか色々問題があるんだよ。なんかこのまま行くとどんどんウチがやせ細っていくわけだからさ、なんか組織の運営費を生み出す道はないかなって探してたんだ。それで最初はロシアで革製品が安いって言うんでサンドバック作ったんだよ。日本で売ろうと思って。100万円分ぐらい作ったんだけど…、ところがそれが日本じゃ売れないようなサンドバックだったのよ。輸入したのは良いんだけど、どこも引き取り手が無くてさ、腐らした事がある。（笑）
── サンドバックって腐るんですね。（爆笑）
東　革だったから。それで、その次にブルガリア行った時、案の定、払う旅費がないとなったんだが、その支部のスポンサーがワイン関係のビジネスやっててさ、しかもそのワイン飲んだら美味いんだ。「あ、これ日本でも飲みたいな、じゃあ、いっそのこと輸入して売ったら一石二鳥じゃないか!!」とか思ったんだよな。

大道塾って、案外理詰めの団体だと思うんですけど、塾生も結構理屈っぽいんですよ（笑）

—— なるほど、そこにも合理的な思考がありますね（一同爆笑）。結局その話がなくなって、関係だけが続いてると。

やっぱり、挨拶って重要ですよね～

—— 細谷社長の会社、ジョイフル本田って昔からありますよね。社員数どれぐらい居るんですか？

細谷 大体5000人弱ですね。パートさんも入れて。

—— 売上とかはどれぐらいあるんですか？

細谷 全国に15店舗あって、大体1500億ぐらいです。1店舗100億の計算で。

—— 社長、相当忙しいんじゃないですか？ 会社経営してるという事になると、若い人とか雇ったりするわけですから、そういう若い人と接していかがですか？ 最近の若い社員教育とかどのように実施してるんですか？

細谷 やっぱりお客様商売なんで、当たり前の話なんですが、挨拶ですね。意外とですね、挨拶ができない人が多いんですよ。強制されて挨拶とか、マニュアル化された挨拶というものよりも、自然な挨拶っていうのが大事なんじゃないかなって思うんですよ。そういうところを社員教育では重要視してます。日本人って人に会ったら挨拶するっていう教育されてるはずですけど、出来ないっていうのは何かがズレてきてるというか…。

東 親が挨拶しないっていうのもあるんだと思うよ。親が子供を教育しないんだよ。子供に嫌われたくないとかさ、そういう理由で。もう一つ、子供を教える場として学校とかウチみたいな道場とかが昔からあったわけだけど、モンスターナンチャラとかが出てきてそういう場で教えるべき人間が萎縮してしまって、結局子供はそういう礼儀とか社会的に他者との関係性、感情の抑え方とかを知る場を喪失してしまったんだと思う。「こんにちは」「おはようございます」「ありがとうございました」「さようなら」そんな事まず言わないもんな。言ったら負けだとでも思ってるのかな。大会の賞状渡す時も言わない奴が昔は多かった。「人から物を貰ったら、ちゃんとありがとうございます」って言わなくちゃダメだって口酸っぱくして言ったりしてたから、最近は言うようになったが。

—— 今は体罰も禁止だし、ちょっとしたことでも問題になる。事件になる。そりゃあ先生も萎縮しますよね。私の時代とかはむしろそういう暴力とかの理不尽な状況の中でいかに生き延びるかとか、やり過ごすかっていう事を自ら知恵を絞ったりして色々な処世術を学んでたような気がしますが、今はものすごくソフティケートされた中で子供が暮らしてる。大人が気を使い過ぎてるんですかね。かと言って一方では虐待とかイジメとかが陰湿化して、見えないところに沈んじゃってるという状況もある。

細谷 今は匿名意見で拡散というのがあるから…。それがいい面もあるけど…。レビュー社会っていうことですよね。マスコミとかそういう既存の情報よりもユーザーとしての一個人とか、ネットの世界で影響力があるブロガーとかインフルエンサーとかの発言の中にしか本当の真実を見なくなってしまった人たちがどんどん増えていってますよね。特に若い世代はそうです。企業にシガラミのない素人の発信は何の加工も検閲もされないわけですから、確かにそれはありますね。それで企業が振り回せれていると思うんですね。

東 まあ、そういう話になっちゃうんだよな。

細谷 挨拶の話ですが、今お店に時々顔出すんですが、出来てない事が多いんですよ。それは最終的にはサービスの質の問題でクレームになっちゃうんですよね。クレームは全部私のところに入ってくるんですけども、いったいどういう風にしたら自然と挨拶が出てくるものなのかなって、本当に頭悩ましてるんですよ。

東 本来は家庭の中でそういう自然な挨拶の習慣ていうのは醸成されてくるもんだと思うけどね。その過程での教育が今ないわけさ。

—— 例えば、コンビニとか牛丼屋でも入店した時は「いらっしゃいませ」って店員に挨拶されるけど、なんか反応できないんですよね。帰る時に「ありがとうございました」って言われても同じ。やはりマニュアル的な挨拶って本能的に解るんですよ人間は。たまに地方に行って、市場や商店で買い物した時とか、地元のおばちゃんとかにそ

ういう挨拶されたら普通に返したりするじゃないですか。挨拶って"気"を合わしたりする微妙な感覚を伴う行為だから、実はすごく難しいと思いますね。

教育において武道が果たす
役割は無限大

—— 細谷社長は若い時、極真に入って空手に青春を燃やしたと思うんですが、その頃の経験というのはやっぱり今の経営とかにも生かされてる訳ですよね。

細谷 はい。中学3年で郷田師範の道場に入門した時に、師範に何で空手やりたいんだって動機を聞かれたことあるんですよ。「黒帯取って全日本に出る」って答えたら大笑いされてですね（笑）「まあ、とにかく1ヶ月でも2ヶ月でも続けてみなよ」って諭されたというか。まあ、それぐらい当時はたくさんの人間が入ってきてその大半が辞めていくという状況だったんですね。続かないんですよ皆。結局私は続けることが出来て、それが自信になったけど、その自身の傍らで、当時の有名選手なんかと一緒に練習しながら強い人っていっぱい居るんだなって事は思いましたね。上には上がいるという事を知って謙虚になるというのは今の仕事にも生きてるとは思うんです。

あと目標設定ですね。私の場合は低かったかなと。今、当時の強い選手たちがどんな気持ちで、どういう意気込みでやってたかというのを知ると、やっぱり「やるぞ」っていう気持ちの度合いという部分が大きいなと。全日本に出るだけの目標の選手と、優勝を目標にしたり、それを連覇する事を目標にしている選手は、自ずからやる事も気持ちも違うんだなと思います。

—— 東先生の目標って、世界大会優勝ですか?

東 全然そんな事考えてなかったよ。そんな事より俺はアメリカ行って、また大学入り直してっていうのが最初の目的だった。その先はさ、漠然とだけど政治家になりたかった。政治家は今の政治家のイメージじゃなくて、俺の時代は『竜馬が行く』だからさ。『三姉妹』があって、『竜馬が行く』があって、当時はNHKが左翼の巣窟みたいになってたんだよな。革命を起こすんだっていう空気が流れてるような雰囲気があった。そういう時代背景があって、俺はやっぱり革命家になりたかったんだな。

—— じゃあ、アメリカに行くためにまず試合に勝たなければならないということですね。

東 皆は強くなりたいとかチャンピオンになりたいとか、そういうこと言ってたけど、俺はそんなの全然考えなかった。単純に俺は勝たなくてはダメだと。なぜかというとアメリカに行くためにはベスト8に入らなくちゃならないから。でも武者修行でアメリカとかじゃないんだよ。向こうに行って指導員やれば週に200ドルくれるって『現代空手マガジン』に書いてたんだよ（笑）。1ドルが360円の頃だよ。その金あれば充分学校も行ける。ほんで、アメリカ行ったら「お前なんかいらない」っていうんだよな。こっちは親と喧嘩してまで来てるのにさ。俺んところは田舎だから、高校卒業したら就職しろって話だったんだよ。でも俺は4年だけ大学に行かしてくれと。大学卒業したら就職するからって親納得させてたのに、今度はアメリカ行くとか言い出したわけだからそりゃ誰でも怒るわな。上位入賞者はアメリカに行けるって言っても航空券だけはその時のスポンサーの日本航空がくれるわけさ。でも現地での生活とかそういうのは自分持ちなんだな。だから金がいる。3ヶ月現地にいるんだったら最低でも30万は必要だと。その30万をくれって家に帰ったらもう親父と大喧嘩さ。俺頭きて家飛び出したんだよ。そしたら兄貴が追いかけてきて俺がなんとか話してやるから戻れって説得されて、結局は30万円、兄貴が説得してくれたんだよ。

そんな経緯でアメリカに来てるのに「おまえなんかいらない」だろ。「俺はこんな事のために皆の反対押し切って勉強もしないで空手に専念してこんな所来たのか!」って悔しくてな～。ストレスで胃に穴が開いたからね～。アメリカの学校行って、英語も勉強してそれで帰ってきて、政治家の秘書にでもなればそのうち政治家として打って出られるっていう計画が駄目になったわけだから。

競技者ではなく武道家への道
"空道"の核心!

—— 空道が今どんどん公式競技化していってますが、細谷社長は後援者としてどのようにお考えですか?

細谷 やっぱり東塾長がおっしゃられる社会体育というのに深く共鳴しますね。社会に出て身を立てて、さらに貢献していける人間を育てる武道という文化は応援したいですね。ただ、格闘技や武道を一生懸命やってた人間

がそのまま社会に出て、皆が充実するかというと、またいろいろな面があるのかなと。やって良かったし、そのお陰だって言うものに空道がなったらすごいなと思います。人格を陶冶するっていう側面はスポーツでもある程度はあるけど、やっぱりメインは武道だと思いますよ。

—— 若い人間が選手権目指してめちゃめちゃ頑張るっていうのは、やっぱり我慢したり自分を律したりする力を養うのには最高かもしれませんけど、自信やプライドがどんどん高まっていった時に、ぱっと社会に出たら一番下っ端っていう事になっちゃうわけじゃないですか。すごく抵抗を感じるはずですよね。私もそうでしたし。そしたら、またその社会に出てからの再教育ってなるわけですよ。

東 だからそこなんだよ。競技ばっかりに夢中になったら駄目だって言ってるんだよ。まあ、矛盾するようだけど、もちろん夢中になってもいいけど、考えてもらいたいのは「俺は何のために強くなりたいんだ?」ってこと。強くなって自信を持って世の中で発言できるよになるためにやってんだっていう、そういう意識を持ってもらいたいんだよ。うちの道場訓そのものだよ。社会に寄与貢献するんだっていう意識がやってる時にあるとないとでは全然違うんだ。競技者として有名になる、タイトル取った、だからと言って、そんなんで食えるわけないんだよ。そこまで頑張った事を高飛車にならないで、自分の中の自信にしていけば良いんだよ。俺はすごいんだぞ〜なんて威張ってもしょうがないんだ。

細谷 私は出来得れば、武道や格闘技を一所懸命やってる人は、単なる競技者としてではなく、人格的な素晴らしさも備わっていて欲しいなっていう希望はありますね。社会に貢献するっていうのも、いっぱいお金稼いだとか、そんなん事ではなく、社会に対しての責任感がある人間ですよね、それがある意味貢献ではないかと思います。

東 単なる競技者になろうと思ってる人間は、確かに競技者として成功しても社会に出ると使い道のない人間になるんだよな。武道とかいうと、今の人達は嫌がるだろ。「格闘技で良いじゃないですか」って。俺は〝道〟っていうのが付いてるだけで生き方が変わってくるじゃないかと思うよ。人として大事な部分が〝道〟にあると。

—— 武道とか、日本的な価値観というのは確かに〝道〟に集約されていると思いますね。ただそれを教える先生がどんどん少なくなっているような気もするんですけどね。競技にとにかく勝てとか、練習も競技に勝つためだけの練習。その道場が優勝者たくさん出れば道場が繁盛しますからね。

細谷 私はやはり日本の誇りであり、文化でありアイデンティティーというのが武道だと思います。今逆に、外国人のほうがそのような武道とか武士道に関してものすごく反応してるというかリスペクトしてるんですよね。日本人って外からやってくる文化とか事柄にはすごく敏感だけど、内にあるものにはイマイチ鈍感な部分があるような気がします。日本人が外国行ってそれなりのリスペクトをもって受け入れられるためには、最低限の武道精神、武士道精神は欲しいですよね。でも実情はそれがすごく希薄になってる。

細谷 私はビジネスに関してはゲームだと割り切ってやってる部分があるんですね。でも本当に心が通じ合える部分、心と心が触れ合える場を提供する、もしくは自分が実践するという事がなければ、単なる金儲けマシーンになっちゃうんですよ。〝魂〟の部分を抜きに物事をやってはいけないと思うんです。そういう意味で空道の〝空〟というのは非常に深いですね。魂の部分に到達するために己を空しくする。そういう意味が込められてると思います。私はこの空道が日本武道のひとつとして世界に発信される事は大変重要な意味があると思いますね。今後その発信の手助けを微力ながらお手伝いできればと思っています。

—— 本日はありがとうございました。

スペシャル
対談
③

日本ブラジリアン
柔術連盟会長・
パラエストラ東京主宰
中井祐樹 × 東 孝
大道塾代表

◎プロフィール　中井 祐樹（なかい ゆうき）
1970年生まれ　北海道出身。格闘技道場パラエストラ代表、日本ブラジリアン柔術連盟会長。元プロ修斗ウエルター級チャンピオン。1995年「VAL TUDO JAPAN OPEN 1995」でのジェラルドー・ゴルドー戦は伝説の戦いになっている。あのヒクソン・グレイシーがファイターとして尊敬していると明言する数少ない日本人。

大道塾総本部で隔週金曜日、寝技の時間に講師として指導する中井祐樹先生。すでに10年になる大道塾での指導は空道の技術的な発展に大きな貢献をしていることは確かだろう。東塾長との出会いから今後の関わり合いについて語り合っていただいた。

始まりは「日本最弱?!」

── 二人は対談したことあるんですか?
東　いや、ないね〜、普段から色々会って喋ってるから、わざわざ対談とか考えてなかった。なんか今日、緊張するな（笑）
── そもそもどういう経緯で中井先生が大道塾で柔術指導してるのかお聞きしたいんですが、指導する前から東先生と知り合いだったんですか?
中井　いや、代々木第2体育館でやっていた北斗旗の無差別大会で挨拶した程度だったんですが、ある日先生の方から電話頂いたんですよ。
── え、いきなり電話かかってきたんですか。
中井　はい。「日本最弱?」っていう見出しが踊った『格闘技通信』の増刊号で96年のバーリトゥードジャパンを特集した号があったんです。その大会は日本勢総崩れみたいな状況だったんですが、その雑誌を

見て東先生が想うところあった、という感じで電話いただいたんですね。話の内容としては「プロに絡む気はないが、技術交流とかしてお互いを高められないか?」っていう提案だったんです。僕はまだ20代半ばで、その呼びかけには感動しましたね。それで合同練習企画したんですよ。

東 「日本最弱?」って書かれて俺もカチンときた部分もあったんだよな。大道塾としても総合格闘技としての進化を求められている時期でもあったし、お互いの技術交流をしたかったけど、中井君に電話したのは代々木の北斗旗の挨拶程度の会話して親近感があったらだと思う。

中井 その当時は僕が、修斗のプロモーターだったんで選手に色々声かけられる立場だったんですよね。なので、僕が音頭とって合同稽古が始まったんですよ。3回ぐらいやったかな。

―― シュートと大道塾ってそれまで関わり合いあったんですか?

東 いや、ないよ。うちの大会に選手が出たりというのはあったと思うけど。80年後半から始まった総合格闘技ブームは修斗、大道塾、シュートボクシングだったじゃないですか、その中で修斗と大道塾はすごく近い感じしてたんですけど、それほどでもなかったんですね。

中井 96年当時は佐山先生がいた最後の時期ですね。

―― 東先生は佐山先生と関わりはあったんですか?

東 ああ、格闘技通信で対談とかしたな。

―― スーパージョッキーのガンバルマンでも共演してますよね?

東 ああ、そういうのもあったな。

氷上対決で、骨法の堀部先生とかと一緒に出てましたね。

東 日曜日の昼テレビに出るっていうのはものすごい宣伝効果だからね。広告費に換算したら大変な金額だろうね。あの番組は3回ぐらい出たな。

中井 僕が東京に出てきたのが92年で、僕が関わる前の段階は格闘技雑誌でも大道塾は大々的に取り上げられてて、WARSっていう興業もあって長田選手や市原選手が出てきて、その流れで最後UFC挑戦まで行くわけですから、大道塾の中でもマグマのようなものが吹き出している時期でしたね。それはやはり当時の格闘技業界の中にいて意識してましたから、いつか関わり合いが出てくるだろうなとは思ってました。

東 マスコミはプロをメインに取り上げるわけじゃない。アマチュアといえども練習量とかはプロと同じだから実力としては同じなのに、アマチュアはそれほど取り上げられない。同じことやってるのにっていう悶々としたものがうちの選手にもあったんじゃないかな。俺はそれは否定しないけど、選手としては情熱をぶつけていく上で色々と外との関わりを持ちたくなるのは当たり前だけど、俺としてはその当時コンプライアンスなんていう言葉はなかったけど、社会体育としての大道塾の立場上プロの全てを容認することはできない立場もあって、そのせめぎあいの中からWARSなんていうイベントも生まれていったんだよな。

中井 その当時は大道塾はキックでも戦えるし、総合格闘技でも戦えるというのを世の中に示していた時期なんだと思うんですよね。その後にUFCとかグレイシーとか本格的に総合格闘技がメインになってきた時に大道塾とか修斗とかが一体どうやって対応していくかという部分があったんですよ。その時期の技術交流ですからね。僕は今も流派が違う人間をくっつけたりするような事を好きというか、得意なんですよ。交流しましょう的な感じでよく合同稽古企画しますから。

結局大道塾が好きなんですよね。(中井)

―― 中井先生的には大道塾と関わることでプラスと言うかメリットというのもあるんですよね?

中井 僕は基本的に大道塾が好きだと思いました。僕柔道部なんで、そういう運動部的な良さの体質が大道塾に残っているような感じを覚えたんじゃないですかね。シューティングはやっぱり、そういう感じじゃないんですよ。どちらかというと「押忍」を嫌う人たちが多いような気がする。良い悪いとかじゃないとは思うんですけど、僕的には大道塾はすごく親近感というか気が合うというか。

東 元々柔道やってるしそういう共通項があるから話しやすかったんだろうしね。

中井 合同稽古終わってからも、組技の稽古の時に呼ばれたりして関係が継続していったんですね。パラエストラつくるまえでなんで、僕はまだ大宮にいた。

東 その頃は毎週金曜日、サブミッションアーツの麻生さんに指導してもらってたんだけど、彼も自分の道場とか始まって忙しくなってきたんで、前から知ってるということで中井君に担当してもらうことになったんだと記憶してる。大道塾としても寝技をどんどん取り入れたいというのもあったんで。

—— それにしても、大道塾総本部は寝技のトップが指導してるわけですからね、すごく贅沢ですよね。

中井 そんなわけで僕が大道塾と関わるようになって、試合とか見に行くんですが選手の人が見事なまでに柔術の技を取り込んでたりするんでびっくりするんですよ。教えたら教えてものをストンと落とし込んでる。使えるんですよね。空道の中に柔術の技が。森直樹さんがセム・シュルトに対してかけたわざなんて、見事だと思いましたね。

—— 中井先生と交流することによって大道塾のレベルが格段に上がってるわけですよね。

東 それは間違いない。

—— 東先生と中井先生は、気が合ってるんだと思いますね。酒とかも飲む機会多いでしょ?

東 前はよく行ってたけど、最近は俺も仕事量が多くなってきてるし、年に数回ぐらいじゃないか?

中井 お誘いがあればいつでも行きますけどね。

—— 以前、大道塾の飲み会で、確か2次会かなんかで生演奏の出来るパブで中井先生が歌ってたの見たことあるんですが。

東 始まると長いんだよ。話も音楽の歴史詳しいから延々とするんだよ。(笑)ジャズとかなんとか。俺は演歌の話だったらなんとか聞けるけどなぁ〜。(笑)

—— 中井先生はパラエストラの人とは酒飲まないんですか?

中井 いや、飲みますよ。でも総合の人とかは空手の人と比べたら酒弱いかもしれないですね。飲む人は飲むんですけど、中にはすごくストイックな人とかも居るしね。

東 総合ってのはさ、特に寝技なんて言うのはロジック(論理)なんだよ。こう来たらこう返すとかさ。立ち技っていうのは大きい人間と小さい人間は技も違うし闘い方も違うしちょっと寝技とは考え方とかが違うんだよな。寝技っていうのは論理の積み重ねだからな。そうすると、そういう思考を持ってる人間の傾向というのが出てくる。寝技の人種っていうのはジャンプしないんだよ。打撃系の奴ってジャンプするんだよ。

—— ジャンプ?

東 なんていうんかな、急ににテンションが高くなったりするんだよ。寝技の人間は冷静に、着実に詰将棋しなくちゃならないけど、打撃の人間ってそうじゃないだろ。

—— なんか、人間的に寝技系の人の方が尊敬できるような気がしますね。(一同爆笑)

東 どっちも一長一短があるんだよ。話して面白いのはどっちだってなるんだよ、俺的に。(笑)論理ばっかりより、この人間どこに行くのかわからないなって言う人間のほうが話して面白いんだよな。ただ社会的にコイツラ何するかわからないなっていう人間になってしまうかも知らんが。でも殴り合い蹴り合いって痛いからさ、テンションが問題なんだよ寝技とかはそうじゃないだろ。寝技とかだと普通に歩いてきてパッとそのままの意識で始められるんだよ。殴り合いとかはそこまでテンション高めてアドレナリン出して、興奮してからじゃないと中々その領域までいかないだろ。

—— 今、柔術系の格闘技は人気ですけどね。そういう論理的な人が増えたってことですかね?

東 60年代とか70年年代はさ、世の中自体が熱い時代だったんだよ。人間のテンション高いんだよな。若者の。今はどっちかと言うと冷静な時代だよな。冷めてるというか。何をするにも確認してから効率的に、効果的にやりなさいっていう時代に生まれてるわけだから、そういうパッションが弾けるとかいうのは抑え込まれるわけじゃない。若いやつの心に火つけるの大変だよ。時代がそうなってるんだよな。昔は喧嘩負けてきたら、絶対もう一回行ってやってこいっていう乗りだったけど、今喧嘩するなだもんな。まあ、喧嘩しろって言ってるわけじゃないけどさ。打撃系は昔は中学生、高校生、大学生が主だったんだけど、今ホントに少ないもんな。

―― ちょうど選手になる年齢層がぽっかり空いちゃってるという感じですかね。

東　ロシアはロシアで若いやつばっかりなんだけどな。

中井　言われるほど流行ってるとは思いませんけどね。柔術やってみて、あ、面白いなって思う人が一定数居るっていう感じですかね。僕としては柔術、超面白いのに、世間の人が知らないのは不思議だな〜、柔道部でさえこの面白さを知らないのは不思議だな〜って自分では思いますけどね。

打撃系と寝技系の人間の性質の違い

―― お二人は柔道部出身だけど、やってる柔道の内容が違いますね。先生はどちらかというと講道館の立ち技系、中井先生は高専柔道系ですもんね。柔術系。

東　柔術なんてもうとっくの昔になくなってたと思ってたんだけどね。

―― ブラジルで発展して逆輸入的な入り方してますからね。今中井先生そのトップですもんね。そんな人が大道塾の寝技で関わってるってすごいですね。

東　酒のお陰かな（笑）

中井　（笑）

―― 中井先生、すごい酔っ払い方しますもんね。今どきあそこまで酔っぱらえる人、中々いないですよ。尊敬しますよ。

中井　（爆笑）

―― 酔いの極北まで行きますもんね!

東　本当はそこまで行くのが柔道家だったんだよ。裸踊りまでやるのが柔道家だよ。初期の極真でも残ってたんだよ。そういうのは。チンポの芸とか。

―― チンポの芸?

東　電気消すわけだよ。そしてチン毛燃やすんだよ。オ〜スって。それが普通だったんだよ。

―― そんな事してたんですか?　ヒドイですね。先生もやられたんですか?

東　俺はやられてない。させるほう。（一同爆笑）

―― 中井先生は今後どういう関わり方されていくんですか?　大道塾と。

中井　僕は総本部の指導員の一人ですね。僕の指導が面白いなって思えたら嬉しいですね。僕のやり方が合うのかどうかは分かりませんけど、結構楽しめると思うので。グランドの楽しさ、グラップリングの楽しさを大道塾の人に伝えたいですね。それで空道の幅がまた広がると思いますよ。

東　中井君は教え方が上手いんだよ。

パラエストラの人が空道に出たりすることもあるんですか?

中井　出たい人間がいればですね。かつては出たこともあるんですが、今後も希望者があれば止めたりはしないので。何度か色々なところで言ってるんですけど、プロの総合格闘家が引退した先がブラジリアン柔術だけである必要ないと思うんですよ。裸で終わったから今度は着衣でやってみようなかっていう発想もいいと思うんですね。今は引退してバタっと辞めてしまうという感じではなくなってきてるので、ブラジリアン柔術だけではなくて柔道に戻る人もいるだろうしレスリングに戻る人もいるだろうし。その中で空道もありだよなって思うんですよ。

東　今引きこもりとかさニートとか増えてるわわけだけど、労働人口（15〜64歳）で120万人位ぐらいが働いてないと。これは大変な損失だよな。精神も身体も弱くなってきてしまってる。やっぱり子供の時から武道じゃなくてもいいから人と交わるスポーツをやらせないとダメだと思うんだよ。国がそれをバックアップするような体制でやらないと国自体に大きな損失が出るよな。武道というのはその中でも人間の闘争本能をいかにコントロールするかっていう部分があるから、人間の教育のひとつとして俺はすごく有効だと信じてるよ。

―― やっぱり、武道教育というのは国を上げて今後も取り組まなくてはならないものですよね。その中で空道やブラジリアン柔術の今後の役割は大きくなってくると思いますね。

大道塾の発明!
総本部ビジネスマンクラスは
格闘技の面白さが満載!

スペシャル
インタ
ビュー

中年オヤジたちを魅了してやまない
松原先生の考える
ビジネスマン空道を直撃!

総合格闘技誕生以前の
大道塾マグマ

—— 松原先生はどういう経緯で大道塾に入ったんですか?

松原 1990年にリングスが東京ドームで大会やって、それにまつわる話題で『Nunber』っていう雑誌の座談会に参加したのが最初のきっかけかな。座談会が終わった後、新日本プロレスがロシアで興業打つから皆で見に行かないかって岩上安身氏からの誘いがあって、夢枕獏さんとか皆で行ったんですよ。まだソ連時代ですね、ベルリンの壁が崩壊した年。

メンバーに『スコラ』という雑誌の鈴木道智生さんがいて彼が大道塾のビジネスマンクラスだったんです。僕はその時33歳ぐらいで今から考えると若いけど、33でその当時そういう格闘技を始める人はそんなにい

なかったんですね。それで鈴木さんに誘われて入ったんですよ。

—— 松原先生が入る前からビジネスマンクラスってあったんですね。

松原 はい。その頃は松本健一さんという方が指導されてましたね。5〜6人いたんですけど、松本さんも来られなくなり、仲間内でやっていくうちに全員いなくなっちゃったんですね。それから結局は僕が仕切るようになったんですよ。91年ぐらいから僕がずっとやってます。平和台時代はどんどん増えちゃって毎回30人を超えるような人数になりました。

—— 私が入門したのが88年なんですけど、その当時感じてたのは、やたらとマスコミ関係の人が多いなって、なんか岩上安身さんはじめ、スコラの編集長や、三和出版の編集長とか。広告代理店の人とか色々いて。やっぱりその頃、大道塾というのは理論というかこれまでにない感覚を押し出していたし、ある一種

大道塾総本部ビジネスマンクラス
松原隆一郎先生

松原 隆一郎 （まちばら りゅういちろう）
1956年 神戸市生まれ。東京大学工学部都市工学科卒、同大学院経済学研究科博士課程単位取得退学。2018年より放送大学教授、東京大学名誉教授。専攻は社会経済学。総本部ビジネスマンクラス師範。2019年まで東大柔道部長。著書には『頼介伝』（苦楽堂）、『武道を生きる』（NTT出版）等

聞き手　川保天骨

大道塾ビジネスマンクラスは夢枕獏先生の小説『空手ビジネスマンクラス練馬支部』で話題になった、ちょっと他の団体ではあまり見られない発達の仕方をしたクラスなんですね。三十代、四十代にゼロから始める格闘技というのは単なるスポーツジムに通うような感覚ではない、この世代だからこそ味わえる至福の格闘体験ではないかと。このビジネスマンクラスをどんどん盛り上げていった松原隆一郎先生にクラスの成り立ちから、楽しさの秘密まで聞いてみた！

のインテリ層にとって非常に魅力的に映っていたんですかね。

松原　それはどうかなぁ。まだまだ塾長がお若くて、同年配の社会人と対等に飲んで意見交換するうちに、その人たちが「汗もかこうよ」といった感じでビジネスマンクラスに入っていたんじゃないですか。私は入門して半年も入らないうちに、塾長含め数人で温泉旅行したりしましたから。極真の南里先生も来られて。

――　その当時は大道塾はどんな感じで世の中に捉えられてたんですかね？　有名だったんですか？

松原　いや、世の中的には全く無名でしょうね。格闘技とか武道の中に入れば最先端のものとして認知されていましたが、それで入門するのは若い一般部の人たち。僕は柔道しかしてなかったし、極真とかの空手には別に興味はなかったので大道塾は入門するまで知りませんでした。一般マスコミしか知らない世間的な認知と、『月刊空手道』を読むような内側の認知とはものすごいギャップがあったと思いますよ。

　ただその当時、そのギャップが徐々に埋まりつつあったというのも事実だと思いますが。夢枕獏さんとかが橋渡しをして、世間に対する認知度のアップには貢献されたと思います。

――　やっぱり『Number』とか色々専門誌以外の媒体にも出てましたからね。

松原　僕が大道塾に入門して1年ぐらいした中で体験したことを獏さんに話したんですよ、それが『空手道ビジネスマンクラス練馬支部』の元ネタですね。市原さんから獏さんが直接に聞いたこととかが込められてます。

――　テレビドラマにもなりましたよね。言ってみれば夢枕獏さんが大道塾的には極真における梶原一騎が果たしたような役割を担ってたんですかね？

松原　ポジションはそうですが、一般部について獏さ

んが書いたのは大半がノンフィクションです。

　梶原一騎はほとんど実在の人物を使ってのフィクションでしょ。まあ、極真の第1回の世界大会ぐらいまではそういうフィクションの世界での成り立ちは可能だったんだと思うんですけど、今はMMAの世界が競技だからそれはかなり難しい。大道塾についての獏さんの作品はビジネスマンクラスについてのみフィクションです。NHKでドラマ化された時は、髙松猛練馬支部長やのちにボクシングで王者になった八島有美さんがちょい役で登場しました。

――　大道塾ってなんか理論的な団体なんじゃないかなって考えたことがあるんですよ。極真っていうのは

大山倍達を頂点にして組織がどんどん出来上がっていって、すでにその当時は競技としても完成されてる状態ですよね。大道塾は確かに格闘空手という概念で、北斗旗という競技大会もあったわけですが、まだその時点で競技化の追求というよりも、理論の中での格闘技の追求という方向性だったんじゃないかなと。そういう理論追求の姿勢が若者だけじゃなくてマスコミ系の人をどんどん引き込んでいったわけですよね。総合格闘技って理論の世界じゃないかと。

松原 競技はルールで出来ていますね。選手はそのルールを前提にして、勝ちに行く。でも「どうルールを作れば魅力的なのか」となると、「路上の現実だったら」とか「柔道と対決しても勝てる空手」とか、妄想が膨らみますよね。

　　仰っている「理論」ってそのことで、極真も当初は顔を殴ったり投げたりしていたそうですが、全日本大会が確立されると競技化が進んでいったし、柔道はルールがコロコロ変わる割にはその理由が「日本に勝たせないようにするために道衣のたるみをなくそう」とかで、私には面白くなかった。板垣恵介氏が『グラップラー刃牙』とか描き始めたのも僕と同じ総合格闘技的な妄想が出発点ですね。僕は板垣さんの作品はそれ以前の「メイキャッパー」から読んでいたので、そんなマスコミ側の人が大道塾的な妄想を漫画にしたのはよく理解できました。

―― 極真をそういう物語で描こうとしたらやっぱり人物を全面に押し出してくるしかないと思うんですね。

松原 極真ももうその頃になると、いち競技の中の技術論しかできなくなっていく時代だったんじゃないですかね。

―― 極真は競技が完成されてるし、ある程度知識として勝ち方というのが判明してくるわけですよね。もちろん競技というのは高度化していくに従って技術が均一化していくという宿命があると思うんで、現在の空道もその中にいるとは思いますが。例えば極真の大会でも影絵にして動きを見てこれ誰だっていう実験したら、ある程度は判明すると思うんですよ。大道塾も90年代から2000年代半ばぐらいまでは誰の動きだって判明できたと思いますが。今は無理だと思います。

松原 今そこまで個性的な動きをする人はいないですからね。ルールの中で勝ち負けが進むと、余計な個性は「穴」でもあって、潰されていきますから。極真は東塾長の頃まではまだ「理論」と技術論が両立していたかもしれないですけど、それから後はだんだんそういうロマンがなくなっていった。それがちょうど90年代前半だった。その時期に出てきてる大道塾ですから、それは確かに面白かった。ロマンという意味でも。たしかに、空手界においてはかなり異色な存在だったでしょうね。おまけにオープントーナメントで黒い道着来てたりする選手とかいろいろな格闘技や団体の選手が混在した大会でしたしね。パーヤップとか裸で出てきてましたもんね。

松原 競技としてはめちゃくちゃですよ（笑）。でも路上では裸の奴と戦うかもしれないし、市原さんはミャンマーラウェイに裸で出場したりした。

―― 今、市原選手とかが空道に出たら勝てるんですかね?

松原 市原選手は勝つでしょう。もともと「キメ」を重視していたし、研究も熱心だから、いまの寝技にも適応すると思います。やっぱり、瞬間的な動きの速さとか組んで投げるスピード、技の正確さとか気迫は別格です。

―― 思うんですけど、筋肉でガチガチの人ってやっぱり動き的にも硬いしぎこちない。打撃も軽いんですよね。市原選手の身体触ったことありますけど、ゴムまりのような弾力を持ってて柔らかいんですよ。身体的な能力、特に筋肉の質としてはかなり恵まれた人だったなと思います。

松原 半年で30kg増量してバンタム級の動きが維持できたって、漫画みたいですよね。長田選手や加藤清尚選手とか、あの当時の大道塾のメイン選手はプロ以上に練習してるわけですから、どこの団体に出してもメインを張れるレベルでした。

―― 確かに、北斗旗は半分が他流派、他団体で、大道塾の選手として出るには相当な条件がありました

ね。地区大会は優勝と準優勝しか出れないとか。

松原 某選手なんて、予選で5回勝っても本戦に出られなかったって言ってましたね。柔道とか大学の運動部と同じレベルですよ。全ての時間費やして取り組んでるわけですから。まあ、それぐらいやらないと北斗旗には出る資格ないくらいの勢いでしたね。

—— 私も毎日練習してましたけど、あれ、考えてみるとトレーナー誰もいないんですよね。自分たちで勝手に練習メニュー決めて。

松原 確かにトレーナーいないけど、自分なりに情報集めて頭の中では色々組み立ててた。結局今、大道塾でも教えるプロになってる人はプロ格闘技の世界からも引く手あまたじゃないですか。加藤清尚さん、飯村健一さん然り。やっぱりすごいものがあったんだと思いますよ。

—— あれは、自分自身がトレーナーになって、自分自身をコントロールしてたんですよね。言ってみれば自己マネジメント能力っていうんですか?

松原 結局は最後自分じゃないですか。こういう格闘技とか武道って。セコンドがなんと言っても関係ない部分ありますよね。天骨さんは藤原敏男先生の8の字ステップを取り入れて、優勝されたし。

—— 私はこのトレーナーの不在というのが自分の人生にとって非常に重要だったんではないかなと思うんですね。誰かが決めたことを与えられてそれを黙々とやるという状態だと、そこまで知恵を働かせないわけですから。

松原 私は、監督やトレーナーは「聞かれたら教える」というのがアマチュアの姿勢であるべきだと思います。東大柔道部で師範だった柏崎克彦先生がそうで、押しつけない。「それが教育だ」という信念です。だから必ずしも効率的にチームが勝てるわけじゃない。一方でプロ団体だと、完全にトレーナーの言うことを聞くしかない場合もあります。トレーナーだって一戦一戦の勝ち負けで評価されると、自分の思いでやりたくなりますから。試合で選手個人でやりたいことあっても、それは許されないということもあるんですよ。

—— でも不安でしたね。こんな方法で勝てるのかって。自分で考えたトレーニングメニューとか順番とか時間とか、これでいいのかなっていう不安ありました。今み

たいに情報があまりなかったので。

松原 でも全員が解ってなかったんだから良いんじゃないですか? 平等で(笑)。今は情報感度の良い人は持ってるし、持ってない人は全く持ってないけど。

—— 今普通にスイッチして蹴るとかタックルはこう切るとか、初心者があっという間にそれなりの動きを身につけること出来るじゃないですか。やっぱりインターネットやYoutubeの存在が大きいと思うんですが、それらがない時代、情報を得るのはそれなりの事をしなければならなかった時代から比べるとすごい時代だなとは思います。でも逆につまらないなというのもあります。情報の価値自体が全体的に低い。

松原 それはあると思います。今誰でも検索すれば何でも見れちゃいますからね。柔術の道場なんて、最先端までの数百の技術をどんどん教えちゃう。そうじゃないと5年で第一線の試合には出られないから。東大の柔道部で、ある高齢のOBが指導したいというので部員が話を聞いてあげて、僕に感想を言うんですよ。「OBが4年間の集大成って指導してくれた内容は、僕は一年で入部してすぐ習ったものだったんですけど、どうなっているんでしょうか」って。ベースの作り方なんですが、それを4年間かけて自分で開発したつもりになってるOBも、当人は楽しかったんでしょう。

—— 空道とかも技術レベルがどんどん上ってきてて、見る人の目も肥えてきてるわけですからね。今の人に逆に昔の北斗旗の試合見せたらどんな風に思うか知りたいですね。飯場の殴り合いみたいな試合とか結構ありましたからね。

松原 この前、高松さんにばったり会って話してたら、「松原さん、防御ってしなければいけないって知ってた?」って仰るんですよ。すごいこと言うなこの人って

思ったけど、あの頃確かに「先に殴れ!」って感じだったでしょ。基本や移動にも攻撃技しか入っていなかったし。一流選手は本能で避けてたんですね。

ビジネスマンクラスは発明だ!

松原 東塾長がビジネスマンクラスというのを作られたのはすごい発想だと思います。というのも、柔道ってシニアがないんですよ。

　まあ、ないというと語弊があるんですが、シニアっていうカテゴリーはあくまでも"年取った人"なんですよ。中学かせいぜい高校で始めた選手が年を取っても続けているのをシニアって言ってるだけなんです。大道塾のビジネスマンクラスって30過ぎてから全くの素人が入るわけじゃないですか。これは画期的です。

　柔道で30過ぎて白帯から始めると、「中学生の黒帯に投げられていなさい」って言われるわけで、それじゃあ長続きしない。まあ色々な意見がありますが、僕はビジネスマンクラスっていうのは子供の時とか若い時にやってない、ゼロから30代で始めた人のカテゴリーだと思うんですね。その人たちだけでトーナメントを組むから、同じ歳でも若い頃に北斗旗に出場経験がある選手は基本的に出入り禁止。それで試合出たいって人は出ればいいし、稽古だけでもいいし、飲み会だけでも良いんですよ。

—— 私も以前別の雑誌で松原先生のビジネスマンクラスに体験取材で入りましたが、先生の指導は面白いなと思ったんですね。三十代、四十代ぐらいから入ってきた人が格闘技的な興味を喚起させるような内容と言うんですかね、2時間半があっという間ですよ。それぐらいの年齢から始める人ってやっぱり若い時にやりたかったけど何らかの理由でできなくて、仕事も家庭も落ち着いてきた今だからこそやりたいという意気込みで入ってきてる人多いと思うんですね。

松原 そうですね。指導内容は僕が面白いなと思うことをやってるんです。たんなるスピードとかパワーだと一般部の選手には勝てないので、距離感やかけひき、道衣の操作とかを中心に。最初に肩甲骨と骨盤のストレッチ、最後に二人組みのストレッチとか。それを皆が面白がってくれてると嬉しいです。

—— 基本から始まり、ミットやマススパー、私が体験取材した時はかなり本気っぽいスパーリングもありましたが、ビジネスマンクラスのあの時間ってすごいなって思ったんですよ。一般部とは違う意味でこれは面白いと思いましたね。社会に出て働いて1周間が終わる最後の土曜日に締めくくりとして稽古があると。その稽古は武道ですからそれなりの緊張感とか、恐怖とかを共有してるわけですよね。それで、稽古終わったら皆で飲みに行くわけじゃないですか。これは発明だなと感じました。

　私もそうですが、稽古の後の酒は旨いんですよ。単なる仕事帰りの飲み会では味わえない何かがある。総本部のビジネスマンクラスはだから、稽古と飲み会も含めての1セットになってる。この前飲み会も参加しましたが延々と格闘技の話して盛り上がってるわけですよ。社会的なニュースとか世間話的なこと一切なかった。あれは外部の人が入ってて話聞いてたら何を話してるのか全然わからないような内容ですよね。

松原 そうですね。私は、空道で使える技って健康にも良いし心にも為になるって思うんです。だから技術的な話とかすごく盛り上がるんですよ。稽古の後すんなり家に帰る気しない。スパーリングすると気持ちが一回切れちゃってるから。

　こないだ仙台中央の佐藤順さんが出稽古に来られて、私は首相撲が相手が下から首を取り返してきたら、その肘を逆の手でつかんで頭突きしてから隅返しに行くって言うと、順さんは逆の手でつかんだ段階で「グルジアングリップ」になっているから、そのままひねり倒せるって仰る。こんな技術談義は楽しすぎますよ。

—— カームダウン的な時間としての飲み会ですかね。最大の楽しみでもあると思いますけどね。稽古と飲み会どっちが本番なんだって感じですけど。今日はありがとうございました。またビジネスマンクラス遊びに行きます!

「大道塾と他流試合。愛ゆえの葛藤。」

ベストセラー作家

夢枕獏（ゆめまくらばく）

×

国際空道連盟理事長

東孝（あずまたかし）

獏さんが悪いわけじゃないけど「困ったもんだ」と。（東 孝）

「もう格闘技を観に行くのはやめよう」って思った。（夢枕 獏）

"愛と葛藤"のテーマにちなみ、新宿・高層ビル群の中にある「LOVE」のモニュメントをバックに。

夢枕 獏（ゆめまくら ばく）作家
1951年、神奈川県小田原市生まれ、SF小説作家としてデビューし、『陰陽師』などテレビ・映画化された作品のほか、『餓狼伝』『『獅子の門』シリーズ、大道塾をモデルとした『空手道ビジネスマンクラス練馬支部』など、格闘技をテーマとした作品も多く発表している。日本SF大賞、泉鏡花文学賞、吉川英治文学賞、菊池寛賞など、数々の文学賞を手にし、2018年には紫綬褒章を受章。

'90s〜'00s、空前の格闘技ブーム時代を経て、振り返る。

1993年にキックボクシング系格闘技イベント〈K-1〉、1994年に総合格闘技系大会〈UFC〉がスタートして以来20年近くの間、日本はいわゆる格闘技ブームに包まれた。ときに、大晦日のゴールデンタイムに、3局の地上波で別々の格闘技の試合が生中継されるほど。そんな時代より10年近く前の1980年代前半から、30年以上を経た現在まで、大道塾・北斗旗・空道を見守り続けてきたベストセラー作家・夢枕獏氏が、東孝・国際空道連盟理事長と語らう。
（9月6日、新宿・京王プラザホテルにて。取材：元「格闘技通信」編集長・現全日本空道連盟広報委員　朝岡秀樹）

「あの時代は確かにおかしかった。
もう2度とないでしょうね、ああいう時代は。
その時代に居合わせた喜びっていうのはありますね。」

夢枕 久しぶりですよね、空道の大きな大会が名古屋で開かれるのは。

東 全日本選手権は4回ほど開催したことがありましたが、それ以来ですね。

夢枕 僕はその何回か、観戦していると思います。

―― 東京、仙台だけじゃなく、名古屋開催の全日本選手権まで観戦にいらっしゃっていたんですね（名古屋で全日本選手権が開催されたのは、長田賢一、山田利一郎、加藤清尚といったスター選手のいた90年代でもなく、清水亮汰や目黒雄太といった新時代の空道スタイルの選手が台頭し選手層が再び充実してきたここ5〜6年のことでもなく、その中間の2006〜2011年の間のことである）。

夢枕 世界選手権の時はなるべくスケジュールを空けるようにしてますし、東京で全日本があるときはスケジュールが空いてさえいれば基本的に行ってます。それがここ最近は11月に行われるSF関係のイベントと日程が重なってしまって行けないことが多くて、その間に親しみのあった選手が引退してしまって気づけば審判の席に座っていていたりするんですよね……。

―― 久々に観戦に来たときに知らない選手ばかりになっていたらあまり楽しめないのでは？

夢枕 でもそういう時は生島（隆。アナウンサーの生島ヒロシ氏の実弟で元「月刊空手道」編集長）さんが「獏さん、彼は柔道出身の選手でね……」とか教えてくれますし、あとは分からないことがでてきたら松原（隆一郎。東京大学教授で大道塾総本部師範）さんに聞いたりとか、そうやって時間の流れに追いついて楽しんでいます。

―― そもそもは80年代前半にプロレス界に生まれたUWFに着目されて、その流れで北斗旗選手権を観戦されるようになったんですよね？

夢枕 ええ、元を辿れば力道山から入ってね。大道塾は長田vs西良典が決勝だったとき（長田と西は83年から86年にかけて決勝で対戦している）から蛸島（巨）とか、名前は忘れたけどヤンチャな闘い方をする他流派の選手……。

東 鍋島（次雄）かな？ 平岡（義雄）、中畑（要）かな？

夢枕 そうそう。印象に残っているけれど、今思うとよく丸一日観てたなぁと思いますよ。あの頃は仙台に行くのは遠足みたいな気分で、僕と松原さんと岩上（安身。ジャーナリストで元大道塾総本部塾生）さんと鈴木道夫さん（雑誌編集長で元大道塾総本部塾生）と新幹線で格闘技談義をしながら北へ向かい、試合をみた後にまた車中で格闘技バナシをして帰京するのが楽しくって。全部の行程がね。

―― その頃、お幾つくらいでしたか？

夢枕 30代半ば過ぎかな、西選手が31か2くらい？

―― 「餓狼伝」（85年に第1巻が書き下ろしで刊行されている）はもう世に出ていた？

夢枕 書き始めた頃かな？

―― UWFへの期待から格闘技を観るようになったのであれば、のちにUWFが競技ではなく、プロレスの範疇のものであることを知ったときには「騙された！」という気はなかった？

夢枕 プロレスは、約束があるんだろうとは思ってはいたけど、10代の頃は全部の試合がそうなのかとか、そこまでは分からなかった。いろんな内部の方と知り合いになっていく過程で、誰かが小出しに話した断片を繋ぎ合わせた内容を別の人に話すと、その人が「あっ、この人は知ってる人なんだ」って思ってまた違うことを話してくれる（微笑）。そうやって段々と分かってきて。ターザン山本氏（当時の「週刊プロレス」編集長）さんに「全部、決まってるんですよ！」って言われて「全部なのかぁ……」と。そういうプロセスだったんだけど、僕には怒りはあんまりなかったですね。むしろ、だったらこれからプロレスが真剣勝負をやる方向に行って欲しいなぁと、期待が膨らんだんです。元々アントニオ猪木が異種格闘技戦をやるときは「異種格闘技戦は真剣勝負でしょ」みたいな気持ちはありましたし。……まぁ、そうじゃなかったんだけど、でも猪木アリ戦ってそれは凄く微妙な真剣勝負でしょ？ まぁ、約束はあったんだけど、お互い「コイツは裏切るんじゃないか？」みたいなことを考えているから妙に真剣な雰囲気が出ちゃって。

東 それはやっぱり木村政彦先生vs力道山戦があったからじゃないですか？

夢枕 あぁ、そうか！

―― そんな時代、グローブ競技（キックボクシングやK-1）やUWF系団体（リングスなど）に極真空手から派生したアマチュア競技の団体の選手が出ていって欲しかった？

夢枕 僕はやっぱり「強いんだから出ていって欲しい」という気持ちはありましたよ。

東 それで大変な嵐に巻き込まれたんだよ（笑）。

夢枕 いや、僕は巻き込んだんじゃないですよ（苦笑）。選手が「やりたい！」って言ってくれれば、それは好きですから応援するわけですけれど。何もないところで僕が誘った、そそのかしたっていうことではないんです。協力はしましたけど。

―― 当時、大道塾のエース選手だった市原海樹さんがUFCに参戦したときも？

夢枕 あの時はね、前田光世のことを調べているときに市原君本人から聞いたのかな？ Oさんという人が面白いビデオを持っていると。それがブラジルのヴァーリトゥードのビデオだったんです。それを観て「あっ！ これは前田光世がブラジルでつくった "なんでもあり" じゃないか」ってすぐにピンときたんです。それで、そのビデオの最後にホリオン（・グレイシー。前田光世から技術を教わったエリオ・グレイシーの息子）の連絡先が出ていたから稲田さんという、いま映画の翻訳をしている女性の方にホリオンへのメッセージを英訳してもらって手紙を送ったんです。「前田光世の取材のためブラジルにいつか行くの

「昔から禁じていたわけではないんですよ。
ただ、反社会的勢力との関わりが噂される組織の主催するイベントへの出場はコンプライアンスの問題上、許可しなかっただけで。」

でいろいろと教えてくれ」と。すると「前田光世は我々の師である」という返事をもらって、その返事の中で「今度アルティメット・ファイティング・チャンピオンシップという大会をアメリカでやるので誰か参加する選手はいませんか?」という問いかけもあって……。市原君には申し訳ないことをしてしまったなと、今も思ってますね。

――― えっ! ちょっと待って下さいよ。我々はUFC開催後のホリオンがマスコミに語った言葉ではじめてグレイシー柔術と前田光世の関係を知りましたが、獏先生はUFC開催前からグレイシー柔術が前田光世との関わりの中で生み出されたものだということをご存じだったと?

夢枕 僕は前田光世の小説を書こうと思っていたんです。前田光世が海外で闘いながら柔道を広めたこと自体はすでに知られた話だったので、格闘技が好きだった僕は前田のことをもっと知りたいと思って調べていてブラジルで活動していたことは既に知っていました。その小説はいまだに書いていないんですが(苦笑)。

東 早く書いてくださいよ(笑)。

夢枕 書こうと思ったら、講道館時代の話が面白くて、子どもの前田光世が出てくるまでに4巻分掛かっちゃって、その続きを飢狼伝が終わったらやりますよって話を双葉社には伝えてあるんだけど、まだ飢狼伝が終わってないので前田光世がブラジルに行く段階までまだ書いていないんですよ。

――― それにしても凄い先見性ですね。……話が脱線しましたがホリオンの返事の文面に、UFCの告知があって……。

夢枕 今でも忘れられないそのときのキャッチコピーが「二人の男が金網の中に入っていく。一人の男が出てくる」っていう。

――― それはゾクゾクしますね……。

夢枕 大道塾では、他にもムエタイと闘ったりとかありましたよね。長田君がタイで試合をしたときなんか、一緒に旅行していて、タイから帰ってきて3日後にまたタイに向かったんですよ。

――― 長田選手と一緒にタイ旅行をしていて、先に帰国したら急に長田選手がムエタイ王者と対戦することが決まり、観戦するためにすぐにタイに戻ったのですね。

東 選手が「いろんなルールの試合に挑戦したい!」って思うのは良いことだと思う。ただ、当時はまだ環境が整ってなかった。

――― 81年の大道塾発足当初からいわゆる極真ルールに加えて、顔面パンチ・投げ・寝技まで行うルールの競技を提唱していましたが、段階を踏んでルールを広げていくという方針に従い、北斗旗ルールでグラウンドの攻防が許されるようになったのは90年代に入ってからでしたから、UFCが始まった93年の時点では選手はまだまだ寝技が未熟だったわけですね。

東 94年の正月かな、市原がオレに申込書を持ってきたわけですよ。「先生、この大会(UFC2)に出たいです」と。「あれは寝技が出来ないと勝てないぞ。お前はもっと寝技を練習しなきゃダメだ」と言ったら「いえ、自分は寝技で試合はしないです」と。

――― 客観的にみれば、UFC1によって"1対1を前提とし、噛みつきや目潰しを禁止した何でもあり"の闘いにおいて、グラウンドの展開にブレイクが掛からないのであれば、いくら打撃が巧かろうと組み技の技術の未熟な者はグラウンドの展開に持ち込まれ、再び立ち上がることはできないことは既に証明されていたと思うのですが、選手は純粋で盲目ですからね。

夢枕 グレイシー柔術のビデオをみると、キックボクサーとの闘いでキックボクサーをコロコロと転がしているんですよ何度も。キックボクサーが何度打撃を出しても転がされてしまう。そのキックボクサーの顔は隠されているんですが、どうみてもベニー・ユキーデなんです。

――― えっ!

東 当時はフルコンタクト系の打撃競技が実戦最強と考えられていた時代で、寝技なんて組む前にノックアウトしてしまえばいいだろうって発想だったよね。だから長田なんかも北斗旗ルールに寝技が導入され始めた1991年頃のパンフで大道塾に寝技はいらない」ってキ張してた。

――― なるほど。大道塾の選手がMMAの試合をおこなうにはまだまだ寝技への対応の意識が足りない時代だったのですね。

東 それと、今でこそ格闘技が世間に認められる環境になったけど、当時はまだコンプライアンス的に選手を出してもよいという確信が持てる時代じゃなかった。だったら自分のところでやればいいじゃないかって発想で、北斗旗ルール以外の選手のやりたいルールの試合を行う大会〈Wars〉をやったんだ。

夢枕 もうやらないんですか?

東 やりたいって言う選手があんまり多くは出てこないんだよ。

――― それだけ空道が独自のジャンル、自己完結できる競技として確立したと。

夢枕 なるほど。

――― 大道塾がプロ競技になびくことなく独自路線を歩みはじめて以降も、ご自身が選手とのトラブルに見舞われて以降も、獏先生が北斗旗に背を向けることなく観戦し続けたのはなぜなのですか?

夢枕 半分は惰性かな(苦笑)? あとはやっぱりこの後どうなっていくのかを見届けたいというのと、昔から知ってる選手が出るのは観たいし……。

――― 〈PRIDE〉が全盛だった時代に「総合格闘技入門」という企画雑誌をつくった際、獏先生にMMAブームを総括するコラムを寄稿していただいたのですが、その結びの一文が「"ジャケット総合"は世界的な潮流となりうると思っている。」でした。出版社社員として利潤を追求するうえでは「この結論、PRIDEで桜庭和志やミルコ・クロコップを観て喜んでいるファンに求められている答えじゃないよなぁ…」と思いつつ、私的にはニヤッとしてしまいました。

夢枕 そうそう!「今、世間に浸透していないのがジャケット総合で、それをやっているのが大道塾だ」と。他にもいくつかの団体があると思うのですが、空道が一番の競技人口と技術を有しているのではないかと。ただ僕は面を被っていることで苦しそうな表情、「なにくそ!」って表情が見えづらいことがもったいないなぁと。

東 それはもう、十分理解してはいるんですが……。

夢枕 安全面のことが優先であると。

東 そうですね。プロ競技的に考えたら、もちろんそうなんですが。

── 普及ルールとして行うのは現行のヘッドガード(顔面防具)着用で頭突きや掴み打撃ありの空道ルールで、Warsのようなワンマッチ大会でのみヘッドガードなしで頭突きや掴み打撃も限定する特別ルールを実施するという考え方はありますよね。

東 この対談を読んで「そのルールでやらしてくれ!」っていう選手が出てくるならそれは考えないわけではないですよ。

夢枕 実際、いま〈巌流島〉への出場を希望する選手もいるわけですしね。

東 ええ。〈巌流島〉に限らず「最近、大道塾の選手はキックボクシングやMMAなどいろんな大会に出てますね」ってことをよく言われるようになりました。

夢枕 アメリカのメジャーMMA大会でも、選手がよい成績を残したりしましたね。

東 大道塾は、そういった競技での活躍を目指している団体ではないから、みずから積極的に選手を出場させようとはしていないけど、かといって、昔から禁じていたわけではないんですよ。ただ反社会的勢力とのかかわりが噂される組織の主催するイベントへの出場はコンプライアンスの問題上、許可しなかっただけで、ときを経てそういった問題が見受けられないキックボクシングやMMAの大会が増えてきたから許可するケースも増えてきたということです。

── それにしても、90年代前半の「なぜグローブマッチに挑まないのか?」とか「なぜMMAをやらないのか?」とかの問いに「大道塾内の地盤を固めてから」「コンプライアンス問題のない格闘技界となったら」と方針を打ち出してから、25年以上を経てのこの状況、「よく粘り強く待ちましたね!」と称賛したくもなるし「時間が掛かりすぎでしょ」とツッコミたくもなりますね。

夢枕 塾長は待てるけど、選手は歳取っちゃうから、待てないですよね。25歳が50になっちゃうわけだから(苦笑)。

── 市原さんも今は50歳になっているわけですものね。

夢枕 塾長は昔も出たいヤツは出してやりたいという気持ちだったし、今も出たいヤツは出してやろうと?

東 もちろんそうですよ。でも、逆に、数十年かけて築き上げてきたり、守ってきた価値がその団体の"伝統"になり、次の世代への指針=保守や安定の礎になるのでしょう。それが3年か5年の一時的な戦績を残した少数者の違う志向で安易に変えられるのもおかしいでしょう。要はその兼ね合いだと思いますけどね。

夢枕 そういった出場に関しては、塾長はすべて把握しているんですか?

東 もちろんそうです。直接打撃を含む競技や、プロ競技に関しては安全管理とコンプライアンス遵守のため、出場に際しては事前申請をして連盟の認可を受けなくてはいけないという規定を定めています。

── 最近で言えば、〈キックボクシング〉〈アマチュア修斗〉〈ミャンマーラウェイ〉〈巌流島〉と、グローブ打撃競技から実戦追求型の競技まで、幅広く大道塾所属の選手が活躍していますね。だから昔のイメージからすると「あれっ? 大道塾って空道以外はやらない団体じゃなかったっけ?」と思う人はいるかもしれませんね。

東 ただ、大道塾の目指すものが空道という武道競技における技術を高めることである以上、例えばトップレベルの選手が空道の大会に出場せずに他競技ばかりに出場しているようなケースがあれば「空道の技術を高めるために、他競技の技術を学んでいるのではないのか? ただ他競技をやりたいだけであれば大道塾から離れてその競技の道場・ジムに所属すればよいのではないか?」と問い質すことはあります。

── 実際、キックボクシングやMMAのプロの世界のトップクラスで試合をし始めると、複数の試合での契約になるから空道の試合と並行しておこなうのは難しいはずです。MMAに挑戦していた吉田秀彦、瀧本誠といった柔道オリンピック金メダリストがMMA活動中に全柔連から離れMMA引退後、全柔連から指導資格の復活を許されたことなど参考になるかもしれません。

夢枕 もっと「ウチから〇▼選手が■×競技に出て、チャンピオンになりました」と宣伝すればいいんじゃないですか?

── 連盟広報担当としてお答えしますと、地味にはHPやSNSで公表はしているんです。ただ、あんまり大々的に喜びを表現すると……。

夢枕 プロ養成所みたいな。

── ええ。空道が本道であるのに、そういった活動に組織自体が力を入れているようなイメージを持たれるのも望ましくはないので、あくまで淡々と紹介しています(苦笑)。

夢枕 その意味では修斗なんかは若林(太郎)さんが作り上げた基盤がいま凄く機能していますよね。今は佐藤ルミナ君がアマ修斗をやってるんですが、アマチュアの部分がしっかりしていて、アマチュア競技で育った選手がプロとして活躍する。

── MMAのプロイベントはたくさんありますが、それぞれのイベントがアマ競技を有していないから現状アマチュア〈修斗〉が絶大なブランド力を持っていますね。

夢枕 若林さんは、昔「ビジネスモデルは大道塾です」って言っていたんですから。アマチュア修斗の競技レベルが高くなった結果、プロを目指す選手ばかりでなくアマチュア修斗で好成績を残して、完結しようと考える選手も増えてきた。「自分はプロにはなりません。格闘技でお金を稼ぐことはしません。ただ、総合格闘技で強くなりたいんです」と企業で働きながらアマチュア修斗に取り組む人が増えてきた。まさしく社会体育として機能している側面があって、プロの養成という側面と、双方を果たしている。それと、さらにいえば修斗よりさらに普及している格闘技系競技ということでいえばブラジリアン柔術がありますね。

── この四半世紀、1994年からの25年間でスポーツ……つまり、格闘技という範囲でなく、球技や新興競技含めて……の中で、もっとも競技人口を増やしたジャンルといえるかと思います。

東 ブラジリアン柔術っていうのは、敷居が低いんですよね。

夢枕 殴り合わないっていう安心感がありますね。

東 ウチなんかは武道であり、道場であるってことに拘りをもって運営しているけどその分、先生にドヤされるんじゃないかみたいなイメージがあるでしょうねぇ…。

──「そんなことないですよ、優しいですよ。」と書いておきましょう（笑）。……話は戻りますが、一時は「もう格闘技を観に行くのはやめよう」と思った獏先生が今も格闘技を見続け空道を応援して下さるのはなぜなのでしょう？

夢枕 いや〜！ だって芸術にしろどんな分野でも、普通じゃないモノをみることに人は楽しみを感じるものでしょう。そりゃあ一時期は心が折れそうになって、無理して観に行ってるところもあったけど、今はもうまた普通に楽しんでいます。ただ教訓として、あれ以来あまり立ち入ったことは書かなくなりましたが（苦笑）。

──〈UFC〉にしろ〈空道〉にしろ技術が向上した分、昔の猛々しさ、ワイルドさ、荒々しさといったもの……"普通じゃなさ"は、今はだいぶ薄まったのではないでしょうか？

夢枕 普通のスポーツだよね今は。あの時代は確かにおかしかった。もう2度とないでしょうね、ああいう時代は。その時代に居合わせた喜びっていうのはありますね。いろんなことがあったにせよ。

東 極真なんかにしても技術は全然、いまの方が上だけど、黎明期の選手が技術が稚拙だとしても、あの時代にあのルールで闘ったということは凄いんだと思っているよ。

── 獏先生は今の空道を見ていてもっと荒々しく闘って欲しいとは思いませんか？

夢枕 荒々しさより馴染みの選手だった人が今審判になって旗挙げてるのを見ると「旗挙げてないで試合にも出てくれないかな」って思うこともありますね（笑）。大月晴明（"爆腕"のニックネームがつくほど高いKO率を誇る国内屈指の名キックボクサー）君がいま44歳なんだけど、その大月君が39歳くらいの時に飯村（健一）君が44歳で、空道の全日本選手権で優勝して祝勝会をやったんですけど、その時に大月君が「獏さん、僕もう1回復帰してみようと思うんです。」と。飯村君の試合を観て復帰したくなったと。

── その後、復帰して以来今日に至るまで大月選手は活躍を続けているわけですね。それで先生は空道の40代も、もっと現役で頑張れと。一方、若い世代では注目している選手はいますか？

夢枕 柔道出身のデカい選手……

── 野村幸汰選手ですか？

夢枕 そう、コウタ！ コウタ！ 彼の試合はハートを感じるよね。

── 確かに、大道塾オールドスタイルに通じる荒々しさがあります。

夢枕 あとは飯村君の弟子でシルエットだけみてると飯村君そっくりの選手……

── 末廣智明選手や神代雄太選手ですか？

夢枕 そう！

東 面白いもんで、空道内でも、地区予選で「あの飯村一門には負けるな、あいつらムエタイだから」みたいな対抗意識をもつ支部があったりするみたいでしてね。「先生、空道なのにあんなスタイルでやらせていいんですか？」なんて言ってくる支部長もいて「じゃあ、空道ルールでお前んとこの弟子がそれに勝てばいいだろ」と言うんですよ私は。勝負の世界なんだから、技術論の主張の正しさを証明したければ勝てばいいんですから。

── 野村選手の柔道を駆使したスタイルから飯村一門のムエタイの技術を活かしたスタイルまで、いろんな流儀がしのぎを削っている点も、特定の「型」を唯一の正解だと定めることなく、自由を認めている空道ならではの面白さですよね。

夢枕 多くのキックボクシングの選手が技術を教わりたくて飯村君に習いに来ている。大月君も「ミット打ちは、飯村さんが最高。他の人では僕はもうダメなんです。」と。先日、紫綬褒章受章のお祝いをしてもらったときに、キックボクシングやMMAや空道のチャンピオンが来てくれてエキシビションマッチをやってくれたんですけど、その中の対戦の1つに、佐藤ルミナ君と宇野薫君の久々の対戦があって。そのパーティーの場で飯村君と会ったのを機に、宇野君は飯村君のところに打撃を教わりに来ているそうで。

── 宇野選手といえば、大道塾から派生した慧舟会出身の選手。時が巡り巡った感がありますね。

夢枕 ええ。僕と塾長、歳も近くて（東理事長が1学年上）、僕はずっと作家として生き残れて、大道塾も少しずつ競技人口も増やして今回の世界選手権まで辿り着いて……。双方、よくここまで来たなぁと、そういう感慨がありますよ。……そういえば、去年ある会場で西（良典）選手に会ったんだよね。髪はすっかり白くなってましたけどね、まだ試合に出たいって言ってましたよ。

東 そうですか（笑）。

登山家 小西浩文 × 東 孝 大道塾代表

司会　川保天骨

8000メートル峰無酸素登頂で知られる日本を代表する登山家、小西浩文が実は元大道塾塾生だったということを知る人は少ない。独自のメソッドと思考により数々の挑戦を繰り広げてきたトップクライマーと喧嘩無敗の東塾長が人間の恐怖心の克服と本当の強さについて語り合った!

◎プロフィール　中井 祐樹（なかい ゆうき）

無酸素登山家。1962年、石川県に生まれる。15歳で登山をはじめ、1982年、20歳でチベットの8000メートル峰シシャパンマに無酸素登頂。1997年には日本人最多となる「8000メートル峰6座無酸素登頂」を記録。20代後半から30代前半にかけて、3度のガン手術を経験。ガン患者による8000メートル峰の無酸素登頂は、人類初となる。現在は、全国で講演活動や、経営者、ビジネスマン、アスリートを対象にした総合的なコーチングを行なっている。

―― 今日はよろしくおねがいします。小西先生は大道塾の総本部が練馬の平和台にあった時に入門されたと聞きました。

東　俺もこの前その話聞いてびっくりしたんだけどさ、その当時は誰が指導員?

小西　石塚さんでした。

東　ああ～、石塚。

―― その当時は空手団体もたくさんあったと思いますが、何で大道塾を選んで入門されたんですか?

小西　ひとつには…、天骨さんと似てるんだけど、長田賢一さんがムエタイに出たりして、格闘空手っていう鮮烈なフレーズに惹かれたというか、何か新しい流れを感じたんだと思うんですね。格闘技雑誌や空手雑誌では大道塾、怒涛の勢いでしたもんね! もうひとつは元々私、少林寺流という鹿児島の方の防具付きの空手を子供の頃かじったことがあって、格闘技、武道はその後は縁がなかったんですが、当時の友人に野口健（89年軽重量級王者　元本部寮生）君がいて、その影響もありますね。野口君は私の弟分だったんですよ。彼は東海大学の少林寺拳法部だったんですが、ある切っ掛けで仲良くなって、一緒にスパーリングのマネごととかをやってたんですね。彼は大学卒業して大道塾総本部の寮生になるということで、彼がやるなら自分もやろうかなという感じで…。

―― その時は登山家なんですか?

小西　はい。もうその時はほぼプロの登山家でしたね。

東　登山は何から始まったの?

小西　私は兵庫県の宝塚で育ったんですが、六甲山があるんです。ある日自転車で六甲山に遊びがてら行ったらですね、岩壁があって、そこでロッククライミングしている人を見たんです。その人は高さ40メートルぐらいの垂直な岩壁を登ってるんですけど、率直に「これは凄い」と思いました。上からロープが垂れ下がってるわけじゃなくて、その人がロープを引きずりながら登ってるんです。岩壁の途中には支点がありますから、落ちてもなんとか10メートルぐらいで止まるんですけど、支点自体が抜けたらもう終わりですよね。とにかく手がかりも足がかりもない岩壁をそのクライマーが悠々と登ってる。これに凄くショックを受けたんね。その頃小学生ですけど、今の自分があんな事やったら小便ちびって死んじゃうと（笑）。それに比べて目の前のクライマーは凄い精神力ですよね。子供心にその時、あれぐらいのことが出来る精神力が自分にも欲しいなと思ったんです。それから高校に入ってから山岳部に入って冬の北アルプスとかに登るようになってました。卒業後は色々なご縁があってチベットの8000メートル級の山に挑戦する登山隊に入れてもらったりとか。20歳の時に8000メートル峰無酸素登頂というのに成功したんです。登山家としては恵まれた良いスタートを切らせていただいたと思っています。

東　ハラハラドキドキが好きなんだー（笑）。

小西　はい。怖いからやってるんですね。生きるか死ぬかだからやるんであって、それがなかったら私はこういう事しないと思うんです。

東　怖さっていう話になると格闘技とかは下手したら倒されて血ヘドはいたりするけど、辛い稽古することによって強くなるじゃない。そういう"実利"があるわけさ。言っちゃ悪いけどさ、なんで山なんか登るんだろうって俺は思うよ。遭難とかしたら

「恐怖の克服、本当の強さとはなにか？ 極限を知る者同士の対談!」

人に迷惑かけたりさぁ、死んだりもするしさ。でも昔の人が洒落たこと言うじゃない「そこに山があるからだ」とか。つまり、そういう死ぬか生きるかのハラハラドキドキを求めて山に登るってわけなんだね。

小西 それは……、大道塾入る人もですね、怪我したり骨折する可能性もあるわけですよね、ある意味怖さがある。でもその怖さを乗り越えなくては強くなれないというのがある。私にとっての山は乗り越えなくてはならない恐怖であって、それを乗り越えない限り、強靭な精神が得られないと思うんですね。

東 でもさ、大道塾は初期の頃ね、マスコミが色々と囃し立てるんだよ。「顔面パンチ、投げる絞める極める何でもありの最強格闘技!」なんて言ってさ。俺からするとそれは違う。たしかに俺は最高のもの、最強のものを弟子には教えるけど、安全性を抜きにしては駄目だという思いがあった訳。せっかく強くなって試合に出て怪我して一生障害を負ってます。なんていうことになれば、一体何のためにやってるか解らないじゃない。でもマスコミ的にはそういう危険性を誇示するような報道をしたほうが売れるんだろ。

小西 それはそうですね～。

東 所が、その頃の血気盛んな若い連中は確かに安全だからやるっていう雰囲気じゃなかったけど（笑）ね。普通の奴は安全だからやるっていう発想もあるんだろうけど、人に抜きん出て強くなろうとしている奴はハラハラドキドキで、怪我するか強くなるかという方に惹かれるんだろうな。

小西 本当に強くなろうとする奴は喧嘩に近い、超実戦的なとか、そういうものに惹かれるんですよね。

東 う～ん、俺はでもそういう奴らとは違うんだよな～。まず喧嘩っていうのに負けたことないから、そういう場になって怖いとかいう考え自体がないんだよ。最後まで立ってるのが俺だっていう自信というかなんというか、そういうものがあるわけさ。怪我してもいいから強くなりたいとか、そういう発想はなかった。

小西 我々の山の世界にも生まれつき怖いもの知らずの人っていうのが居るんですよね。もともと度胸があるのか、恐怖を感じる神経がない人間が居るんですよ。ただ、山ではそういう人は長生きは出来なかったですね。

東 だろうね…。でも俺はある意味臆病だよ。幽霊怖いし、高所恐怖症だし（笑）。喧嘩に関しては恐怖を一切覚えないね。

小西 そういう意味では東先生はすごく特別な人間だなって思いますよ。空手に来る人間ってそもそもそうじゃないと思うんですが。ある意味臆病で怖がりな人じゃないですかね。

東 大体そうだね。そういうコンプレックスを抱えてる人間は負けたくないという一念で一生懸命努力して、己の弱さから脱却しようとするわな。最初から強い人はやらないよね。俺が空手の世界に入ったのは、自衛隊の時、ボクサーと決闘して顔面殴られたからだね。もちろんそんなパンチ効いてないよ。でも

ダメだ、飛び道具が必要だなって。その頃突き蹴りの事"飛び道具"って言ってたよ（笑）。「知らない技はたしかに怖いな」という理由から俺は始めたから、動機は他の人と違うな（笑）。でも大道塾を始めたのは、単に強さのみを追求するためじゃなくて、社会に出て、己に自信を持って生きていける、例えば強い相手に対峙したり、不利な状況に陥った時でも、それに打ち勝っていける強さを持った人間を作りたいというのがあるんだよ。もしくは、自分の心の中に起こってくる怒りの感情やバイオレンスな心情をいかにコントロールして平静でいられるかという武道本来の素晴らしさに気付いてもらいたいんだ。それは道場訓にも反映してるけど、「最終的には社会に清貢献すること」に大道塾の本分があると思うよ。単に強くなれって言うことしか教えてないとしたら、やっぱりどこかで歪んで来る気がするな……。

小西 東先生はある意味、すごく常識人ですよね。

東 うん、そうだよ。何で俺こんなに常識人なんだろうね（笑）俺は子供の頃、親の言うことや先生の言うことに反抗的な"やんちゃ坊主"で、あのままいってたら大変な事になってたと思うけど、高校時代に柔道に出会って俺自身が変わったんだ。最初は根拠もないのに俺は強いんだって思ってたから練習なんていうのも舐めてかかってたんだけど、ある日自分より身体の小さい人間に勝てなかった。そこで気付いたんだな。ハッタリじゃダメなんだ、謙虚に学ばないとダメなんだと。身にしみて覚えたんだろうね。武道というのはそういう意味でダイレクトに精神に影響を及ぼす最高の教育法のひとつだと思うよ。

小西 これからの時代、大道塾・空道も武道としての意義がどんどん高まってきてると思うんですね。これからそういう意味で人間の教育現場においては、なくてはならない必須の存在になると思います。これからの日本を背負っていく若者に必要ですね。武道教育は。

東 俺もそう思うよ。武道は日本の生み出した、「肉体的な強さの追求だけじゃなく人間とも尊敬される人間たれ!」と教える最高の教育法だ。特に男なら世界で最も憧れてる文化だと思う。

歴史に残る選手たち

※現在の空道全日本選手権にあたる
大会は、空道という競技名称が生まれる
以前は「北斗旗空手道選手権」として
開催されていましたが、ここでは現在の呼称に統一し、81年開催の大会を「初回の空道全日本選手権」と見做し、表現しています。

解説:松原隆一郎

今までの数々の歴史に残るような成績を収め続けた
15名の選手たちを写真とともに紹介してみる。

岩崎 弥太郎 (Yataro Iwasaki)

高校時代はレスリングのトップ選手として五輪出場を目指せるポジションにいたにもかかわらず、地元（宮城県）の英雄であった東孝への憧れから、高校卒業とともに、競技転向。157センチの身長ながら、空道の初の全日本選手権にあたる81年北斗旗無差別大会で優勝、82年には西良典を下し、2連覇。83・84・87年と−230クラス制覇。タックルとボクシングテクニックを駆使したその闘いは、現代MMAにも通じるスタイルであった。

西　良典
(Yoshinori Nishi)

拓殖大学柔道部で木村政彦の教えを受け、その後、プロキックボクサーとしてのキャリアを積んだ後、大道塾に入門。83・84年全日本無差別制覇。道着着用の競技ルールを活かし、柔道仕込みの投げ→キメで相手を仕留めまくった。87年の全日本無差別3位入賞を最後に大道塾を離れ、30代半ばにしてプロに転向、キックボクシングではロブ・カーマン、SSMMAではヒクソン・グレイシーと闘ってみせた。

長田賢一
(Kenichi Osada)

85・86・89・92年全日本無差別優勝。パンチ力強化のため、高校時代は砲丸投げに取り組み、大砲のような右ストレートで相手を薙ぎ倒し"ヒットマン"の称号を得る。87年にタイのラジャダムナン・スタジアムで、最重量級のムエタイ王者であったラクチャート・ソーパサドポンと激闘、敗れるも、その後、グローブテクニックの研究にも取り組み、92年、2階級制覇のムエタイ戦士、ポータイ・チョーワイクンと引き分けて、一線を退いた。

山田 利一郎
(Riichiro Yamada)

87・88・94年全日本無差別優勝。100キロ超の体格ながら、右利きサウスポーの戦略に長け、打撃・投げ・寝技のすべての局面において優れたテクニックをみせた。山田が北斗旗以外の試合に興味を持たなかったため、一般には長田・市原といった選手より知られていない面もあるが、大道塾内では"史上最強選手"と評する声も多い。山田の全盛期に、グラウンドの攻防が現在と同様に認められていたならば、もっと戦績は伸びていただろう。

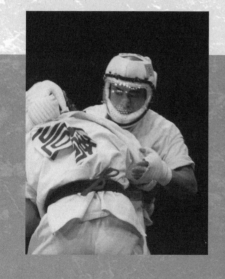

飯村健一
(Kenichi Iimura)

89・92・94・04・13年全日本－240クラス優勝。99年－250クラス優勝。初の全日本制覇から23年後にも全日本を制した記録は、今後も数十年は塗り替えられないだろう。組み技ありのルール中で打撃だけで相手を制するスタイルは、空道の理想ともいえる。その打撃テクニックを教わるべく、現在も多くのMMA＆キックボクシングのトップファイターたちが飯村の許に集う。

加藤清尚
(Kiyotaka Kato)

身長163センチの体格ながら、91年全日本無差別優勝。91年－230、93年－250クラスと合わせて、3階級において全日本を制した後、海外修行でグローブテクニックの習得にも取り組み、キックボクシング、ムエタイの世界タイトル（UKF世界スーパーライト級王座、WMTF世界ジュニアウェルター級王座）を獲得。交通事故による脛の骨の粉砕骨折の後、01年に4階級めとなる－240クラスで全日本を制し、第1回世界選手権出場を果たした。

小川英樹
(Hideki Ogawa)

初開催の世界選手権（01年）で－230クラス優勝。全日本では93～97年に－230クラス5連覇、98・99年－240クラス連覇、併せて階級別大会7連覇を達成。相手の道着を掴んでの打撃→崩し→絞め技といった空道ならではの展開を表現し"達人"と呼ばれる。相手の技に対する見切り、突きを当てるタイミング、蹴りのフォームの美しさ、豪快な反り投げ、自らの帯を使って相手を捕獲する独自の技術など、全局面で観る者を唸らせた。

酒井 修
(Osamu Sakai)

91年‐240、94年－250クラス、95年無差別と3階級で全日本を制覇。カウンターのハイキックで幾度も相手を失神させ"浪速の超特急"と呼ばれた。コツコツと下段を蹴るような試合運びをせず、徹底した上段狙い。そして、KOを奪った後、試合場を走り回っての喜びの表現。その高い攻撃力ゆえ、試合中に自らの拳や膝を負傷することも多く、その破滅的な闘いぶりが、アナーキーな魅力を感じさせた。

アレクセイ・コノネンコ
(Alexandar Konnonenko)

96年に外国人初の全日本優勝（－250クラス）。その後、同階級では、97・98・04・07・08（春）・08（秋）・09・12・13・14年と併せて11回の優勝を遂げ、無差別も98年に制覇。散打やサンボを学んだ後、大道塾ウラジオストック支部に入門、インディ・ジョーンズに憧れて考古学の道に進み、仙台の大学で研究者となり、日本人と結婚、構えた住居を震災で流されるも、現在に至るまで仙台中央支部（旧東北本部）をリーダーとして支え続けている。

加藤久輝
(Hisateru katou)

10・11・12・13・14年＋260、10・12・13年無差別で全日本を制覇。柔道指導のためにフランスに渡った日本人の父と、その生徒であったフランス人の母との間に生まれ、フランスで育ったのち、ハンドボーラーとして日本の社会人チームに所属。フランスに帰国してから空道に取り組み、ハンドボールのシュートのフォームを活かした左ストレートで、KOの山を築いた。14年世界選手権出場後、MMAなどに挑み、現在はK-1の世界タイトル戦線で闘う。

山崎 進
(Susumu Yamazaki)

日本体育大学卒業までは柔道に打ち込み、消防士になってから大道塾総本部に入門、業務の傍ら稽古に励み、98年‐250、99・05年ー260クラス、03年無差別と3階級で全日本を制覇。頭突きや肘打ちと担ぎ技の連繋は絶品で、セーム・シュルトをも宙に舞わせた。空道以外の競技にも積極的に挑戦し、コンバットレスリングで全日本王者になり、MMAでは、RINGSの高阪剛、パンクラスの箕輪育久、修斗の中尾寿太郎らと好勝負を展開。

セーム・シュルト (Semmy Sulit)

211センチの長身で左利きであるにもかかわらず、オーソドックススタイルで構え、前手にした左拳を小突く頭脳的な戦略。芦原空手の経験を活かした道着を掴んでからのコントロールの巧みさ。つけいる隙をみせない闘いぶりで96・97年全日本無差別優勝を果たした。プロ競技に身を転じ、K-1で4度WGP王者に、MMAではパンクラスの王者となったほか、UFCやPRIDEでも活躍。試合場から降りると、穏やかなオランダ人である。

藤 松 泰 通
(Yasumichi Fujimatsu)

世界選手権において01年-260クラス優勝、05年+260クラス優勝。世界選手権を連覇した日本人も、世界選手権で2階級を制した日本人も、藤松以外にはいない。全日本では、01年+250、02・05年+260、02・04・06・07年無差別で優勝。標準的な打撃のスタイルも、高いレベルで習得していたが、03年に頭蓋骨骨折の重傷を負い、それ以降、相手と打ち合わない武術的な戦術の研究を重ね、両拳を腰の高さに置いた独特の構えで復活を果たした。

市原海樹
(Minoki Ichihara)

フェザー級ボクサーとしてインハイに出場した後、大道塾入門。60キロ程度だった体重をウェイトトレによって30キロ増量し、身長167センチにして、ダウンの山を築き、90・93年全日本無差別優勝。無差別で勝つために、軌道の大きなフックや頭突きを多用したが、本来は巧みなヘッドスリップを行う技巧派。ミャンマーラウェイやRINGSルール、グローブマッチで勝利を重ね、UFCではホイス・グレイシーと、5分を超える激戦を演じた。

中村知大
(Tomohiro Nakamur)

14年世界選手権－230クラス優勝。09年、18年同準優勝。世界選手権で3大会連続でファイナリストとなった唯一の日本人。一方で、階級別の全日本選手権では、優勝はおろか決勝進出の経験すらない。海外の選手や、大きな相手との対戦でのモチベーションが高く、2012年には全日本無差別で、PRIDEやUFCの重量級戦線で闘ってきた中村和裕を撃破。翌2013年の全日本無差別では決勝に進出し、KO必至のストレートをもつ加藤久輝と激戦を演じた。

LOOKING BACK!
世界選手権全試合を振り返る。

——あんな選手もいた、こんなこともあった……

2001年にスタートした空道世界選手権。その第1回大会から5回大会までの全階級トーナメント結果表を掲載するとともに、各大会の内容をダイジェストで紹介する。ここに名を刻む選手たちの紡いだすべての試合があってこそ、現在の空道の技術は存在するのだ。壮大なストーリーをご堪能あれ!

2018年、第5回世界選手権で唯一人の日本人優勝者となった清水亮汰は、生まれたばかりの息子……つまりは空道創始者・東孝の初孫……とともに表彰台に上がった

2001第1回大会
2005年11月13日・東京・国立代々木競技場第2体育館

それまで20年間、「空手道」の数あるルールのなかのひとつとして行われていた競技が、この第1回世界選手権を機に「空道」（KUDO）という新競技としてスタート。21世紀の幕開けとともに生まれた総合武道の大会、開催直前の9月11日に起こった同時多発テロの影響で、多くの国の選手の渡航に影響が生じ、開催が危ぶまれる声さえ出たが、約20ヶ国から無事に選手がやってきた。日本は5カテゴリー中、3階級を制覇。競技母国としての矜持をみせている。海外勢では、96・97年に全日本を制したセーム・シュルトが出場を希望していたが、拳の負傷等により叶わず。一方、ITFテコンドーの世界チャンピオンであったステファン・タピラッツ（インドネシア）は、日本のエースであった武山卓巳から後ろ回し蹴りでKOを奪い、インパクトを残した（結果は重量級準優勝）。

重量級決勝。ステファン・タピラッツから腕十字で一本を奪い、感極まる藤松泰道

軽量級決勝。道着を掴んでの打撃→投げ→襟絞めという空道を象徴するテクニックで一本を奪い、軽量級優勝を果たした小川英樹

2005第2回大会
2005年11月13日・東京・国立代々木競技場第2体育館

初回大会の成功を受け、世界で急速な普及を遂げた空道。この第2回大会には、第1回大会の2倍以上、52ヶ国からのエントリーがあり、選りすぐられた選手たちが渡日。この大会より女子競技もスタートした。初来日のコリャン・エドガー（軽量級・アルメニア）、ビコワ・イリーナ（ロシア・女子）が、強烈なパワーをみせつけ頂点へと駆け上がる様は、圧巻であった。海外勢のパワーに飲み込まれつつ、日本は王座2つを死守。藤松泰通は、第1回の重量級に続き、1つ上の超重量級を制覇したが、2018年大会前の時点で、世界選手権で2階級制覇を成し遂げた選手は、この藤松のみ。日本人に限れば、同じ階級での連覇を果たした者すらいないだけに、偉業である。

重量級決勝。レシュトニコフ・イワンの打ち下ろしの右。最後は腕十字を極めて最優秀勝利者賞を獲得した

軽量級。コリャン・エドガー（右）は爆発的なパンチと、猫のような動物的な身のこなしでド肝を抜いた

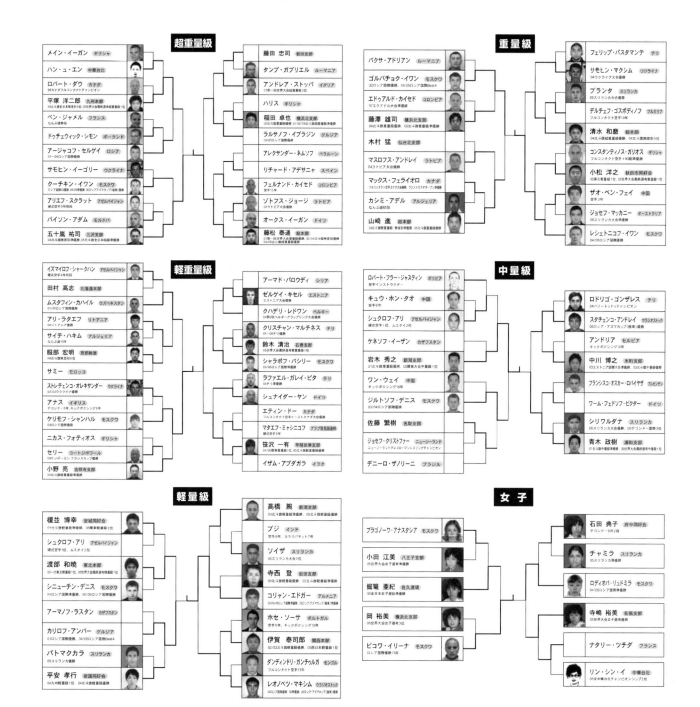

超重量級

メイン・イーガン ギリシャ
ハン・ユ・エン 中華台北
ロバート・ダウ カナダ
平塚 洋二郎 九州本部
ベン・ジャメル フランス
ドゥチェウィック・シモン ポーランド
アージャコフ・セルゲイ ロシア
サモヒン・イーゴリー ウクライナ
クーチキン・イワン モスクワ
アリエフ・スクラット アゼルバイジャン
バイソン・アダム モルドバ
五十嵐 祐司 三沢支部

藤田 忠司 岩田支部
タンブ・ガブリエル ルーマニア
アンドレア・ストッパ イタリア
ハリス ギリシャ
稲田 卓也 横浜北支部
ラルサノフ・イブラジン グルジア
アレクサンダー・ネムソフ ベラルーシ
リチャード・アデサニャ スペイン
フェルナンド・カイセド コロンビア
ゾトフス・ジョージ ラトビア
オークス・イーガン ドイツ
藤松 泰通 総本部

軽重量級

イズマイロフ・シャークハン アゼルバイジャン
田村 高志 北海道本部
ムスタフィン・カハイル ウズベキスタン
アリ・ラタエフ リトアニア
サイチ・ハキム アルジェリア
服部 宏明 京都教室
サミー モロッコ
ストレチェンコ・オレキサンダー ウクライナ
アテス イギリス
ケリモフ・シャンハル モスクワ
ニカス・フォティオス ギリシャ
セリー コートジボワール
小野 亮 吉祥寺支部

アーマド・バロウディ シリア
ゼルゲイ・キセル エストニア
クハデリ・レドワン ベルギー
クリスチャン・マルチネス チリ
鈴木 清治 石巻支部
シャラボフ・バシリー モスクワ
ラファエル・ガレイ・ピタ チリ
シュナイダー・ヤン ドイツ
エティン・ドー カナダ
マタエフ・ミャシニコフ アラブ首長国連邦
笹沢 一有 早稲田実業支部
イザム・アブダガラ イラク

軽量級

榎並 博幸 安城同好会
シュクロフ・アリ アゼルバイジャン
渡部 和暁 東北本部
シニューチン・デニス モスクワ
アーマノフ・ラスタン カザフスタン
カリロフ・アンバー グルジア
パトマカカラ スリランカ
平安 孝行 戦国同好会

高橋 腕 新潟支部
ブジ インド
ソイザ スリランカ
寺西 登 岩田支部
コリャン・エドガー アルメニア
ホセ・ソーサ ポルトガル
伊賀 泰司郎 関西地区
ダンディンドリ・ガンチゥルガ モンゴル
レオノベツ・マキシム ウラジオストック

重量級

バクサ・アドリアン ルーマニア
ゴルバチョク・イワン モスクワ
エドゥアルド・カイセド コロンビア
藤澤 雄司 横浜北支部
木村 猛 仙台支部
マスロフス・アンドレイ ラトビア
マックス・フェライオロ カナダ
カシミ・アデル アルジェリア
山崎 進 総本部

フェリップ・バスタマンテ チリ
サモヒン・マクシム ウクライナ
ブランタ スリランカ
デルチェフ・ゴスポディノフ ブルガリア
清水 和磨 総本部
コンスタンティノス・ガリオス ギリシャ
小松 洋之 秋田市同好会
ザオ・ベン・フェイ 中国
ジョセフ・マッカニー オーストラリア
レシェトニコフ・イワン モスクワ

中量級

ロバート・フラー・ジャスティン ボリビア
キュウ・ホン・タオ 中国
シュクロフ・アリ アゼルバイジャン
ケネソフ・イーザン カザフスタン
岩木 秀之 新潟支部
ワン・ウェイ 中国
ジルトソフ・デニス モスクワ
佐藤 繁樹 名取支部
ジョセフ・クリストファー ニュージーランド
デニーロ・ザノリーニ ブラジル

ロドリゴ・ゴンザレス チリ
スタチェンコ・アンドレイ ウラジオストック
アンドリア セルビア
中川 博之 木町支部
フランシスコ・オスカー・ロバイザ アルゼンチン
ワーム・フェドソフ・ビクター ドイツ
シリワルダナ スリランカ
青木 政樹 浦和支部

女子

プラゴノーワ・アナスタシア モスクワ
小田 江美 八王子支部
堀籠 亜紀 佐久道場
岡 裕美 横浜北支部
ビコワ・イリーナ モスクワ

石田 典子 府中同好会
チャミラ スリランカ
ロディオバ・リュドミラ モスクワ
寺嶋 裕美 名張支部
ナタリー・ツチダ フランス
リン・シン・イ 中華台北

2009第3回大会

2009年11月14日・東京・国立代々木競技場第2体育館

5大陸から約60ヶ国の選手が参戦。カテゴリーに男子＋270が加わり、全7クラスに。この世界的な発展のなかで、第1回大会2階級、第2回大会3階級と優勝者を増やしてきたロシアが、遂に全クラスを制覇した。決勝の3カードはロシアvs日本であり、そのいずれでもロシアが勝利、衝撃的なノックアウトによるエンディングもあっただけに、客席のロシア勢はお祭り騒ぎ。日本人は消沈である。試合コート上でロシア国旗を身に纏い、東孝・大道塾塾長を取り囲んで記念写真を撮る優勝者たち。ここはロシアの体育館なんだっけ？ と錯覚を起こすほどの情景であった。この大会が初出場となったカリエフ・アダン（ロシア）は、初戦からノックアウトを連発。テコンドー仕込みの回転技をみせつけての初優勝は、その後の無敗ロードの幕開けとなる。

高い命中率をみせたカリエフ・アダンの蹴り技

－230決勝。エドガーが中村知大を豪快に投げる

270+／over 270 class

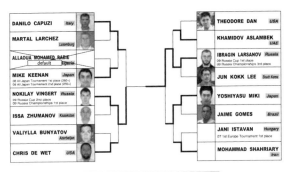

-270／under 270 class

-260／under 260 class

-250／under 250 class

-240／under 240 class

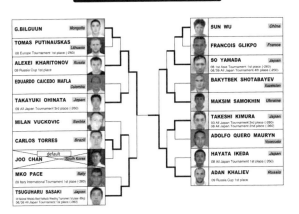

女子／Female class

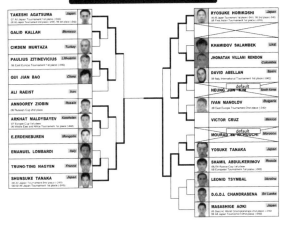

-230／under 230 class

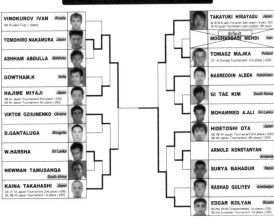

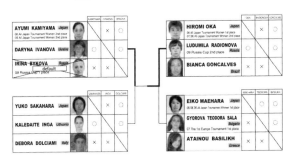

2014第4回大会

2014年11月15～16日東京国立代々木競技場第2体育館

約60ヶ国の選手が参戦。第1回大会2クラス、第2回大会3クラス、第3回大会ではすべてのカテゴリー（7クラス）と優勝数を延ばしてきたロシアに対し、日本が雪辱を期して挑んだこの大会でも、女子、－240クラス、－260クラス、－270級の4階級は、またもや決勝進出者が2名ともロシア選手という事態に。一方の日本勢、－250クラスの清水亮汰、＋270クラスの野村幸汰は、それぞれ準決勝でロシア代表を葬り、決勝進出を果たしたものの、そこで待ち構えていたもう一人のロシア代表の前に力尽きた。そんな中、－230クラスでは、世界3連覇を狙うコリャン・エドガーを、谷井翔太、末廣智明が旗の割れる接戦で苦しめ、筋断裂に追い込む。結果、反対ブロックから勝ち上がった中村知大が決勝不戦勝で優勝。チーム一丸となっての闘いで、かろうじて2大会連続のロシアの全階級制覇を阻んだ。

＋270決勝。野村幸汰をノックアウトしたエヴジィニ

－240決勝。マナヴァシアンがグリシンに後ろ蹴りを刺す

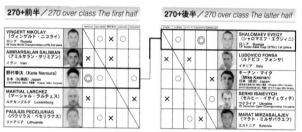

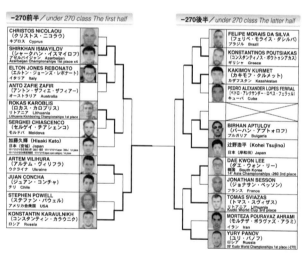

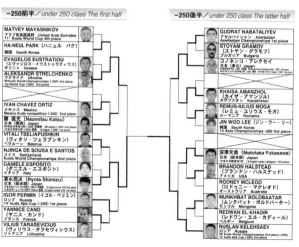

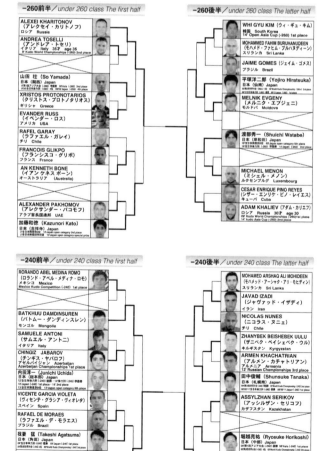

270+前半／270 over class The first half

- VINGERT NIKOLAY（ヴィンゲルト・ニコライ）ロシア Russia 11' Kudo World Championships (+270) 3rd place
- AMIRARSALAN SALIMIAN（アミルアサラン・サリミアン）イラン Iran
- 野村幸汰（Kota Nomura）日本（札幌西）Japan
- MARTIAL LARCHEZ（マーシャル・ラルチェズ）ルクセンブルグ Luxemburg
- PAULIUS PECELIUNAS（パウリウス・ペセリウナス）リトアニア Lithuania

270+後半／270 over class The latter half

- SHALOMAEV EVEGY（シャロマエフ・エヴジィニ）ロシア Russia 11' Kudo World Championships (+270) 1st place
- LUDOVICO FONSA（ルドビコ・フォンサ）イタリア Italy
- キーナン・マイク（Mike Keenan）日本（誠晃）Japan
- SERHII ISAIEVYCH（セルヒー・イサイェヴィチ）ウクライナ Ukraine
- MARAT MIRZABALAJEV（マラト・ミルザバラエフ）エストニア Estonia

-270前半／under 270 class The first half

- CHRISTOS NICOLAOU（クリストス・ニコラウ）キプロス Cyprus
- SHIRKHAN ISMAYILOV（シャークハン・イスマイロフ）アゼルバイジャン Azerbaijan Azerbaijan Championships 1st place x4
- ELTON JONES REBONATO（エルトン・ジョーンズ・レボナート）イタリア Italy
- ANTO ZAFIE ZAFIR（アントン・ザフィエ・ザフィアー）オーストラリア Australia
- ROKAS KAROBLIS（ロカス・カロブリス）リトアニア Lithuania Lithuania Kickboxing Championships 1st place
- SERGHEI CHIASCENCO（セルゲイ・チブシェンコ）モルドバ Moldova
- 加藤久輝（Hisaki Kato）日本（安城）Japan
- ARTEM VILIHURA（アルテム・ヴィリフラ）ウクライナ Ukraine
- JUAN CONCHA（ジュアン・コンチャ）チリ Chile
- STEPHEN POWELL（ステファン・パウエル）アメリカ合衆国 USA
- KONSTANTIN KARAULNIKH（コンスタンティン・カラウニク）ロシア Russia

-270後半／under 270 class The latter half

- FELIPE MORAIS DA SILVA（フェリペ・モライス・ダシルバ）ブラジル Brazil
- KONSTANTINOS POUTSIAKAS（コンスタンティノス・ポウトシアカス）ギリシャ Greece
- KAKIMOV KURMET（カキモフ・クルメット）カザフスタン Kazakhstan
- PEDRO ALEXANDER LOPES FERRAL（ペドロ・アレクサンダー・ロペ・フェラ）キューバ Cuba
- BIRHAN APTULOV（バーハン・アプトゥロフ）ブルガリア Bulgaria
- 辻野浩平（Kohei Tsujino）日本（岸和田）Japan
- DAE KWON LEE（デ・ウォン・リー）韓国 South Korea 14 Asia Championships -260 3rd place
- JONATHAN BESSON（ジョナサン・ベッソン）フランス France
- TOMAS SVIAZAS（トマス・スヴィザス）リトアニア Lithuania Kudo World Cup 3rd place
- MORTEZA POURAVAZ AHRAMI（モルタザ・ポラヴァズ・アラミ）イラン Iran
- YURY PANOV（ユリ・パノフ）ロシア Russia 09' Kudo World Championships 1st place (-270)

-260前半／under 260 class The first half

- ALEXEI KHARITONOV（アレクセイ・カリトノフ）ロシア Russia
- ANDREA TOSELLI（アンドレア・トセリ）イタリア Italy 35才 age 35
- MOHAMMED FAHIM BURUHANUDEEN（モハメド・ファヘム・ブルハズディーン）スリランカ Sri Lanka 9' Kudo World Championships -260 2nd place
- 山田 壮（So Yamada）日本（関西）Japan
- XRISTOS PROTONOTARIOS（クリストス・プロトノタリオス）ギリシャ Greece
- EVANDER RUSS（イベンダー・ロス）アメリカ USA
- RAFEL GARAY（ラファエル・ガレイ）チリ Chile
- FRANCOIS GLIKPO（フランシスコ・グリポ）フランス France
- AN KENNETH BONE（イアン・ケネス・ボーン）オーストラリア（Australia）
- ALEXANDER PAKHOMOV（アレクサンダー・パホモフ）アラブ首長国連邦 UAE
- 加藤和恋（Kazunori Kato）日本（吉祥寺）Japan

-260後半／under 260 class The latter half

- WHI GYU KIM（ウィ・ギュ・キム）韓国 South Korea 14' Open Asia Cup (-260) 1st place
- JAIME GOMES（ジェイム・ゴメス）ブラジル Brazil
- 平塚洋二郎（Yojiro Hiratsuka）日本（仙明）Japan
- MELNIK EVGENY（メルニク・エヴジェニ）モルドバ Moldova
- 渡部秀一（Shuichi Watabe）日本（岸和田）Japan
- MICHAEL MENON（ミシェル・メノン）ルクセンブルグ Luxembourg
- CESAR ENRIQUE PINO REYES（シザー・エンリケ・ピノ・レイエス）キューバ Cuba
- ADAM KHALIEV（アダム・カリエフ）ロシア Russia 30才 age 30 09' Kudo World Championships (-260) 1st place 14' Kudo Asia Cup (-260) 2nd place

-250前半／under 250 class The first half

- MATVEY MAYASNIKOV（マトヴェイ・マヤスニコフ）アラブ首長国連邦 United Arab Emirates 11' Kudo World Cup 4th place
- HA-NEUL PARK（ハニュル パク）韓国 South Korea
- EVAGELOS EUSTRATIOU（エヴァゲロス・イウストラティウス）ギリシャ Greece
- ALEKSANDR STRELCHENKO（アレクサンドル・ストレルチェンコ）ウクライナ Ukraine 09'Kudo World Championships (-250) 2nd place 1st World Cup (-250) 3rd place
- IVAN CHAVEZ ORTIZ（イヴァン・チャベス・オルティス）メキシコ Mexico Mexico Kudo competition (-240) 2nd place
- 勝 直式（Naomitsu Katsu）日本（関西）Japan
- VITALI TSELIAPUSHKIN（ヴィタリ・ツェラプシキン）ベラルーシ Belarus
- NJINGA DE SOUSA E SANTOS（ニンガ）スイス Switzerland Kudo World Championships 2nd place
- DANIELE ESPOSITO（ダニエル・エスポジト）イタリア Italy
- 清水亮汰（Ryota Shimizu）日本（総本部）Japan
- IGOR PERMIN（イゴル・ペルミン）ロシア Russia 14' Kudo Asia Cup (-250) 1st place
- YANNICE CAND（ヤニス・カンド）フランス France
- VILIUS TARASEVICIUS（ヴィリウス・タラセヴィシウス）リトアニア Lithuania

-250後半／under 250 class The latter half

- GUDRAT NABATALIYEV（グドラト・ナバタリエフ）アゼルバイジャン Azerbaijan Azerbaijan Championships 1st place
- STOYAM GRAMOV（ストヤン・グラモフ）ブルガリア Bulgaria
- コネスンコ・アレクセイ 日本（東北）Japan
- KHAISA AMANZHOL（クイザ・アマンゾル）カザフスタン Kazakhstan
- REMUS-IULIUS MOGA（レミュ・ユリウス・モガ）ルーマニア Romania
- JIN WOO LEE（ジン・ウー・リー）韓国 South Korea 14 Asia Championships -260 3rd place
- 深澤元貴（Mototaka Fukasawa）日本 Japan 11'Japan open category 7th place
- BRANDON HALSTEAD（ブランドン・ハルステッド）アメリカ USA
- RODNEY MCLEOD（ロドニー・マクレオド）オーストラリア Australia
- MUNKHBAT BOLDBAATAR（ムンクバト・ボルドバーター）モンゴル Mongolia
- REDWAN EL KHADIR（レドワン・エル・カディール）ベルギー Belgium
- RUSLAN KELEHSAEV（ルスラン・ケレフサエフ）ロシア Russia 09' Kudo World Championships 2nd place (-250) 11' kudo Asia Cup (-250) 1st place

-240前半／under 240 class The first half

- RORANDO ABEL MEDINA ROMO（ロランド・アベル・メディナ・ロモ）メキシコ Mexico Mexico Kudo Competition (-240) 1st place
- BATKHUU DAMDINSUREN（バムトー・ダンディンスレン）モンゴル Mongolia
- SAMUELE ANTONI（サムエル・アントニ）イタリア Italy
- CHINGIZ JABAROV（チンギズ・ジャバロフ）アゼルバイジャン Azerbaijan Azerbaijan Championships 2nd place
- 内田洋一（Junichi Uchida）日本（関西）Japan
- VICENTE GARCIA VIOLETA（ヴィセンテ・グラシア・ヴィオレタ）スペイン Spain
- RAFAEL DE MORAES（ラファエル・デ・モラエス）ブラジル Brazil
- 我妻 猛（Takeshi Agatsuma）日本（角田）Japan
- TRUNG TIN NGUYEN（トゥング・ティン・グエン）フランス France
- GEGAM MANAVAZYAN（ゲガム・マナヴァシアン）ロシア Russia

-240後半／under 240 class The latter half

- MOHAMED ARSHAQ ALI MOHIDEEN（モハメッド・アーシャク・アリ・モヒディン）スリランカ Sri Lanka
- JAVAD IZADI（ジャヴァッド・イザディ）イラン Iran
- NICOLAS NUNES（ニコラス・ヌニェ）チリ Chile
- ZHANYBEK BEISHEBEK UULU（ザニベク・ベイシェベク・ウル）キルギスタン Kyrgyzstan
- ARMEN KHACHATRIAN（アルメン・カチャトリアン）アルメニア Armenia 13' Russian Championships 1st place
- 田中俊輔（Shunsuke Tanaka）日本（札幌西）Japan
- ASSYLZHAN SERIKOV（アッシルザン・セリコフ）カザフスタン Kazakhstan
- 堀越亮祐（Ryosuke Horikoshi）日本（中野）Japan
- ANTON ARTIUKH（アントン・アルティウク）ウクライナ Ukraine 10' Ukraine Kudo Cup (-240) 1st place
- ANDREY GRISHIN（アンドレイ・グリシン）ロシア Russia

無窮空道への礎

2018第5回大会

2018年12月1〜2日・愛知・愛知県体育館

40ヶ国から選ばれた史上最多240名が出場した。−230クラスでは、前々回大会決勝でコリャン・エドガーに敗れ、前回大会決勝でそのエドガーに不戦勝を収めた中村知大が、完全決着をつけるべく最後の出陣。準決勝延長でコリャンに競り勝つも、そこで力尽き、決勝の旗はロシアの新鋭、ウラジミル・ミロシニコフに譲った。この他、−240、−250、−270、+270、女子+220、女子−220の各階級も、優勝はすべてロシア選手（計7カテゴリー）。唯一、−260クラスのみ、3連覇を狙っていたカリエフ・アダンを準決勝で加藤和徳が撃破し、その加藤を決勝で清水亮汰が制し、なんとか、空道母国としての面子を保った。一方、ジョージアやリトアニア、イタリア、韓国、ウクライナ、カナダ、カザフスタンといった国々の選手たちが日本人選手を破ったり、ロシア人選手を脅かす闘いぶりをみせ、空道競技の世界への浸透を感じさせた。

−230決勝。ミロシニコフのこめかみに拳をブチ込む中村たエヴジィニ

−260決勝。空道ならではのテクニックである道着を掴んでの頭突きで加藤を攻める清水

−230class

−240class

−250class

−260class

−270class

270+class

女子

女子 −220／Female under 220 class The first half

女子 220+／Female over 220 class The first half

女子 −220／Female under 220 class The later half

女子 220+／Female over 220 class The later half

決勝3 under 230 class Final Match

決勝4 under 240 class Final Match

決勝5 under 250 class Final Match

決勝6 under 260 class Final Match

決勝7 under 270 class Final Match

決勝8 270 over class Final Match

決勝1

決勝2

大道塾出版物一覧

機関紙

大道無門No.1〜No.78
（1981.6 発行）
大道塾広報部

大道無門No.80〜No.99
（1995.1〜2000.11 発行）
大道塾広報部

※現在はWEBにて大道塾の
　情報を逐一更新
http://www.daidojuku.com/

東孝著作本

はみだし空手
（1982.5 発行）
（1999.7 復刊）
（株）福昌堂

東孝の格闘空手
〜はみだし空手Part2(技術編)〜
（1983.6 発行）
（株）福昌堂

格闘空手2
〜Fighting karate combination〜
（1986.8 発行）
（株）福昌堂

格闘空手への道
〜75のステップ〜《入門編》
（1989.5 発行）
（株）福昌堂

オーイ まさぁーき！
息子・正哲との想い出
（2001.10 発行）
（株）文芸社

e_ssay！
「日々是雑念」
（2002.7 発行）
大道塾出版部

はみだし空手から空道へ
（2002.9 発行）
（株）福昌堂

着衣総合格闘技 空道入門
〜WHAT IS KUDO?〜
（2005.7 発行）
ベースボール・マガジン社

記念誌

大道塾20年の歩み
（2001.11 発行）
大道塾出版部

その他

吉田豪の空手★バカ一代
（2016.7 発行）
白夜書房

ケンカ道　篠原勝之
（1996.4 発行）
祥伝社

人と結びて有情を体す
（2013.10 発行）
東京堂出版

ビデオ・DVD発行一覧

【技術解説】

種　別	タイトル	制　作
ビデオ	格闘空手のすべて（全5巻）	福昌堂
	格闘空手への道・入門編〈上巻下巻〉	福昌堂
	長田賢一・ヒットマンの伝説	パナビデオ
	ザ・スピリチュアルカラテ	パナビデオ
	北斗の咆哮・市原海樹	パナビデオ
	北斗旗　THE　KO	パナビデオ
	北斗旗ベストバウト20	パナビデオ
	ザ・ソウルファイター2	福昌堂
	空手革命家東孝　超格闘大道塾	プロデュース
ビデオ・DVD	格闘空手大道塾　～北斗旗への道～ 大道塾の歴史と活動／東孝塾長インタビュー／基本稽古（突き） 基本稽古（蹴り）／移動稽古／実践・応用／実践・練習 ※映像特典　北斗旗1984～2001	クエスト
DVD	格闘空手大道塾　～北斗旗への道Ⅱ　～実践組手編 実践でのあらゆる状況を想定し、それを打開するための具体 的なテクニックを紹介。 ※映像特典　THE WARS ⅠからⅤの名勝負	クエスト
	大道塾DVD（2巻セット） 「格闘空手大道塾～北斗旗への道～」「～北斗旗への道Ⅱ」2巻セット	クエスト
	空道DVD　Part1 大道塾の最新テクニックをトップ選手が解説。 [出演] 東孝塾長／小川英樹／稲垣拓一／寺本正之／清水和磨／平安孝行	クエスト
	空道DVD　Part2 大道塾の最新テクニックをトップ選手が解説。 [出演] 東孝塾長／山崎　進／加藤清尚／飯村健一／藤松泰通／笹沢一有	クエスト

【WARS】

種　別	タイトル	制　作
ビデオ	THE WARS 7.7	クエスト
	THE WARS 93	クエスト
	THE WARS Ⅲ	クエスト
	THE WARS Ⅳ	クエスト
	THE WARS Ⅴ	クエスト
	THE WARS 6	クエスト

【北斗旗「格闘空手の戦士たち」シリーズ】

種　別	タイトル	制　作
ビデオ	北斗旗空手道選手権大会83	パナビデオ
	北斗旗空手道選手権大会84	パナビデオ
	北斗旗空手道選手権大会85体力別	パナビデオ
	北斗旗空手道選手権大会85無差別	
	北斗旗空手道選手権大会86体力別	
	北斗旗空手道選手権大会86無差別	
	北斗旗空手道選手権大会87体力別	
	北斗旗空手道選手権大会87無差別	福昌堂
	北斗旗空手道選手権大会88体力別	
	北斗旗空手道選手権大会88無差別	福昌堂
	北斗旗空手道選手権大会89体力別	福昌堂
	北斗旗空手道選手権大会89無差別	福昌堂
	北斗旗空手道選手権大会90体力別	福昌堂
	北斗旗空手道選手権大会90無差別	パナビデオ
	北斗旗空手道選手権大会91体力別	
	北斗旗空手道選手権大会91無差別	パナビデオ
	北斗旗空手道選手権大会92体力別	パナビデオ
	北斗旗空手道選手権大会92無差別	パナビデオ
	北斗旗空手道選手権大会93体力別	パナビデオ
	北斗旗空手道選手権大会93無差別	パナビデオ
	北斗旗空手道選手権大会94体力別	パナビデオ
	北斗旗空手道選手権大会94無差別	パナビデオ
	北斗旗空手道選手権大会95体力別	パナビデオ
	北斗旗空手道選手権大会95無差別	パナビデオ
	北斗旗空手道選手権大会96体力別	パナビデオ
	北斗旗空手道選手権大会96無差別	パナビデオ
	北斗旗空手道選手権大会97体力別	パナビデオ
	北斗旗空手道選手権大会97無差別	パナビデオ
	北斗旗空手道選手権大会98体力別	パナビデオ

【世界大会】

種　別	タイトル	制作・販売
ビデオ	第一回空道世界選手権大会	クエスト
DVD	第二回空道世界選手権大会	クエスト
	第三回空道世界選手権大会	クエスト

DAIDO-JUKU
40th
Anniversary

記録で振り返る組織の40年史

I 創世期 (1981—1985)

生みの苦しみ —もっと順調に行くと思ったのに!!!—

1981（昭和56年）

安全性・実戦性・大衆性を備えた格闘空手を提唱した東孝は「空手道大道塾」を宮城県仙台市に創設した

2月17日　設立記念パーティ（ホテル仙台プラザ）
「いかなる正論とはいえ、それが世論となるほどに力をもたなければ、それは自己満足に過ぎなくなる。そういう意味で大道塾の正念場はこれからである」（塾長挨拶抜粋）

3月7日　少年部、TBCラジオで紹介

3月13日　女性護身術、仙台放送で紹介

4月10日　第2期寮生　比嘉正行入寮

5月17日　全日本硬式空手選手権第1回大会に選手を出場させる
【スーパーセーフ着用の上、全身に突き・蹴りを認めるということで出場したが、ローキック禁止・連打禁止のポイント制の試合だった。これにより、大道塾の技術理念を具現化する独自の大会の必要性を痛感する】

6月2日　大道塾機関紙「大道無門」創刊

6月6日　ミヤギテレビ「こんにちは土曜日です」出演

6月7日　顔面有りの実戦ルールによる第1回の交流試合開催（本部道場）
1位　岩崎弥太郎　2位　小野浩二　3位　村上明・高橋英明
【設立以来の様々な障害、困難もこの試合での手応えで一層の確信を得た】

7月29日　第1回夏期合宿（宮城県松島野外活動センター）
【東北各県より136名の参加者、塾生一同の団結で大成功】

7月31日　「1981ミヤギテレビ杯大道塾内選考会」開催（松島野外活動センター）
村上成之、岩崎弥太郎、小野浩二、村上明がベスト4
狐崎一彦、紺野栄樹、稲井一吉が上位進出

8月15日　ミヤギテレビ「こんにちは土曜日です」出演

8月19日　日本テレビ「ズームイン朝」にて新ルールの空手大会を紹介

9月6日　「1981ミヤギテレビ杯オープントーナメント空手道選手権大会」開催
（宮城県スポーツセンター）
【顔面有り実戦ルールによる初の大会。出場52選手中、他団体30名参加】

11月　月刊空手道12月号で紹介
【大反響となる】

11月23日　日本拳法東北大会（宮城県武道館）に大道塾の選手が出場

11月29日　テコンドウ全日本大会に大道塾の選手が出場
【両大会ともポイント制の試合で連打を主にしている大道塾の選手には不利だった】

1982（昭和57年）

【この年は月1〜2回のペースで演武会を開催した（各地区、各支部も含め）】

1月　昇級審査規定改正、現在の規定稽古日数が確立

4月　東塾長が東北大学で体育実技（柔道）の講師に就任

5月3日　第3期寮生　佐和田亮二入寮（後除名）

5月　東孝塾長初の著書「はみだし空手」を福昌堂より出版

5月15日　大道塾設立1周年記念及び「はみだし空手」出版記念パーティー（宮城第一ホテル）

5月30日　「第2回交流試合」開催（宮城県武道館）
1位　村上明　2位　小野浩二　3位　松本剛　4位　渡部行彦
【この試合より5級以下との対戦は顔面への攻撃なし、双方が4級以上の場合は顔面有りルールの適用となった。又ボクシング的な5点法の採点方法を試行した。】

6月19日　「はみだし空手」出版記念サイン会（東京・新宿紀伊国屋書店）
【約250人のファンに囲まれ大盛況】

大道塾始動!

創世期の稽古風景

大道塾創立1周年　「はみだし空手出版記念パーティー」

7月29日　第2回夏期合宿（宮城県石巻市渡波小学校）
　　　　　【125名の参加、同時に大道塾技術書「格闘空手」の撮影を幹部・古参塾生の協力を得て行う】

7月31日　「1982ミヤギテレビ杯大道塾内選考会」開催（石巻市渡波小体育館）
　　　　　矢島史郎・柴田剛・三浦悦夫・村上明・松本剛・岩崎弥太郎・西良典・小野浩二がベスト8

8月19日　東塾長　騎士の会で講演と演武（ホテルリッチ仙台）

9月18日　テレビ朝日「独占女の60分」出演【全国に格闘空手大道塾を告知】

10月20日　日本テレビ「ズームイン朝」にて北斗旗空手道選手権大会開催を紹介
　　　　　【反響が大きく、観客数も大きく飛躍した】

10月24日　「1982ミヤギテレビ杯オープントーナメント北斗旗空手道選手権大会」開催
　　　　　（宮城県スポーツセンター）
　　　　　【この年から北斗旗の名称を冠する。】
　　　　　【出場者を全国規模で募集。参加選手56名（大道塾20名、他36名）】

「はみだし空手」出版記念サイン会

1983 (昭和58年)

1月11日　道場鏡開き行事のニュース取材をうける（ミヤギテレビ・東日本放送）

2月1日　教本ビデオ「格闘空手のすべて」の撮影を開始（～5月）

4・5月　東北各地で10回前後の演武会を開催

4月　　第4期寮生　峯岸昭夫（前・名取支部長）、賀上賢一、長田賢一（現・仙台西支部長）他1名　入寮

4月　　東塾長が恩師村山吉廣氏とともに早稲田大学学報「人・ひと・ヒト」欄に掲載される

5月29日　「1983大道塾新人戦」開催（仙台市武道館）

5月29日　「格闘空手」出版記念パーティー（仙台ビジネスホテル）

6月10日　技術書「格闘空手」を福昌堂より出版
　　　　　【大道塾空手の具体的技術書として好評を得る】

6・7月　各地で演武会開催（仙台育英高校6/21、東北学院榴ケ岡高校7/3、中央通り商店街7/23）

7月28日　第3回夏期合宿（福島県相馬市松川浦）
　　　　　【140名の参加。参加者の増加に伴い、合宿所探しが困難になる】

7月30日　「1983ミヤギテレビ杯大道塾内選考会」開催（福島県営原町体育館）
　　　　　岩崎弥太郎・星秀明・村上明・西良典がベスト4

8月1日　茨城県高萩支部認可（1981より北斗旗実行委「勝美道場」として活動）

9月3日　東京支部（新宿区弁天町）発足（現・新宿支部）

9月27日　日本テレビ「ズームイン朝」出演　北斗旗空手道選手権大会開催を全国に紹介

10月24日　「1983ミヤギテレビ杯オープントーナメント北斗旗空手道選手権大会」開催
　　　　　（宮城県スポーツセンター）
　　　　　【この年から予選を階級別とし、軽量・重量級の上位2名、中量級の上位4名計8名で
　　　　　無差別試合を行った。参加選手58名。】

12月11日　愛知県岡崎市に同好会発足

東塾長現役時代の一コマ

1984 (昭和59年)

1月　　日本テレビ「ズームイン朝」にビジネスマンクラスが出演

4月　　第5期寮生　松尾剛（現・筑紫野大野城朝倉支部長）、中西明彦（現・名張支部長）
　　　　石塚克宏（後除名）、他2名　入寮

5月　　第1回支部長会議（仙台秋保ハイランドホテル）
　　　　北斗旗ルール第一次改正を検討。
　　　　主な改正点:ダウンした場合と、しない場合及び一方的な攻撃の秒数により
　　　　「有効」「技あり」「一本」を決める。反則は1回目が「指導」2回目が「注意」
　　　　3回目が「減点」で相手に有効1が与えられ4回目で「失格」。

5月20日　「1984大道塾新人戦」開催（仙台市武道館）

7月25日　東北電力労働組合（長島委員長[大会副会長]）にて講演・演武

7月26日　第4回夏期合宿（宮城県気仙沼市大谷）130名参加

7月28日　「1984ミヤギテレビ杯」大道塾内選考会（大谷公民館）
　　　　　ベスト4　岩崎弥太郎・三浦悦夫・村上明・長田賢一
　　　　　ベスト8　加藤清尚・佐和田亮二・比嘉正行・羽金英彦
　　　　　【選手の増加により体力別大会開催を検討する時期にきていた】

8月19日　日本テレビ「ズームイン朝」出演　北斗旗空手道選手権大会開催を全国に紹介

9月9日　「第1回山形県大会」開催（山形県営武道館）

10月　　「月刊空手道」に「格闘空手」連載開始【好評を博す。】

10月21日　「1984ミヤギテレビ杯オープントーナメント北斗旗空手道選手権大会」開催（宮城県スポーツセンター）

第1回北斗旗試合風景

11月 8 日　日本テレビ「11PM」出演　司会の藤本義一氏と武道について談話

11月18日　第1回岡崎・飯田道場交流試合開催

1985 (昭和60年)

2 月 3 日　仙台向山高校にて講演

4 月　　　【「格闘空手」シリーズ、「月刊空手道」の読者アンケートで人気第1位に選ばれる。】

4 月 5 日　仙台ワイズメンズクラブにて講演

4 月 6 日　第6期寮生　山田利一郎(現・北信越地区運営委員長)、高垣吉宏、
　　　　　　上野正美(前・釧路支部長)、加藤清尚(現・行徳東中野支部長)他3名　入寮

4 月14日　大阪支部(平野区)開設、佐和田亮二を指導員として派遣

4 月28日　第1回関東大会(茨城県高萩市)

5 月12日　第2回岡崎・飯田道場交流試合

5 月17日　日本テレビ「ズームイン朝」出演　北斗旗空手道選手権大会開催を全国に紹介

5 月26日　「1985ミヤギテレビ杯オープントーナメント北斗旗空手道選手権大会(体力別)」開催
　　　　　　(宮城県スポーツセンター)
　　　　　　【この年から体力別と無差別選手権を分離。体力別は従来通りミヤギテレビ杯として大道塾発
　　　　　　祥の地、仙台で行い、無差別は秋に東京にて行うこととした。
　　　　　　また階級に新たに軽中量級を加えて4階級制とし、4階級の優勝者中最も鮮やかな勝ち方をした
　　　　　　選手に最優秀勝利者賞(北斗旗)を与えることとした。】

5 月27日　第2回支部長会議(仙台ビジネスホテル)

　　　　　　新潟同好会が道場に昇格

6 月16日　「第1回北東北大会」開催(青森県八戸市)

6 月29日　大阪支部を関西本部と改称し、比嘉正行を指導員として派遣

7 月　　　多賀城支部(宮城県)　発足

7 月25日　第5回夏期合宿(山形県蔵王町)150名参加【温泉での合宿が大好評】

7 月27日　「1985大道塾新人戦」開催(山形県蔵王体育館)

9 月 7 日　「第2回山形県大会」開催(山形市武道館)

9 月 8 日　「第2回岡崎・飯田道場交流試合」開催(飯田市武道館)

9 月29日　「第1回宮城県大会」開催(宮城県古川市武道館)

11月30日　「1985オープントーナメント北斗旗空手道選手権大会(無差別)」開催
　　　　　　(国立代々木競技場第二体育館)
　　　　　　【東京にて初の無差別大会開催。大成功を収める。参加選手54名】

12月 3 日　東塾長、佐山聡氏と対談(「格闘技通信」誌)

仙台時代のトレーニング風景

東京にて初の「北斗旗空手道選手権無差別大会」

無差別大会 開会式 国旗掲揚

II 開国期 （1986—1991）
本部の東京移転。大道塾の真価を世に問う！

1986（昭和61年）

1 月12日　横浜教室開設（よみうり日本テレビ文化センターの講座として発足）

2 月 1 日　千葉支部開設・船橋支部開設

2 月 3 日　日本テレビ「スーパージョッキー」出演
【2 週に渡り放映され、格闘空手大道塾の名を全国の一般視聴者に響かす。】

3 月23日　「第1回愛知県大会」開催（愛知県岡崎市体育館）

3 月24日　東塾長、鉄の芸術家・篠原勝之氏と対談（「プレイボーイ」誌）

4 月　　　「週刊プロレス」誌で格闘空手について連載開始

4 月 1 日　飯田道場、支部に昇格

4 月 1 日　第4期寮生　峯岸昭夫、賀上賢一　卒寮
　　　　　　第7期寮生　庄田正人（前・宗像支部長）、他1名　入寮

4 月29日　「第2回関東大会」開催（千葉県松戸市武道館）

5 月18日　福岡支部開設

5 月25日　「1986ミヤギテレビ杯オープントーナメント北斗旗空手道選手権大会（体力別）」開催
（宮城県スポーツセンター）

5 月26日　第3回支部長会議（仙台ビジネスホテル）
1985年度大道塾運営費決算書配付

6 月25日　「HOTDOG」誌に肉体強化法掲載

6 月29日　「第1回岩手県大会」開催（岩手県盛岡市体育館）

7 月 5 日　大宮教室開設（よみうり日本テレビ文化センターの講座として発足）

7 月20日　峯岸昭夫を関西本部指導員として派遣

7 月25日　第6回夏期合宿（茨城県阿字ヶ浦海岸）200名余の参加
【関東以西の支部増加に伴い、関東にて初の合宿。格闘空手の完成を目指し
佐藤節夫理事長（現・大道塾最高相談役）の指導で絞めと関節技の集中講習
が行われた。】

7 月26日　「1986大道塾全国新人戦」開催（茨城県勝田市体育館）

8 月24日　技術書「格闘空手2」を福昌堂より出版

9 月14日　「第1回長野県大会」開催（飯田市体育館）

9 月23日　「第3回山形県大会」開催（東根市体育館）

9 月27日　設立5周年・東京本部開設祝賀パーティー（仙台第二ワシントンホテル）

10月 1 日　関西以西の支部増加に対応するため東京本部（総本部機能）を練馬に移転・開設
東北本部を開設

10月19日　「第2回宮城県大会」開催（登米町体育館）

11月 9 日　札幌支部開設

11月30日　「1986オープントーナメント北斗旗空手道選手権大会（無差別）」開催
（国立代々木競技場第二体育館）
【東京開催も2回目となり、出場希望選手・観客共に増加する。】

12月 5 日　藤原敏男氏と対談（「フルコンタクトKARATE」誌）

12月13日　報知新聞「Doスポーツ欄」に大道塾紹介記事が掲載される

12月14日　「第1回福岡・長崎交流試合」開催（福岡市体育館）

12月15日　作家・夢枕獏氏と対談（「スコラ」誌　格闘漂流シリーズ）

1987（昭和62年）

1 月　　　「プレイボーイ」誌に「1986オープントーナメント北斗旗空手道選手権大会」記事が掲載される

夏期合宿（茨城県阿字ヶ浦海岸）

日本テレビ「スーパージョッキー」出演

東京本部（総本部）を東京に移転・開設

1月 4日　第5期寮生　松尾剛、中西明彦、石塚克宏　卒寮

1月 9日　前田日明氏と対談（「プレイボーイ」誌）

1月10日　荻窪教室開設（よみうり日本テレビ文化センターの講座として発足）

1月12日　岡崎道場、支部に昇格

2月　　　東京本部において日本サンボ連盟常任理事・サンボミッションアーツレスリング
　　　　　（SAW）代表麻生秀孝師範による絞め・関節技の指導始まる

3月　　　東孝塾長、長田賢一選手を同行しムエタイ視察
　　　　　【雑誌社の企画で観戦のみの計画で渡航するが、長田選手に練習試合の申込み
　　　　　がありこれを承諾。急遽ウェルター級のチャンピオンと対戦するもルールに
　　　　　不慣れなことと暑さで体調を崩していたこともあり、善戦するも惜敗した。】

3月29日　第8期寮生　飛永耕治（現・帯広支部長）、野口健、大野豪史、城浩、
　　　　　石田圭市（現・若狭支部長）、飯村健一（現・吉祥寺支部長）、明田耕一、
　　　　　萩庭英典（現・渋谷支部長）、他2名入寮
　　　　　【東京本部設立により寮生が倍増する】

4月28日　「第2回愛知県大会」開催（豊橋市武道館）

4月29日　「第3回関東大会」開催（茨城県日立市武道館）

5月 3日　「第2回北九州地区交流試合」開催（長崎市三菱会館）

5月11日　金澤弘和氏（現・國際松濤館空手道連盟最高師範）と対談（「空手道」誌）

5月31日　「1987ミヤギテレビ杯オープントーナメント北斗旗空手道選手権大会（体力別）」開催
　　　　　（宮城県スポーツセンター）
　　　　　【本来重量級の選手が減量し中量級にエントリーする傾向が多くなったので軽重量級のクラス
　　　　　を新設する】

6月 1日　第4回支部長会議（仙台ビジネスホテル）

6月28日　「第1回青森県大会」開催（青森県八戸市武道館）

7月23日　第7回夏期合宿（茨城県阿字ヶ浦海岸）　210余名の参加
　　　　　【麻生秀孝師範により、絞め・関節技の集中指導。参加希望者が増加し、収容数・設備等が不足
　　　　　で1ケ所の合宿は限界になりつつあった。】

7月25日　「1987大道塾全国新人戦」開催（阿字ヶ浦小学校）

8月 1日　京都教室開設
　　　　　【九州支部を九州本部と改称、松尾剛指導員ほか寮生2名（飯村健一、明田耕一）を派遣】

9月 6日　「第4回山形県大会」開催（山形市武道館）

9月20日　「第2回長野県大会」開催（長野県飯田市武道館）

9月23日　「第3回宮城県大会」開催（宮城県石巻総合体育館）

10月11日　「第4回関東大会」開催（練馬区総合体育館）

11月 1日　「第3回北九州大会」開催
　　　　　昇級審査時のウェイト規定重量を定め告知

11月 8日　日本テレビ「スーパージョッキー」出演　北斗旗空手道選手権大会開催を紹介

11月15日　「1987オープントーナメント北斗旗空手道選手権大会（無差別）」開催
　　　　　（東京・国立代々木競技場第二体育館）
　　　　　【元ムエタイウェルター級チャンピオン・パヤップ出場、3回戦まで進出。】

11月15日　名張支部開設（責任者・指導員　中西明彦）

12月21日　報知新聞「Doスポーツ欄」に大道塾紹介と1987北斗旗記事が掲載される

1988（昭和63年）

3月27日　第9期寮生　佐藤重延、木村優元、品野圭司（現・岸和田支部長）、
　　　　　青木伊之（現・横浜北支部長）、他1名　入寮
　　　　　第6期寮生　山田利一郎、高垣吉宏、上野正美、加藤清尚　卒寮

4月10日　「第1回西日本交流試合」開催（広島県南区スポーツセンター）

4月29日　「第5回関東大会」開催（千葉県船橋市体育館）

5月 1日　「第3回愛知県大会」開催

5月22日　「1988ミヤギテレビ杯オープントーナメント北斗旗空手道選手権大会（体力別）」開催
　　　　　（宮城県スポーツセンター）

5月23日　第5回支部長会議（仙台ビジネスホテル）

6月26日　「第2回岩手県大会」開催

7月28日　第1回東北・北海道地区合同夏期合宿（山形県蔵王温泉）94名参加
　　　　　【1ケ所での合宿開催が困難となりこの年より全国3地区に分けて行い、3〜4年に一回全国合
　　　　　宿を行うこととした。】

各地で県大会が開催された

元ムエタイウェルター級チャンピオン・パヤップ出場

7月30日　「第1回東北・北海道地区大道塾新人戦」開催（山形県蔵王町体育館）

8月4日　第1回関東地区夏期合宿（茨城県阿字ヶ浦海岸）　84名参加

8月6日　「第1回関東地区新人戦」開催（阿字ヶ浦小学校）

8月18日　第1回西日本地区夏期合宿（三重県津市）

8月20日　「第1回西日本地区新人戦」開催

8月28日　「第5回山形県大会」開催（山形県武道館）

9月15日　「第3回長野大会」開催（長野県松本市武道館）

10月2日　「第4回宮城県大会」開催（宮城県塩釜市武道館）
　　　　　【事実上、1988無差別東北予選となる】

10月10日　「第1回西日本大会」開催（守屋武道館）

10月16日　「第6回関東大会」開催（千葉県武道館）

11月22日　第6回支部長会議（東京青年文化会館）

11月23日　「1988オープントーナメント北斗旗空手道選手権大会（無差別）」開催
　　　　　（東京・国立代々木競技場第二体育館）

12月14日　「スコラ」誌で大道塾特集、「格闘技通信」誌企画で東塾長と佐山聡氏対談

寮生の朝のトレーニング（仙台）

1989（昭和64・平成元年）

1月21日　取手稲門会にて講演

2月9日　東塾長、夢枕獏氏CM対談（「文芸春秋」誌）

3月12日　「第5回愛知県大会」開催（豊橋市武道館）
　　　　　【事実上の西日本予選として扱う】

3月21日　「第7回関東大会」開催（神奈川県立武道館）

4月1日　大宮教室が支部に昇格

4月1日　第1回東北地区運営会議（東北本部）
　　　　　大道塾の歩み（小冊子）の発行、ミヤギテレビ杯の企画・準備、少年部父兄会の設立、塾生の拡
　　　　　大（安易なルールの研究）

4月1日　第10期寮生　黒崎豊　入寮
　　　　　第7期寮生　庄田正人　卒寮

4月14日　「number」誌の取材をうける

4月29日　「第1回新潟県大会」開催（新潟市体育館）

5月6日　第7回支部長会議（宮城県民会館会議室）
　　　　　大道塾本部財政基盤の検討、タイ視察・研修旅行について、雑誌等の取材、掲載に
　　　　　関し記事等はすべて本部の許可を得ること、審判動作はキビキビと　等

5月7日　「1989ミヤギテレビ杯オープントーナメント北斗旗空手道選手権大会（体力別）」開催
　　　　　（宮城県スポーツセンター）

5月25日　技術書「格闘空手への道〜75のステップ（入門編）」を福昌堂より出版

6月4日　「第3回青森県大会」開催（青森県八戸市武道館）

6月10日　「第1回宮城県少年部・ビジネスマンクラス大会」開催（仙台市木町通小学校）
　　　　　【支部長らの努力と協力で、大道塾のもう一つの新たな方向が見えた。】

6月　　支部長有志でタイ視察・研修旅行（東塾長、支部長ら20名参加）

7月27日　第2回東北地区夏期合宿（宮城県石巻市湊）100名参加

7月29日　「第2回東北地区新人戦」開催

8月3日　東塾長、中村忠氏（現・世界誠道空手道連盟誠道塾会長）と対談（「格闘技通信」誌）

8月3日　第2回関東地区夏期合宿（茨城県阿字ヶ浦海岸）　107名参加

8月5日　「第2回関東地区新人戦」開催（阿字ヶ浦小学校）

8月10日　第2回西日本地区夏期合宿（三重県津市）65名参加

8月12日　「第2回西日本地区新人戦」開催

9月3日　第6回山形県大会（山形県東根市民体育館）

9月4日　石巻ロータリークラブにて講演

9月9日　第2回関東地区運営委員会（新大久保スポーツ会館）

9月28日　TBS「森本毅郎のテレビジャンクション」男のケンカについての取材をうける

10月1日　「第1回東北大会」開催（宮城県登米町体育館）

10月8日　「第8回関東大会」開催（日立市多賀武道館）

タイ視察

10月15日　「第2回西日本大会」開催（堺市初芝）

10月22日　テレビ朝日「地球は僕らの宝島」根性についての取材をうける

11月18日　第8回支部長会議（東京青年文化会館）
　　　　　　10周年記念大会およびパーティーの企画、全国大会出場者の選考、黒帯会の地区管理、稽古
　　　　　　法の改変について　等

11月19日　「1989オープントーナメント北斗旗空手道選手権大会（無差別）」開催
　　　　　　（東京・国立代々木競技場第二体育館）
　　　　　　　＜瞬間、拳が走る＞

1990オープントーナメント北斗旗空手道選手権大会

11月22日　日本テレビ「あさ録生情報」で「1989北斗旗無差別」が紹介される

12月 8日　第3回関東地区運営委員会

12月10日　九州本部に指導員として飯村健一を派遣

12月16日　第2回東北地区運営会議

1990（平成2年）

1 月　　　関西本部移転
　　　　　【西日本の橋頭堡として多大な意義があった平野の道場も5年間の活動を全うした。
　　　　　新道場はJR神戸線（塚本駅下車）沿線にあり、神戸からの塾生も通いやすい場所（備考）
　　　　　2010現在はJR片町・東西・福知山線御幣島駅下車徒歩5分の場所に常設道場を構える】

2 月14日　第4回関東地区運営委員会（日暮里サニーホール）
　　　　　　関東大会の開催について、ビジネスマンクラスの試合時間について　等

2 月25日　第3回東北地区運営会議
　　　　　　1990北斗旗体力別の運営について、10周年パーティーについて、体力別東北予選について　等

3 月 1日　東京都練馬区に光が丘教室開設

4 月 1日　第11期寮生　森直樹（現・横須賀湘南支部長）、
　　　　　　五十嵐祐司（現・青森市三沢弘前支部長）、森田洋　入寮

4 月11日　荻窪教室が報知新聞に掲載される

4 月22日　テレビ東京「大竹まことのテレビPCランド」出演

4 月29日　「第9回関東大会」開催（東京武道館）

5 月 4日　「第3回西日本大会」開催（名古屋露橋スポーツセンター）

5 月 5日　「第2回東北大会」開催（山形市厚生年金センター）

5 月26日　第9回支部長会議（仙台ビジネスホテル）

5 月27日　「1990ミヤギテレビ杯オープントーナメント北斗旗空手道選手権大会（体力別）」開催
　　　　　　（宮城県スポーツセンター）

7 月25日　第3回東北・北海道地区合同夏期合宿（山形県蔵王温泉）

7 月27日　「第3回東北・北海道地区大道塾新人戦」開催（山形県蔵王町体育館）

8 月 2日　第3回関東地区夏期合宿（茨城県阿字ヶ浦海岸）　107名参加

8 月 4日　「第3回関東地区新人戦」開催（阿字ヶ浦小学校）

8 月 9日　第3回西日本地区夏期合宿（三重県津市）

グローブ導入か否かの会議が度々開かれた

8 月12日　「第3回西日本地区新人戦」開催（三重県津市武道館）

9 月 2日　「第2回新潟県大会」開催

9 月16日　「第4回長野県大会」開催

10月 7日　「第10回関東大会」開催

10月21日　「第3回東北大会」開催

10月28日　「第4回西日本大会」開催

11月22日　臨時支部長会議（東京青年文化会館）

11月23日　「1990オープントーナメント北斗旗空手道選手権大会（無差別）」開催
　　　　　　（国立代々木競技場第二体育館）
　　　　　　　＜また、熱い瞬間が駆けぬける＞

11月　　　設立10周年パーティーを東京で行う。

11月 7日　総本部に塾生相互の交流と親睦を目的とした「塾生会」発足
　　　　　　（委員長　蛸島巨、副委員長　市原海樹・福島博信、補佐委員　牧野壮樹・髙松猛）

1991（平成3年）

　　　　　【グローブ空手の主張強まる。大道塾は安全性と徒手空拳の理念から、これを静観する。】

2 月23日　第10回支部長会議（日本青年館）
　　　　　　大道塾国内規定案、絞め関節技の導入について、運営費について　等

3月1日　設立10周年記念祝賀会開催(仙台)

4月1日　第12期寮生　稲垣聡、黒木克昌(現・江東支部長)他4名　入寮

4月21日　「1991北斗旗体力別予選・第11回関東大会」開催(荒川区総合スポーツセンター)

4月29日　「1991北斗旗体力別予選・第4回東北大会」開催(八戸市武道館)

5月4日　「1991北斗旗体力別予選・第5回西日本大会」開催(名古屋市露橋スポーツセンター)

5月26日　「1991ミヤギテレビ杯オープントーナメント北斗旗空手道選手権大会(体力別)」開催
　　　　　(宮城県スポーツセンター)

8月1日　第8回全国夏期合宿(茨城県阿字ヶ浦海岸)

8月3日　「1991大道塾全国新人戦」開催

9月29日　「1991北斗旗無差別予選・第5回東北大会」開催(宮城県古川市総合体育館)

10月6日　「1991北斗旗無差別予選・第6回西日本大会」開催(大阪府住吉公園体育館)

10月10日　「1991北斗旗無差別予選・第12回関東大会」開催(日立市多賀武道館)

11月9日　「1991オープントーナメント北斗旗空手道選手権大会(無差別)」開催
　　　　　(国立代々木競技場第二体育館)
　　　　　＜知るほどに面白い。KARATE新世紀＞

11月10日　臨時支部長会議(渋谷FORUM8)
　　　　　道着の名前を「大道塾」に統一、少年部ルール統一と全国大会開催を検討、
　　　　　運営形態について、審判ライセンス制導入について　等

1991オープントーナメント北斗旗空手道選手権大会

1992 (平成4年)

2月8日　第11回運営会議(日本青年館)

3月　　大道塾選手、他団体の格闘技戦に参加・巨漢外国人レスラーにKO勝ち。

4月1日　第13期寮生　武山卓己(現・仙台東支部長)、中山正和、他5名　入寮

4月26日　「1992北斗旗体力別予選・第6回東北大会」開催(岩手県営武道館)

4月29日　「1992北斗旗体力別予選・第13回関東大会」開催(荒川区スポーツセンター)

5月3日　「1992北斗旗体力別予選・第7回西日本大会」開催(名古屋露橋スポーツセンター)

5月29日　臨時支部長会議(仙台ビジネスホテル)

5月31日　「1992ミヤギテレビ杯オープントーナメント北斗旗空手道選手権大会(体力別)」開催
　　　　(宮城県スポーツセンター)

7月7日　初の大道塾主催グローブマッチ「THE WARS7.7」(後楽園ホール)開催

8月6日　第4回関東・東北地区合同夏期合宿(茨城県阿字ヶ浦海岸)

8月8日　「第4回関東・東北地区新人戦」開催

8月20日　第4回西日本地区夏期合宿(三重県津市)

8月22日　「第4回西日本地区新人戦」開催(三重県津市武道館)

9月27日　「1992北斗旗無差別予選・第14回関東大会」開催(台東リバーサイドスポーツセンター)

10月4日　「1992北斗旗無差別予選・第7回東北大会」開催(宮城県迫町民体育館)

10月11日　「1992北斗旗無差別予選・第8回西日本大会」開催(守口市体育館)

11月14日　臨時全国運営会議(渋谷FORUM8)
　　　　　北斗旗での判定動作や移動稽古新体系の中間報告　等

11月15日　「1992オープントーナメント北斗旗空手道選手権大会(無差別)」開催
　　　　　(国立代々木競技場第二体育館)＜本気の、バトル＞

12月25日　東代表師範、「大道無門～人世万事、修行の糧と成す～」を宝島社より出版(絶版)

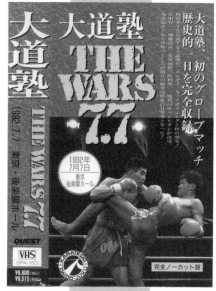

THE WARS7.7

1993 (平成5年)

2月24日　中部本部開設(名古屋市)

2月28日　第12回全国運営会議(HOTEL B&G)
　　　　　5年度のスケジュール、新移動稽古案の決定、対外試合への参加ルール　等

3月20日　「1993北斗旗体力別予選・第15回関東大会」開催(台東リバーサイドスポーツセンター)

3月21日　「1993北斗旗体力別予選・第9回西日本大会」開催(名古屋露橋スポーツセンター)

3月28日　「1993北斗旗体力別予選・第8回東北大会」開催(宮城県スポーツセンター)

4月1日　第14期寮生　田中真言、齋藤昇、他1名　入寮

4月17日　臨時支部長会議(仙台ビジネルホテル)

4月18日　「1993ミヤギテレビ杯オープントーナメント北斗旗空手道選手権大会
　　　　　(体力別)」開催(宮城県スポーツセンター)

5月　　　ウラジオストクセミナー開催(後に海外支部第1号となる)

7月8日　グローブマッチ「THE WARS '93」(後楽園ホール)開催
　　　　　【グローブへの対応力を証明し、格闘空手のグローブ化の声は鎮静化した】

7月30日　第5回東北地区夏期合宿(山形県蔵王温泉)

8月1日　「第5回東北地区新人戦」開催(蔵王小学校)

8月6日　第5回関東夏期合宿(茨城県阿字ヶ浦海岸)

8月8日　「第5回関東北地区新人戦」開催(阿字ヶ浦小学校)

8月20日　第5回西日本地区夏期合宿(三重県津市)

遂に初の海外進出(ウラジオストク)セミナー

8月22日	「第5回西日本地区新人戦」開催（彦根市勤労者体育センター）
9月	東代表師範及び支部長有志ニューヨーク視察
9月26日	「1993北斗旗無差別予選・第9回東北大会」開催（宮城県石巻市総合体育館）
10月3日	「1993北斗旗無差別予選・第10回西日本大会」開催（守口市体育館）
10月11日	「1993北斗旗無差別予選・第16回関東大会」開催（台東リバーサイドスポーツセンター）
11月	チリセミナー開催、支部認可（海外支部第2号）。
11月6日	臨時支部長会議（渋谷FORUM8）
11月7日	「1993オープントーナメント北斗旗空手道選手権大会（無差別）」開催 （国立代々木競技場第二体育館）
12月	中国セミナー

イギリス トディージム

1994（平成6年）

2月	モスクワセミナー開催（山田利一郎、石田圭市　同行）
2月26日	第13回全国運営会議（沖縄うらすえ荘会議室） 6年度のスケジュール、東孝代表師範の呼称について、昇段料・認可料の改定、 塾公認ブレザー改正、少年部稽古方法　等

※東孝代表師範、役職名を「塾長」とする

3月	ブラジル支部認可（海外支部第3号）
3月13日	「1994北斗旗体力別予選・第17回関東大会」開催（台東リバーサイドスポーツセンター）
3月20日	「1994北斗旗体力別予選・第2回九州沖縄大会」開催（ももちパレス）
3月21日	「1994北斗旗体力別予選・第11回西日本大会」開催
3月27日	「1994北斗旗体力別予選・第10回東北大会」開催
4月1日	第15期寮生　寺本正之、野原健太郎、辻村元伸（現・関西本部指導員）、武田尚英、 他6名　入寮
4月16日	第14回全国運営会議（仙台ビジネスホテル） 会社設立案について、北斗旗ルール&運営について、パワーチェック&グラウンド 技の強化について、海外遠征について、支部認可について　等
4月17日	「1994ミヤギテレビ杯オープントーナメント北斗旗空手道選手権大会（体力別）」開催 （宮城県スポーツセンター）
5月	ロシア・モスクワ視察、セミナー開催。 「第1回沿海州大会」（ウラジオストク）開催（石川事務長、山田利一郎　同行） 「第1回モスクワ大会」（モスクワ）開催（平塚和彦評議委員長、長田賢一、峯岸昭夫、 市原海樹、酒井修　同行　武山卓己、小川英樹　出場） モスクワ支部認可（海外支部第4号）
6月26日	東塾長、国際空手道連盟極真会館総裁　故大山倍達氏葬儀参列・哀悼の誠を捧げる
7月29日	第6回東北地区夏期合宿（山形県蔵王温泉）
7月31日	「第6回東北地区新人戦」開催（山形県蔵王小学校体育館）
8月1日	大道塾機関紙「大道無門」NO.78にしてペーパー版最後の号となる
8月3日	「東北地区黒帯戦」開催（山形県蔵王小学校体育館）
8月5日	第6回関東夏期合宿（茨城県阿字ヶ浦海岸）
8月7日	「第6回関東北地区新人戦」開催（阿字ヶ浦小学校）
8月19日	第6回西日本地区夏期合宿
8月21日	「第6回西日本地区新人戦」開催（彦根市勤労者体育センター）
8月28日	「九州・沖縄地区合宿大会」開催
9月	オーストラリアセミナー開催（のち海外支部第10号となる）
9月25日	「1994北斗旗無差別予選・第18回関東大会」開催（台東リバーサイドスポーツセンター）
10月2日	「1994北斗旗無差別予選・第11回東北大会」開催（角田市総合体育館）
10月9日	「1994北斗旗無差別予選・第3回九州沖縄大会」開催（ももちパレス）
10月10日	「1994北斗旗無差別予選・第12回西日本大会」開催（大阪府立体育館）
11月4日	第15回全国運営会議（新宿サンセイホール） 新道場建設の件、15周年記念大会の件、他団体の予選参加　等
11月5日	「1994オープントーナメント北斗旗空手道選手権大会（無差別）」開催 （駒沢オリンピック公園内球技場）

ニューヨーク視察

1995（平成7年）

1月31日	大道塾機関誌「大道無門」新創刊

モスクワセミナー開催

2月19日	第16回全国運営会議(ホテル海洋)	
	世界組織の名称、地区予選参加料の改定、全国合同合宿について、15周年記念パーティーについて　等	
2月	イラン支部認可(海外支部第5号)	
3月	サンクトペテルブルグ支部認可(海外支部第6号)	

【本年度より改定:大道塾の選手は全国を4ブロックに分け予選を行い、関東より各クラス上位4人計16人、西日本(関西・中部・中国)から各クラス上位3人計12人、東北・北海道より各クラス上位2人計8人、九州・沖縄から各クラス1人計3人(3階級)が出場資格を得る。その中で怪我で出場できない者や夏期強化合宿に参加できなかった者が資格を失い、原則としてその次の成績の者が塾長・支部長の推薦を得て繰り上がるという、非常に厳しい選考基準を経て北斗旗体力別出場者が決定される。】

イランセミナー

3月5日	「1995北斗旗体力別予選・第19回関東大会」開催
3月12日	「1995北斗旗体力別予選・第12回東北大会」開催
3月19日	「1995北斗旗体力別予選・第4回九州沖縄大会」開催
3月20日	「1995北斗旗体力別予選・第13回西日本大会」開催
4月	世界組織名称を「国際格闘空手道連盟(KKIF)とする
4月3日	北海道本部開設(札幌市)
4月15日	第17回全国運営会議(仙台ビジネスホテル)
	空手界の現況、会社設立の途中経過説明、合宿時の各種大会について　等
4月16日	「1995ミヤギテレビ杯オープントーナメント北斗旗空手道選手権大会(体力別)」開催
	(宮城県スポーツセンター)
4月29日	創立15周年祝賀パーティー開催(東京・ホテル海洋)
	永年活動支部表彰を行う。

サンクトペテルブルグセミナー

◎15年以上
山形支部	峰田國穂
盛岡支部	狐崎一彦
八戸支部	中出正幸
登米支部	菅原和夫
石巻支部	三浦悦夫
東根支部	児玉清隆

◎10年以上
新宿支部	高橋英明
仙台南支部	浪岡文雄
日立支部	宇賀持一美
飯田支部	小沢　隆

5月	ウラジオストク支部再認可(海外支部第7号)
8月4日	第9回全国夏期合宿(茨城県阿字ヶ浦海岸)300名参加
8月6日	1995大道塾新人戦(阿字ヶ浦小学校)
9月	創立15周年パーティー開催(仙台)
9月24日	「1995北斗旗無差別予選・第13回東北大会」開催
10月1日	「1995北斗旗無差別予選・第20回関東大会」開催
	(台東リバーサイドスポーツセンター)
10月8日	「1995北斗旗無差別予選・第5回九州沖縄大会」開催(ももちパレス)
10月10日	「1995北斗旗無差別予選・第14回西日本大会」開催(大阪府立体育館)

創立15周年パーティー (仙台)
半沢義巳先生より祝辞

10月10日	大道塾ビジネスマンクラスをモデルにしたドラマ「ビジネスマン空手道」(原作夢枕獏)がNHKで放映され大反響を呼ぶ
10月	スリランカ支部認可(海外支部第8号)
11月	東塾長、極真武道会会長ジョン・ブルミン会長(十段)より八段位を授与される
11月10日	第17回全国運営会議(渋谷FORUM8)
	「THE WARSⅢ」開催の件、馬乗りパンチの導入試行について　等
11月11日	「1995オープントーナメント北斗旗空手道選手権大会(無差別)」開催
	(国立代々木競技場第二体育館)

ドラマ「ビジネスマン空手道」で空手を指導

IV 「総合」の時代到来 (1996—2000)
やはり来るものが来たな！

1996 (平成8年)

2月1日　ニジェニカンスク支部(ロシア)認可(海外支部第9号)」

2月17日　「THE WARS Ⅲ」開催(名古屋市枇杷島スポーツセンター)

3月　　　スリランカ遠征

3月17日　「1996北斗旗体力別予選・第21回関東大会」開催(荒川総合スポーツセンター)

3月20日　「1996北斗旗体力別予選・第6回九州沖縄大会」開催(ももちパレス)

3月24日　「1996北斗旗体力別予選・第14回東北大会」開催(自衛隊八戸航空基地体育館)

3月31日　「1996北斗旗体力別予選・第15回西日本大会」開催(岡谷市市民総合体育館)

4月1日　第17期寮生　清水和磨、平岸静男　入寮

4月20日　臨時支部長会議(仙台ビジネスホテル)

4月21日　「1996ミヤギテレビ杯オープントーナメント北斗旗空手道選手権大会(体力別)」開催
　　　　　(宮城県スポーツセンター)

7月　　　オーストラリア支部認可(海外支部第10号　のちに除名処分)

7月26日　第7回東北地区夏期合宿(山形県蔵王温泉)

7月28日　第7回東北地区合宿大会(山形県蔵王町体育館)

8月2日　第7回関東地区夏期合宿(茨城県阿字ヶ浦海岸)

8月4日　第7回関東地区合宿大会(阿字ヶ浦小学校)

8月9日　第7回西日本地区夏期合宿(三重県津市)

8月11日　第7回西日本地区合宿大会(三重県津市武道館)

8月23日　九州地区夏期合宿

8月23日　九州地区合宿大会(B&G海洋センター)

9月22日　「1996北斗旗無差別予選・第16回西日本大会」開催(守口市体育館)

9月29日　「1996北斗旗無差別予選・第15回東北大会」開催(宮城県スポーツセンター柔道場)

10月6日　「1996北斗旗無差別予選・第22回関東大会」開催(新宿区スポーツセンター)

10月10日　「1996北斗旗無差別予選・第7回九州沖縄大会」開催(ももちパレス)

11月2日　中国・四国本部開設(広島市)

11月15日　第19回全国運営会議(渋谷FORUM8)
　　　　　馬乗りパンチ、4連打の寸止めを「効果」とする　等

11月16日　「1996オープントーナメント北斗旗空手道選手権大会(無差別)」開催
　　　　　(国立代々木競技場第二体育館)

11月　　　インド・パキスタンより支部申請を受ける(のち海外支部第12号となる)

1997 (平成9年)

3月17日　「THE WARS Ⅳ」開催(後楽園ホール)
　　　　　【寝技への対応を証明。立ち技中心の総合格闘技『格闘空手』との理念を再確認】

4月1日　第18期寮生　若月里木、江口忠友、永山裕一、他1名　入寮

3月22日　「1997北斗旗体力別予選・第8回九州沖縄大会」開催(ももちパレス)

3月30日　「1997北斗旗体力別予選・第17回西日本大会」開催(名古屋市露橋スポーツセンター)

4月6日　「1997北斗旗体力別予選・第23回関東大会」開催(新宿スポーツセンター)

4月13日　「1997北斗旗体力別予選・第6回北海道大会」開催(豊平市体育館)
　　　　　【北海道地区大会として初の北斗旗予選】

4月20日　「1997北斗旗体力別予選・第16回東北大会」開催(仙台市武道館)

THE WARS Ⅲ

合宿での寝技戦

THE WARS Ⅳ

5月	ヴォローニヤ支部(ロシア)認可(海外支部第11号)
5月24日	臨時支部長会議(仙台ビジネスホテル)
5月25日	「1997ミヤギテレビ杯オープントーナメント北斗旗空手道選手権大会(体力別)」開催 (宮城県スポーツセンター)
7月	カリフォルニアセミナー開催及び柔術研究
7月25日	北海道地区夏期合宿
7月27日	北海道地区合宿大会(樺戸郡月形町総合体育館)
8月1日	第8回東北地区夏期合宿(山形県蔵王温泉)
8月3日	第8回東北地区合宿大会(山形県蔵王町体育館)
8月8日	第8回関東地区夏期合宿(茨城県阿字ヶ浦海岸)
8月10日	第8回関東地区合宿大会(阿字ヶ浦小学校)
8月22日	第8回西日本地区夏期合宿(三重県津市)
8月24日	第8回西日本地区合宿大会(三重県津市武道館)
8月29日	九州・沖縄地区夏期合宿
8月31日	九州・沖縄地区合宿大会(B&G海洋センター)
9月23日	「1997北斗旗無差別予選・第7回北海道大会」開催(音更町武道館)
9月28日	「1997北斗旗無差別予選・第17回東北大会」開催(岩手県営武道場)
10月5日	「1997北斗旗無差別予選・第24回関東大会」開催 (台東リバーサイドスポーツセンター)
10月10日	「1997北斗旗無差別予選・第18回西日本大会」開催(大阪府立体育館)
10月12日	「1997北斗旗無差別予選・第9回九州沖縄大会」開催(博多体育館)
11月15日	第20回全国運営会議(ホテル海洋) 世界大会構想と組織の再編成について、「師範」の名称を五段以上とする　等 【新組織では「三役制」を廃止し、佐藤節夫氏が最高相談役に就任。】
11月16日	「1997オープントーナメント北斗旗空手道選手権大会(無差別)」開催 (国立代々木競技場第二体育館)
12月	パキスタン支部認可(海外支部第12号、のちに除名処分)
12月	ヤロスラーブリ支部(ロシア)認可(海外支部第13号)

セム・シュルト初優勝

1998 (平成10年)

	※2001年に北斗旗第一回世界大会の開催を決定
2月	エカテリンブルグ支部(ロシア)認可(海外支部第14号)
2月15日	第21回全国運営会議(日本青年館) 世界大会構想、特別寮生制度、体協加盟諸問題について、新規約、後援会、 審判ライセンスについて　等
3月12日	「1998北斗旗体力別予選・第10回九州沖縄大会」開催(ももちパレス)
3月21日	「1998北斗旗体力別予選・第19回西日本大会」開催(名古屋市露橋スポーツセンター)
4月	モスクワ、タタルスタン、ウラジオの各支部を視察、選手派遣
4月5日	「1998北斗旗体力別予選・第25回関東大会」開催(新宿スポーツセンター)
4月12日	「1998北斗旗体力別予選・第18回東北大会」開催(仙台市泉武道館)

ロスの柔術研究時に回ったユニバーサルスタジオ

4月19日	「1998北斗旗体力別予選・第8回北海道大会」開催 【「北斗旗空手道選手権大会」を「北斗旗全日本体力別選手権大会」と 「北斗旗全日本無差別選手権大会」とに明確に分離し開催することを決定】
5月30日	第22回全国運営会議(仙台ビジネスホテル) プロ選手参加の問題、体協加盟に伴う組織呼称について　等
5月31日	「1998ミヤギテレビ杯北斗旗全日本体力別選手権大会」開催 (宮城県スポーツセンター)＜知るほどに面白い、KARATE新世紀＞
7月	イランセミナー開催
7月31日	第10回全国夏期合宿(神奈川県富士箱根ランド)200名以上が参加
8月2日	大道塾新人戦(支部対抗戦)
10月11日	「1998北斗旗無差別予選・第9回北海道大会」開催(遠軽町武道館)
10月18日	「1998北斗旗無差別予選・第19回東北大会」開催(山形市総合スポーツセンター)
10月25日	「1998北斗旗無差別予選・第20回西日本大会」開催(守口市民体育館)
11月1日	「1998北斗旗無差別予選・第26回関東大会」開催(台東リバーサイドスポーツセンター)

ロス遠征で高まった寝技　″熱″

11月 8日	「1998北斗旗無差別予選・第11回九州沖縄大会」開催
12月18日	第23回全国運営会議（日本青年館） 空手界全体と塾全体の現況について東塾長の講話、プロ選手の参加について協議　等
12月19日	「1998北斗旗全日本無差別選手権大会」開催（国立代々木競技場第二体育館）
12月26日	東塾長、NHK教育「未来潮流」出演 【他の総合系格闘団体と共に大道塾が総合系武道として紹介され大反響を呼ぶ。】

1999（平成11年）

2月28・29日	第24回全国運営会議（日本青年館） 少年部ルール検討、6級から格闘ルールに、新本部道場設立計画の現況について、新会則に基づき各地区運営委員長を委嘱　等 ※総合武道パンクレーションの2004年アテネオリンピックの公開競技参加を目指し世界連盟設立総会に出席。東塾長がアジア地区審判部首席、世界連盟審判部に就任。
3月	「1999北斗旗体力別予選・第20回東北大会」開催
3月	「1999北斗旗体力別予選・第12回九州沖縄大会」開催
3月22日	「1999北斗旗体力別予選・第21回西日本大会」開催（名古屋市露橋スポーツセンター）
3月28日	「1999北斗旗体力別予選・第27回関東大会」開催（台東リバーサイドスポーツセンター）
4月 1日	第20期寮生　藤松泰通　他1名　入寮
4月 4日	「1999北斗旗体力別予選・第4回中国・四国大会」開催（徳山市総合スポーツセンター）
4月 8日	「THE WARS Ⅴ」（後楽園ホール）開催
4月18日	「1999北斗旗体力別予選・第10回北海道大会」開催（千歳総合武道センター）
5月29日	第25回全国運営会議（仙台ビジネスホテル） 新本部道場設立計画の現況について、定款を協議、パンクレーション連盟について　等
5月30日	「1999ミヤギテレビ杯北斗旗全日本体力別選手権大会」開催（宮城県スポーツセンター）
6月	「散打」の世界大会「北京国際搏撃散手邀清賽」に長谷川朋彦が日本代表として出場。
7月23日	第9回東北地区夏期合宿（山形県蔵王温泉）
7月25日	第9回東北地区新人戦
8月 6日	第9回関東地区夏期合宿（茨城県阿字ヶ浦海岸）
8月 8日	第9回関東地区新人戦（阿字ヶ浦小学校）
8月20日	第9回西日本地区夏期合宿
8月22日	第9回西日本地区新人戦（滋賀県びわ町スポーツの森内体育館）
9月19日	「1999北斗旗無差別予選・第11回北海道大会」開催（音更町総合体育館）
9月26日	「1999北斗旗無差別予選・第21回東北大会」開催（宮城県スポーツセンター）
10月 3日	「1999北斗旗無差別予選・第28回関東大会」開催（新宿スポーツセンター）
10月10日	「1999北斗旗無差別予選・第13回九州沖縄大会」開催（ももちパレス）
10月17日	「1999北斗旗無差別予選・第22回西日本大会」開催（岸和田市総合体育館）
11月 3日	散打国際大会「第五回世界武術錦標賽（香港）」に選手派遣
11月20日	第26回全国運営会議（国立代々木競技場第二体育館会議室） 塾運営内容の公開、技術面諸問題の討議、北斗旗・パンクレーション・散打の位置づけについて、世界大会の準備状況説明、20周年記念行事について　等
11月21日	「1999北斗旗全日本無差別選手権大会」開催（国立代々木競技場第二体育館）

夏期合宿（山形県蔵王温泉）

2000（平成12年）

2月	モスクワ遠征（佐藤繁樹、瀧田巌　出場）
3月12日	「第1回全日本パンクレーション競技大会」開催 軽量級出場：榎並博幸（優勝）、永山裕一（準優勝）、野神信弘 中量級出場：飯島進（優勝）、末廣智明、今野章、佐藤繁樹（準優勝）、寺西登 軽重量級出場：岩木秀之（優勝）、江口忠友（準優勝）、澤口誠一、平原徳浩、大浦昇 重量級出場：藤松泰通（優勝）、村田良成（準優勝）、アレクセイ・コノネンコ、亀山文武
3月19日	「2000北斗旗体力別予選・第23回西日本大会」開催（愛知県武道館）
3月26日	「2000北斗旗体力別予選・第14回九州沖縄大会」開催（アクシオン福岡）
4月 1日	第21期寮生　平安孝行入寮
4月 2日	「2000北斗旗体力別予選・第29回関東大会」開催（台東リバーサイドスポーツセンター）
4月 9日	「2000北斗旗体力別予選・第22回東北大会」開催（八戸市武道館）
4月20日	「2000北斗旗体力別予選・第12回北海道大会」開催（北海道立総合体育センター）

第1回パンクレーション世界大会（ギリシャ）

4月	ウクライナ支部認可（海外支部第15号）

4月　　ウクライナ支部認可（海外支部第15号）

5月6日　第28回全国運営会議（仙台ビジネスホテル）
　　　　総選部新設基金状況報告、パンクレーション・散打活動報告、
　　　　新総本部道場開設祝賀会について、判定時の留意・確認事項　等

5月7日　「2000ミヤギテレビ杯北斗旗全日本体力別選手権大会」
　　　　（宮城県スポーツセンター）

6月8日　練馬区平和台の総本部道場で最後の稽古。

6月10日　総本部道場を池袋へ移転。全国支部長による初稽古。

6月　　ポルトガル・フランスセミナー開催、スペインセミナー開催
　　　　（平塚和彦評議委員長、飯村健一、アレクセイ・コノネンコ　同行）

6月　　カナダセミナー開催
　　　　（菅原和夫、渡辺慎二、稲垣拓一、能登谷佳樹、稲田拓也、鈴木　同行）

7月　　ミャンマーセミナー開催（東恵子、高松猛、江口忠友　同行）

7月21日　北海道地区夏期合宿

7月23日　北海道地区夏期合宿大会（月形町総合体育館）

7月28日　関東地区夏期合宿（茨城県阿字ヶ浦海岸）

7月30日　関東地区夏期合宿大会（茨城県勝田市体育館）

8月4日　東北地区夏期合宿（山形市立蔵王温泉）

8月6日　東北地区夏期合宿大会（山形市立蔵王体育館）

8月18日　西日本地区夏期合宿（三重県津市）

8月20日　西日本地区夏期合宿大会（彦根市勤労者体育センター）

8月24日　長男　正哲　逝去（19才）

8月25日　九州地区夏期合宿

8月27日　九州地区夏期合宿大会（瀬高町B&G海洋センター）

9月17日　「2000北斗旗無差別予選・第23回東北大会」開催

9月　　「2000北斗旗無差別予選・第13回北海道大会」開催

9月　　「2000北斗旗無差別予選・第24回西日本大会」開催

9月　　「2000北斗旗無差別予選・第15回九州沖縄大会」開催

10月　　タイ・バンコク支部認可（海外支部第16号）

10月9日　2000北斗旗全日本無差別選手権予選・第30回関東大会及び交流試合
　　　　（中央区総合スポーツセンター）

10月14日　「2000北斗旗無差別予選・東日本選抜第7回新潟大会」開催

11月　　「第一回パンクレーション世界大会（ギリシャ）」
　　　　飯島進77kg級3位入賞、佐藤繁樹、榎並博幸　出場

11月18日　第29回全国運営会議（代々木第二体育館内会議室）
　　　　運営面諸報告、「世界大会」について、パンクレーション・散打活動報告、
　　　　01体力別開催地、判定基準の緩和の件　等

11月19日　「2000北斗旗全日本無差別選手権大会」開催（国立代々木第二体育館）
　　　　ベルギー支部認可（海外支部第18号）。

11月19日　大道塾機関誌「大道無門」最終刊発行
　　　　【以後、WEBにて大道塾の情報を公開する】

11月　　「第五回アジア武術選手権大会（ベトナム・ハノイ）」
　　　　散打85kg級藤松泰通2位入賞

みんなの目をひく東池袋駅の広告

フランスセミナー開催

ポルトガル遠征

ポルトガル遠征のついでに訪れたスペインでの一コマ

V 空道宣言・世界大会・世界展開 （2001―）

社会体育としての空道を確立展開するぞ！

2001（平成13年）

- 2月　第30回全国運営会議（総本部3階道場）
23回会議決議事項「商標」登録完了の報告、世界大会の名称について、世界大会出場者の最終選考、大会出場の選手「指名」、ドメイン名つきメールアドレス頒布の件、技術面「審議申込みの規定見直し検討」等
世界大会の名称を「第一回北斗旗空道世界選手権大会」と決定。
- 2月　第1回スリランカ大会視察、
インド（アムリトサル、デリー）遠征（小川英樹、岩木秀之　同行）
- 3月4日　「第5回中国四国地区交流大会」開催（広島市安佐南区スポーツセンター）
- 3月4日　「第6回北信越新潟大会」開催（鳥屋野体育館武道場）
- 3月18日　「2001北斗旗体力別全国予選大会」開催（新宿スポーツセンター）
- 3月18日　「第16回九州・沖縄大会」開催
- 3月25日　「第25回西日本大会」開催
- 4月　スペイン・北スペイン支部認可（海外支部第18号）
アゼルバイジャン支部認可（海外支部第19号）
- 4月　UFCL主催「グラントロフィー2001（フランス・パリ）」小川英樹、稲田卓也、土田真也 出場
- 4月1日　第31回関東大会（台東リバーサイドスポーツセンター）
- 4月8日　第24回東北大会
- 4月15日　第14回北海道大会
- 4月28日　東ヨーロッパ責任者会議（平塚評議委員長　同行）
海外で初の審判資格審査会を開催
- 4月　モスクワ（東ヨーロッパ）大会視察
- 5月　ウラジオストク大会視察（審判資格審査会同時開催）
- 5月12日　第31回全国運営会議（仙台ワシントンホテル）
パンクレーション活動について、世界大会名称について、秋の世界大会にむけルール整備等
- 5月13日　「2001ミヤギテレビ杯北斗旗体力別選手権大会」開催（宮城県スポーツセンター）
第一回世界大会日本代表選手決定
- 6月　イギリス・ロンドン支部認可（海外支部第20号）
- 7月　ポルトガル・ポルト支部認可（海外支部第21号）／フランス・パリ支部認可（海外支部第22号）／インド・アムリトサル支部認可（海外支部第23号）／ラトビア支部認可（海外支部第24号）
- 7月　「散打王争奪戦」（中国河北省・廊坊市体育館）渡辺正明、長谷川朋彦、浜松新一郎出場
- 7月　第5回大道塾全国夏期合宿（茨城県阿字ヶ浦海岸）
- 8月　カザフスタン支部認可（海外支部第25号）／ベラルーシ支部認可（海外支部第26号）
エストニア支部認可（海外支部第27号）／カトマンズ支部認可（海外支部第28号）
ミャンマー支部認可（海外支部第29号）／USA・ニューヨーク支部認可（海外支部第30号）
- 9月23日　「2001年秋期東北大会・交流戦」開催（仙台市泉武道館）
- 9月24日　「第32回関東地区大会及び交流試合」開催（中央区スポーツセンター）
- 10月　「2001年秋期西日本大会・交流戦」開催
- 11月17日　「第一回北斗旗空道世界選手権大会」開催（国立代々木第二体育館）
世界23ケ国参加、日本は5階級中3階級を制覇
- 11月23日　「オーイ　まさぁーき!」出版

2002（平成14年）

- 1月　東塾長、映画「CATHARSIS（カタルシス）」（監督　坂口香津美）に少年の更正に
父親の役割を強調する漁師の叔父役で参加。

散打王争奪戦

この方々のお陰でついに第1回世界大会！

「オーイ　まさぁーき!」出版

映画「カタルシス」に出演

2月17日	第32回全国運営会議（総本部） 格闘空手と空道の名称について、地区大会開催料について、寮生制度の拡充について、WARS6開催について　等
3月21日	「第33回関東地区大会」開催
3月24日	「第7回新潟県大会」開催（新潟市黒埼地区体育館武道場）
3月31日	「第26回東北地区大会」開催
4月	「第27回西日本地区大会」開催
4月	「全ロシア大会（ロシア・モスクワ）」（渡辺慎二、稲田卓）
5月4日	第33回全国運営会議（仙台ワシントンホテル） 団体名について、道場訓の変更について、ルールについての協議、審議制度の廃止について　等
5月5日	「空道」を冠した初の全日本大会「2002ミヤギテレビ杯北斗旗空道全日本体力別選手権大会」開催（宮城県スポーツセンター） イタリアセミナー、フランスセミナー開催（小川英樹、藤松泰通　同行）
6月	若手選手の試合経験増加と発掘を期して第1回ワンマッチ大会開催
7月17日	「THE WARS 6」（後楽園ホール）開催
7月	北イタリア支部認可（海外支部第31号）／コロンビア支部認可（海外支部第32号）
7月 - 8月	各地で夏期合宿開催
8月	「はみだし空手から空道へ」（福昌堂）および「エッセイ、日々これ雑念」（大道塾出版部）出版
8月	内閣府より「NPO法人国際空道連盟」認可を受ける
9月	「KINGS of the RING」（ラトビア）清水和磨、平塚洋二郎出場
9月22日	「2002北斗旗無差別北海道地区予選及び北海道地区大会」開催
9月29日	「2002北斗旗無差別東北地区予選及び東北地区大会」開催
10月6日	「2002北斗旗無差別九州地区予選及び九州地区大会」開催
10月13日	「2002北斗旗無差別西日本地区予選及び西日本地区大会」開催
10月14日	「2002北斗旗無差別関東地区予選及び関東地区大会」開催（中央区スポーツセンター）
10月20日	「2002北斗旗無差別北信越地区予選及び北信越地区大会」開催（新潟市鳥屋野体育館）
11月16日	「NPO法人国際空道連盟」内閣府認可を祝って祝賀パーティー。
11月17日	「空道」を冠した初めての全日本無差別大会「2002北斗旗全日本空道無差別選手権大会」開催（国立代々木第二体育館）

2003（平成15年）

	第24期寮生稲田雅善　入寮
2月	スペイン・バルセロナ、ドイツ・ニュールンベルグセミナー開催（寺本正之　同行）
2月16日	第34回全国運営会議（総本部） 審査料の見直しについて、合宿について　等
3月	スペイン・バルセロナ同好会認可（海外支部第33号）。
3月23日	2003北斗旗全日本空道体力別選手権予選・第35回関東大会及び交流試合（台東リバーサイドスポーツセンター）
3月30日	2003北斗旗全日本空道体力別選手権・第28回東北大会及び交流試合（上山市体育文化センター）
4月	「第10回モスクワ大会」伊賀泰四郎、今野章、鈴木清治、服部宏明出場
4月6日	2003北斗旗全日本空道体力別選手権・第29回西日本大会及び交流試合（愛知県スポーツ会館）
4月13日	2003北斗旗全日本空道体力別選手権・第18回北海道大会及び交流試合（札幌中島体育センター）
4月20日	2003北斗旗全日本空道体力別選手権予選・第20回九州・沖縄地区大会及び交流試合（アクシオン福岡）
5月10日	第35回全国運営会議（仙台ワシントンホテル） ロシア遠征報告、審査料の見直しについて、ルールについての競技　等
5月11日	「2003ミヤギテレビ杯北斗旗全日本空道体力別選手権大会」開催（宮城県スポーツセンター）
7月	イギリス（ウインザー）にてセミナー、ウインザー支部認可（海外支部第34号）。
7月18日～20日	北海道地区夏期合宿
7月25日～27日	東北地区夏期合宿
8月1日～3日	関東地区夏期合宿
8月8日～10日	西日本地区夏期合宿
8月29日～31日	九州地区夏期合宿
9月21日	2003北斗旗全日本無差別選手権予選・第19回北海道大会及び交流試合

コロンビア、カリの市長から
名誉市民の承認を受けた時の新聞

内閣府よりNPO国際空道連盟承認証

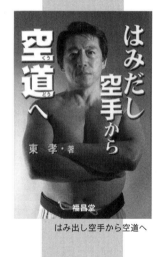

はみ出し空手から空道へ

日々是雑念

9月28日　2003北斗旗全日本無差別選手権予選・第29回東北大会及び交流試合（南方武道館）

10月5日　2003北斗旗全日本無差別選手権予選・第21回九州・沖縄地区大会及び交流試合（ももちパレス）

10月12日　2003北斗旗全日本無差別選手権予選・第36回関東大会及び交流試合（中央区立総合スポーツセンター）

10月13日　2003北斗旗全日本無差別選手権予選・第30回西日本大会及び交流試合（ゆめドームうえの）11

月　　　「エストニア国際大会」（志田淳、中川博之　出場）中川3位入賞

11月29日　第36回全国運営会議（総本部）
　　　　　NPO法人関連の審議、バンデージ規定について　等

11月30日　「2003北斗旗全日本無差別選手権大会」開催（東京・ディファ有明）

12月　　　リストニア支部認可（海外支部第35号）

12月　　　「散打対抗戦（中国・北京）」加藤清尚、飯村健一　同行
　　　　　末廣智明、有川佳太、遠藤明、松下靖文、吉野高平、山崎裕子出場

エストニア国際大会で中川3位入賞

2004（平成16年）

1月　　　ギリシャセミナー開催（寺本正之、清水和磨　同行）
　　　　　北ギリシャ支部認可（海外支部第36号）

2月14日　第37回全国運営会議（総本部）
　　　　　バンデージ規定について　空道指定道着について　等

3月　　　大演武会「19Festival des Arts Martiaux Bercy 2004」（フランス・パリ）の招待をうける
　　　　　（高松猛、五十嵐祐司　同行）

3月14日　2004北斗旗全日本空道体力別選手権予選・第31回西日本大会及び交流試合（愛知県スポーツ会館）

3月28日　2004北斗旗全日本空道体力別選手権予選・第20回北海道大会及び交流試合（札幌中島体育センター）

4月4日　2004北斗旗全日本空道体力別選手権予選・第37回関東大会及び交流試合
　　　　　（中央区立総合スポーツセンター）

4月11日　2004北斗旗全日本空道体力別選手権予選・第30回東北大会及び交流試合（一関市武道館）

4月18日　2004北斗旗全日本空道体力別選手権予選・第22回九州・沖縄大会及び交流試合（アクシオン福岡）

5月　　　ロシア・サンクトペテルブルグセミナー開催（土田真也、若月里木、能勢菜緒　同行）

5月15日　第38回全国運営会議（仙台ワシントンホテル）
　　　　　文部科学省後援について報告、全国合同合宿について、組織図の明確化について　等

5月16日　「2004ミヤギテレビ杯北斗旗全日本空道体力別選手権大会」（宮城県スポーツセンター）
　　　　　文部科学省より後援を頂く。優勝者に文部大臣賞授与。

7月　　　中国・北京大学精華大学セミナー開催（佐野教明、高橋腕　同行）

7月　　　第6回全国合同合宿（栃木県今市市）

9月　　　イタリアセミナー開催（加藤清尚、藤松泰通）

9月26日　2004北斗旗全日本無差別選手権予選・第21回北海道大会及び交流試合（帯広の森体育館）

10月　　　上海大学、ウランバートル（モンゴル）セミナー開催（鈴木清治、佐々木嗣治　同行）
　　　　　モンゴル支部認可

北京前の稽古
オリンピックオープン競技「散打」出場

10月3日　2004北斗旗全日本無差別選手権予選・第32回西日本大会及び交流試合（富谷町武道館）

10月10日　2004北斗旗全日本無差別選手権予選・第38回関東大会及び交流試合
　　　　　（台東リバーサイドスポーツセンター）

10月17日　2004北斗旗全日本無差別選手権予選・第23回九州・沖縄大会及び交流試合（ももちパレス）

10月24日　2004北斗旗全日本無差別選手権予選・第31回東北大会及び交流試合（大阪府立岸和田体育館）

10月30日　2004北斗旗全日本無差別選手権予選・第10回新潟県大会及び北信越地区予選会（鳥屋野総合体育館）

11月27日　「2004北斗旗全日本無差別選手権大会」開催（国立代々木第二体育館）東京都より後援を
　　　　　頂く。同日第一部として少年少女、女子、ビジネスマンの全国選抜大会が行われた。

11月　　　コロンビア・カリセミナー開催（稲垣拓一、中川博之　同行）
　　　　　東塾長がコロンビア名誉市民賞を受ける

2005（平成17年）

1月　　　モスクワセミナー開催（五十嵐祐司、藤松泰通　同行）

3月6日　第39回全国運営会議（総本部）
　　　　　連盟名称変更について、ベーシックガードジュニアサイズについて、空道指定道着の着用につ
　　　　　いて、第二回世界大会運営について　等

3月20日　2005北斗旗全日本空道体力別選手権予選・第24回九州・沖縄大会及び交流試合（ももちパレス）

3月21日　2005北斗旗全日本空道体力別選手権予選・第33回西日本大会及び交流試合（露橋スポーツセンター）

3月27日　2005北斗旗全日本空道体力別選手権予選・第32回東北大会及び交流試合（八戸武道館）

4月3日　2005北斗旗全日本空道体力別選手権予選・第39回関東大会及び交流試合（新宿スポーツセンター）

北京セミナー

4月10日	2005北斗旗全日本空道体力別選手権予選・第22回北海道大会(札幌中島体育センター)
5月	ウラジオストクセミナー開催。
5月28日	第40回全国運営会議
5月29日	「2005北斗旗全日本空道体力別選手権大会」開催(宮城県スポーツセンター) この大会より公式戦において選手は空道着(青・白)を着用することが義務付けられた
6月	モロッコ、パリセミナー開催(土田真也、藤松泰通　同行) ブルガリア・ルーマニアセミナー開催(平塚洋二郎　同行) ブルガリア支部認可(海外支部第37号)
7月-10月	選手合宿開催
7月	技術解説書「着衣総合格闘技　空道入門〜WHAT IS KUDO?〜」出版 (ベースボール・マガジン社)
7月	「華義盃第一回散打搏撃錦標賽(台湾)」植田毅56kg級優勝
7月	スリランカ、マレーシアセミナー開催(佐藤繁樹、ジョセフ・マッカニー　同行)
9月18日	長岡大会
9月19日	第33回東北大会及び交流試合(宮城県武道館)
9月23日	第23回北海道大会及び各交流試合(音更町総合体育館)
10月2日	第40回関東地区大会及び交流試合(新宿スポーツセンター)
10月9日	第34回西日本大会及び各交流試合(守口市民体育館)
10月10日	第25回九州地区大会及び各交流試合(ももちパレス)
11月12日	第41回全国運営会議・第1回安全管理委員会(国立代々木競技場第二体育館会議室) 安全対策の徹底について　等
11月13日	「2005北斗旗第二回空道世界選手権大会」開催(国立代々木第二体育館)
12月	「第8回散打世界選手権(ベトナム・ハノイ)」 佐々木嗣治、笹沢一有、植田毅出場、三輪薫子　同行

着衣総合格闘技 空道入門
〜WHAT IS KUDO?〜

2006 (平成18年)

第27期寮生堀越亮祐　入寮

1月	東塾長、母校である気仙沼市立鹿折中学校にて講演・演武会 (五十嵐祐司、瀧田巌、菅原和夫、佐藤繁樹、岩木秀之、藤松泰通　参加)
2月11日	第42回全国運営会議(総本部) 第二回世界大会収支報告、体協加盟について、30歳代の審査時体力チェック実施について　等
3月19日	2006北斗旗全日本空道体力別選手権予選・第26回九州・沖縄大会及び各交流試合(ももちパレス)
3月26日	2006北斗旗全日本空道体力別選手権予選・第35回西日本大会及び各交流試合 (愛知県スポーツ会館)
4月	大道塾オフィシャルサイトに大道塾設立時のエピソードを漫画化した「空道水滸伝」 シリーズ第一回掲載。(作画　ぺん獣☆やざま優作)
4月2日	2006北斗旗全日本空道体力別選手権東北地区予選・第33回東北大会及びビジネスマン クラス交流大会(青森市スポーツ会館)
4月9日	2006北斗旗全日本空道体力別選手権予選・第41回関東大会及び交流試合 (中央区立総合スポーツセンター)
4月26日	2006北斗旗全日本空道体力別選手権予選・第24回北海道大会及び各交流試合 (札幌中島体育センター)
5月20日	第43回全国運営会議(愛知県武道館) 体協加盟について、技名の日本語化について、ルールについて協議　等
5月21日	「2006北斗旗全日本空道体力別選手権大会」開催(愛知県武道館)
6月	パリ、モスクワセミナー開催(平塚洋二郎　同行)
6月	漫画「上等だぁ!〜七転八起　はみだし一代記〜」、大道塾オフィシャルサイトで 15話より連載再開。(原案　東孝「はみだし空手」福昌堂、作画　島津茂美)
7月	ブルガリア、トルコセミナー開催(藤松泰通、佐々木嗣治　同行)
7月	セルビア支部認可(海外支部第38号)
7月21日	北海道地区夏期合宿
7月23日	北海道地区夏期合宿大会
7月28日	東北地区夏期合宿(山形市立蔵王町)
7月30日	東北地区夏期合宿大会(蔵王第三小中学校体育館)
8月4日	関東地区夏期合宿(栃木県那須郡)

スリランカセミナー

母校、鹿折中で講演＋演武

上等だぁ！〜七転八起　はみだし一代記〜

8月6日　関東地区夏期合宿大会(黒羽体育施設格技室)

8月25日　西日本地区夏期合宿(滋賀県浅井町)

8月27日　西日本地区夏期合宿大会(浅井体育館)

9月1日　九州地区夏期合宿(福岡県三池郡)

9月3日　九州地区夏期合宿大会(瀬高町B&G海洋センター)

9月　カザフスタンセミナー開催(渡部和暁、笹沢一有　同行)

9月　ロシアスポーツ省主催「ロシア対世界国際武道・格闘技戦(ロシア・モスクワ)」
　　　清水和磨、平塚洋二郎　出場

9月17日　2006北斗旗全日本空道無差別選手権予選・第25回北海道大会及び交流試合
　　　(芽室町総合体育館)

9月18日　2006北斗旗全日本空道無差別選手権東北地区予選・第34回東北大会及び交流大会
　　　(宮城県武道館)

9月23日　2006北斗旗全日本空道無差別選手権予選・第27回九州・沖縄大会及び交流大会
　　　(アクシオン福岡)

10月　イタリア、ハンガリー遠征、セミナー開催(狐崎一彦、神山信彦、渡辺慎二、岩木秀之　同行)
　　　ハンガリー支部認可(海外支部第40号)

10月8日　2006北斗旗全日本空道無差別選手権予選・第36回西日本大会及び交流大会
　　　(三重県立ゆめドームうえの)

10月9日　2006北斗旗全日本空道無差別選手権予選・第42回関東大会及び交流大会
　　　(中央区立総合スポーツセンター)

10月22日　2006北斗旗全日本空道無差別選手権第4回北信越地区予選・第11回新潟県大会
　　　(新潟市鳥屋野総合体育館)

11月11日　第44回全国運営会議(総本部)
　　　全日本空道連盟について、合宿期間の見直しについて、空道の世界的拡大について、
　　　「空道面」開発状況について　等

11月12日　「2006北斗旗全日本空道無差別選手権大会」開催(東京・ディファ有明)
　　　ニューヨーク、コロンビアセミナー開催(五十嵐祐司、飛永耕治、中西明彦　同行)
　　　インド、タミルナドゥ支部認可(海外支部第41号)

12月　第24期寮生稲田雅善　卒寮

ハンガリーセミナー

コロンビアセミナー

UAEセミナー後、サハラ砂漠で

2007(平成19年)

1月　アラブ首長国連邦、モロッコセミナー開催(笹沢一有、勝直光　同行)
　　　アラブ首長国連邦支部認可(海外支部第42号)／モロッコ支部認可(海外支部第43号)／クウ
　　　ェート支部認可(海外支部第44号)

2月　仙台西少年部の4名が仙台市スポーツ賞を受賞する。
　　　(齋藤吏、坂田良介、佐々木翔、庄子亜久理)

2月　北河内同好会河原鯨介・海凪兄妹がこども英会話学校ワールド学院主催のスピーチ
　　　コンテストに「About Kudo」というテーマで出場し優勝

2月7日　総本部にて「殴られ屋」晴留屋明氏の特別講座開催

2月10日　第45回全国運営会議(総本部)
　　　社団法人化活動の状況報告、空道ルールの一部改定について、昇段審査料の改定について
　　　等

2月11日　「第5回全日本少年少女空道選手権大会」「第8回全日本学生空道選手権大会」
　　　「第1回全日本BC空道選抜大会」開催(台東リバーサイドスポーツセンター)
　　　出場全選手の計量を実施

3月18日　2007北斗旗全日本空道体力別選手権予選・第28回九州・沖縄大会及び交流大会
　　　(アクシオン福岡)

3月25日　2007北斗旗全日本空道体力別選手権予選・第37回西日本大会及び各交流大会
　　　(愛知県スポーツ会館)

4月　公立学校の授業に空道が採用される(都立蒲田高校、仙台二中)

4月1日　2007北斗旗全日本空道体力別選手権予選・第43回関東大会及び交流大会
　　　(中央区総合スポーツセンター)

4月8日　2007北斗旗全日本空道体力別選手権予選東北地区予選会・第35回東北大会及びビジネス
　　　マン・女子部大会(山形市総合スポーツセンター)

4月15日　2007北斗旗全日本空道体力別選手権予選・第26回北海道大会及び交流大会(白石区体育館)

5月　イラン支部認可(海外支部第45号)

5月26日　第46回全国運営会議(愛知県武道館)
　　　セコンドの服装について、海外遠征について、空道面について、大道塾ルール検討委員会報告　等

チェコセミナー

チェコ、ヴァーツラフ広場

5月27日	「2007北斗旗全日本空道体力別選手権大会」開催（愛知県武道館）
6月	空道公式防具の名称が「Head Gear 空（NHG空）」に決定
6月5日	静岡第一テレビ「リアルタイムSHIZUOKA」で空道が紹介される
6月	ポーランド、チェコセミナー開催（志田淳　同行） 空道セミナーの模様がポーランドのニュース番組と地元紙で紹介される
7月	ベラルーシ支部認可（海外支部第46号）／ポーランド支部認可（海外支部第47号）
7月	「第九回世界武術大会（北京）」散打部門で笹沢一有ベスト8入り、 2008年北京武術トーナメントに日本代表として出場決定

※夏期合宿の期間を1泊2日に短縮し、技術の底上げと向上を目的としたセミナー形式に変更した。

7月21日	北海道地区夏期合宿
7月28日	東北地区夏期合宿（山形県蔵王温泉）
8月	アルメニアセミナー開催（ポーランド）
8月	アルメニア支部認可（海外支部第48号）
9月29日	「第一回ヨーロッパ空道選手権大会」開催（於ブルガリア）土田真也-230級優勝 （高橋英明、神山信彦、廣井健、長田賢一、山田利一郎、友次広寿　同行） 【NHG空を採用した初めての国際試合】

第1回ヨーロッパ大会後、パルテノン宮殿

10月	大道塾HPにて各支部を紹介する出稽古レポートの連載開始（作画 ペン獣☆やざま優作）
10月6日	2007北斗旗全日本空道無差別選手権予選・第27回北海道大会及び交流大会（音更町武道館）
10月7日	2007北斗旗全日本空道無差別選手権東北地区予選・第35回東北大会及びビジネスマン クラス交流試合（仙台市泉総合運動場）
10月21日	2007北斗旗全日本空道無差別選手権予選・第37回西日本大会及び各交流大会（岸和田市総合体育館）
10月28日	2007北斗旗全日本空道無差別選手権予選・第28回九州・沖縄大会及び交流大会（粕屋町総合体育館）
10月28日	2007全日本空道無差別選手権第5回北信越地区予選会及び第12回新潟県大会 （新潟市鳥屋野総合体育館）
11月4日	2007北斗旗全日本空道無差別選手権予選・第43回関東大会及び各交流大会 （台東リバーサイドスポーツセンター）
11月7日	国際組織活動を行う上位組織の名称を「NPO国際空道普及委員会」に変更
11月	「第9回武術世界大会」（北京）（村上智章同行　平安孝行、笹沢一有出場）
11月	ロシアスポーツ省主催「第二回国際武道格闘技試合」（モスクワ） （渡辺慎二同行、前原映子出場）
12月7日	第47回全国運営会議 支部長の審判ライセンス取得必須化について、散打北京大会笹沢選手出場について、大道塾 ルール検討委員会報告　等
12月8日	「2007北斗旗全日本空道無差別選手権大会」開催（国立代々木第二体育館）

出稽古レポート漫画

2008（平成20年）

1月	イギリスにてセミナー開催
2月	仙台市スポーツ賞を大道塾の3名が受賞する。アレクセイ・コノネンコ、坂田良介、石塚一
2月10日	第48回全国運営会議 3役会について、大会スケジュールについて、南米駐在員について、昇段審査のポイント持ち越 し制について、大道塾ルール検討委員会報告　等
2月11日	「第6回全日本少年少女空道選手権大会」「第9回全日本学生空道選手権大会」 「第2回全日本BC空道選抜大会」開催（台東リバーサイドスポーツセンター）
2月17日	「第二回ヨーロッパ空道選手権大会」（モスクワ）視察 （平塚和彦評議委員長、高橋英明、廣井健、長田賢一　同行）
2月	ドイツ・イタリアセミナー開催（平塚和彦評議委員長、東恵子、山田利一郎、友次広寿、東由美子　同行）
3月21日	全日本空道連盟のHPを新設
3月30日	2008全日本体力別選手権予選・第30回九州・沖縄大会及び交流大会（アクシオン福岡）
4月6日	2008全日本体力別選手権予選・第39回西日本大会及び各交流大会（愛知県スポーツ会館）
4月13日	2008全日本体力別選手権予選・第45回関東大会及び各交流大会（中央区立総合スポーツセンター）
4月20日	2008全日本体力別選手権東北地区予選会・第36回東北大会および交流大会（ノースアジア大学総合体育館）
4月27日	2008全日本体力別選手権予選・第28回北海道大会及び交流大会（札幌市東区体育館）
5月18日	第11回北海道地区予選及び各交流大会（音更町総合体育館）
5月21日	NHK仙台「てれまさむね」に東北本部アレクセイ・コノネンコが出演

第1回欧州大会後の昇級段審査

5 月28日　TBS系列「水トク!好評御礼!知っとこ!SPこどものチカラは無限大!」にて帯広支部
　　　　　　伊藤梓の特集が放映される。

5 月31日　第49回全国運営会議(仙台サンプラザ)
　　　　　　国際大会スケジュールについて、全国合宿について、ファウルカップについて、世界大会
　　　　　　選手選考のため前年度春、秋、当年春の3大会を体力別で行う　等

6 月1日　「2008北斗旗全日本空道体力別選手権大会」開催 (仙台サンプラザホール)

6 月22日　黒木克昌を南米コロンビア支部へ派遣

7月26・27日　大道塾全国合同サマーキャンプ開催(茨城県阿字ヶ浦海岸)200名参加
　　　　　　【「全国夏期集中講習会」としてセミナー形式の稽古を実施】

8 月　　　コロンビア、ブラジルセミナー開催(黒木克昌同行)
　　　　　　南ブラジル支部認可(海外支部第50号)
　　　　　　韓国、マレーシアセミナー開催(堀越亮祐　同行)

8 月21日　笹沢一有「2008年北京武術トーナメント」散打70kg級に日本代表として出場

9 月　　　「第一回アジア空道選手権大会」開催(於モンゴル)
　　　　　　軽量級優勝　高橋腕、中量級優勝　堀越亮祐、重量級準優勝　山田壮
　　　　　　(廣井健、飛永耕治、浜松新一郎、岡裕美、三輪薫子　同行)
　　　　　　イギリス、ロンドン支部認可(海外支部第51号)

9 月　　　コロンビアより黒木克昌指導員帰国

9 月14日　2008秋全日本体力別選手権東北地区予選会・第38回東北大会および交流大会(石巻総合体育館)

9 月15日　2008秋全日本体力別選手権予選・第46回関東大会及び各交流大会
　　　　　　(台東リバーサイドスポーツセンター)

9 月23日　2008秋全日本体力別選手権予選・第29回北海道大会及び交流大会(帯広の森体育館)

9 月28日　2008秋全日本体力別選手権予選・第40回西日本大会及び各交流大会(名張市武道交流館)

10月1日　黒木克昌が総本部指導員に着任

10月5日　2008秋全日本体力別選手権予選・第31回九州・沖縄大会及び交流大会(粕屋町総合体育館)

10月6日　新宿支部主催「東京支部25周年記念稽古」開催

10月18日　「第一回空道東ヨーロッパ選手権大会」(ブルガリア)(岡裕美出場、東由美子同行)

10月24日　「第一回中東アフリカ空道選手権大会」(UAEアブダビ)開催
　　　　　　(中西明彦、飛永耕治、神山信彦、小寺英樹　同行、川上大樹、時任真樹、佐々木嗣治、菅原智範　出場)

11月8日　第50回全国運営会議(総本部)
　　　　　　海外セミナー実施報告、各種大会報告、出稽古について、試合審査について、第三回世界
　　　　　　大会の運営について　等

11月9日　「2008秋期北斗旗全日本空道体力別選手権大会」開催(国立代々木第二体育館)
　　　　　　女子部空道ルールの試合時間を2分に変更

11月　　　エジプト、イギリスセミナー開催(渡辺慎二　同行)

11月　　　アメリカ(ニューヨーク)セミナー開催(小松洋之、木村猛　同行)

2009 (平成21年)

1 月9日　BS2「にっぽん熱中クラブ」で豊田大谷高校空道部の番組が放映される

2 月9日　仙台市スポーツ賞を大道塾の4名が受賞する。アレクセイ・コノネンコ、齋藤吏、坂田良介、田中瑞樹

2 月14日　第51回全国運営会議(総本部)
　　　　　　社団法人化活動について、選手強化練習について、第三回世界大会の運営について、
　　　　　　移動稽古について意見収集　等

2 月15日　「第7回全日本少年少女空道選手権大会」「第3回全日本BC空道選抜大会」開催(荒川スポーツセンター)

3 月　　　中国、中原支部認可(海外支部第52号)
　　　　　　「一般社団法人　全日本空道連盟」登記完了

3 月9日　大道塾HP連載漫画「上等だぁ!」第1部最終回掲載

3 月22日　2009全日本空道体力別選手権予選・第32回九州・沖縄大会及び交流大会(粕屋町総合体育館)

3 月29日　2009全日本空道体力別選手権予選・第41回西日本大会及び各交流大会(愛知県スポーツ会館)

4 月5日　2009全日本空道体力別選手権予選・第47回関東大会及び各交流大会(中央区立総合スポーツセンター)

4 月12日　2009全日本空道体力別選手権東北地区予選会・第39回東北大会および交流大会(奥州市水沢武道館)

4 月19日　2009全日本空道体力別選手権予選・第30回北海道大会及び交流大会(札幌市東区体育館)

4 月　　　イタリアセミナー開催(東恵子、能登谷佳樹　同行)

4 月　　　オーストラリア、シドニー支部認可(海外支部第53号)／韓国、ソウル支部認可(海外支部第54号)

ブラジルセミナー

第一回アジア空道選手権大会

豊田大谷高校空道部取材風景

ニューヨークセミナー

5月16日　第52回全国運営会議（仙台市青葉体育館会議室）
　　　　　「一般社団法人」登記完了報告、体協加盟報告、国内外新設支部紹介、海外セミナー実施に
　　　　　ついて、救命救急講習の実施について、3点式紐締めファウルカップ使用について　等

5月17日　「2009北斗旗全日本空道体力別選手権大会」開催（仙台市青葉体育館・仙台市武道館）

5月28日　第三回世界大会日本代表選手およびリザーバーを選出

6月2日　第三回世界大会オフィシャルブログ運用開始

6月13・14日　選手強化合宿
　　　　　秋にBSフジで放映される空道特番の撮影

6月　　　大道塾HPに東塾長コラム「還暦雑感」を掲載

7月19・20日　選手強化合宿　空道特番の撮影
　　　　　国際武道大学教授・柔道家柏崎克彦氏を特別講師に迎えセミナー開催

8月15・16日　選手強化合宿　空道特番の撮影　代表選手選考試合

9月　　　出場エントリー数の急増により第三回世界大会を2日間開催に変更することを決定

9月　　　第29期寮生内田淳一　入寮

9月21・22日　選手強化合宿　空道特番の撮影　代表選手選考試合　各クラス代表選手決定

9月22日　記者会見開催

9月23日　「フルコンタクトKARATE」（福昌堂）に東塾長と関根勤氏の対談記事掲載

9月27日　2009全日本少年少女秋期北海道地区予選及び各交流大会

9月27日　第40回東北大会及び各交流試合（宮城県登米市中田町B&G海洋センター武道場）

9月29日　OCTV（帯広シティケーブルテレビ）「スポーツ応援団」にて、「2009全日本少年少女
　　　　　秋期北海道地区予選及び各交流大会」の模様が放映される

10月2日　帯広市森の里小学校「森の里家庭教育学級」の依頼で児童の母親を対象とした空道教室を開催する

10月4日　第48回関東大会及び交流試合（中央区スポーツセンター武道場）

10月10・11日　選手強化合宿　空道特番の撮影　代表選手最終選考試合

10月22日　総本部道場にて空道特番の撮影

10月18日　第42回西日本大会及び交流試合

10月25日　第33回九州・中四国大会及び各交流試合（粕屋町総合体育館）

11月14日　読売新聞にて中四国本部平安孝行選手が紹介される

11月14・15日　「2009北斗旗第三回空道世界選手権大会」開催（国立代々木第二体育館）50ケ国参加
　　　　　【この大会よりオープントーナメント制を廃止し国際空道連盟所属選手のみ出場とした。】
　　　　　スペイン支部認可（海外支部第55号）
　　　　　セルビア支部認可（海外支部第56号）
　　　　　トルコ支部認可（海外支部第57号）
　　　　　メキシコ支部認可（海外支部第62号）
　　　　　チリ支部認可（海外支部第68号）
　　　　　ニューヨーク支部認可（総本部直轄）

11月　　　「第一回空道ワールドカップ」開催を発表（2011年モスクワ）

11月22日　BSフジ「日清食品プレゼンツ　はみだし空手から空道へ～第三回空道世界選手権大会～」が放映される。

12月15日　大道塾HPに東塾長の「世界大会の総括」を掲載

12月　　　第27期寮生堀越亮祐　卒寮

2010（平成22年）

1月　　　「Q&A日本の武道じてん」（こどもくらぶ／編、ベースボールマガジン社）にて
　　　　　武道のひとつのジャンルとして「空道」が紹介される。

1月　　　Youtubeに東塾長マススパー動画を掲載

2月9日　仙台市スポーツ賞を大道塾の2名が受賞する。アレクセイ・コノネンコ、石塚大
2月　　　（社）全日本空道連盟個人会員登録制開始。

2月　　　各地区にて選手合同稽古が始まる

2月27日　第53回全国運営会議（総本部）
　　　　　第三回世界大会収支報告、新支部紹介、新加盟国紹介、昇段規定の見直しについて、
　　　　　移動稽古新体系について、30記念誌の発行について　等

2月28日　「第8回全日本空道少年少女選手権大会」開催（中央区総合スポーツセンター）
　　　　　開会式にて各種功労賞表彰を行う。
　　　　　【第三回世界大会運営協賛功労賞】
　　　　　高橋英明（全国運営委員長　新宿）、松原隆一郎（総本部ビジネスマンクラス）、
　　　　　渡辺慎二（浦和・久喜）、青木伊之（横浜北）

柔道界随一の寝技 柏崎克彦師範を迎えて

2009北斗旗第三回空道世界選手権大会

少年空道の特徴「投げ」

【選手育成功労賞】
　飯村健一（吉祥寺）、友次広寿（八王子）、飛永耕治（帯広）、渡辺慎二（浦和・久喜）、
　アレクセイ・コノネンコ（東北）、村上智章（中四国）
【会員拡大功労賞】
　長田賢一（仙台西）、神山信彦（日進支部）、中西明彦（名張）、品野圭司（岸和田）、
　森直樹（横須賀・湘南）
　会員拡大最優秀功労賞　山田利一郎（新潟）
【審査指導功労賞】
　飛永耕治（帯広）、山田利一郎（新潟）、松尾剛（筑紫野）、長田賢一（仙台西）、
　五十嵐祐司（三沢・青森市）
　審査指導最優秀功労賞　神山信彦（日進支部）

3 月21日	2010全日本空道体力別予選・第34回九州・沖縄大会及び交流大会（アクシオン福岡）	
3 月22日	2010全日本空道体力別予選・第43回西日本大会及び交流大会（岡崎中央公園総合体育館）	
3 月28日	2010全日本空道体力別予選・第32回北海道大会及び交流大会（札幌市東区体育館）	
3 月28日	NHK教育東海3県にて「にっぽん熱中クラブ春のスペシャル」で豊田大谷高校 空道部員のその後が放映される。	
4 月 4 日	2010全日本空道体力別予選・第49回関東大会及び交流大会（中央区総合スポーツセンター）	
4 月11日	2010全日本空道体力別予選・第41回東北大会及び交流大会（ノースアジア大学総合体育館）	
4 月	総本部金曜寝技クラスにて特別講師・パラエストラ中井祐樹師範による指導が始まる	
4 月	ウクライナセミナー開催（アレクセイ・コノネンコ、田中俊輔、東由美子　同行）	
4 月21日	東北本部アレクセイ・コノネンコが読売新聞スポーツ欄で紹介される	
4 月25日	成田支部キーナン・マイクが成田市体育協会より優秀選手として表彰される	
5 月	大道塾HP連載漫画「上等だぁ!」第2部（原案「はみだし空手から空道へ」福昌堂　作画　島津茂美）が始まる	
5 月15日	第54回全国運営会議（愛知県武道館） 社団法人化について、海外活動について、練習体系と審査項目の見直し　等	
5 月16日	「2010北斗旗全日本空道体力別選手権大会」「2010全日本ビジネスマン空道選抜大会」開催（愛知県武道館）	
6 月29日	「NPO国際空道普及協会」を「NPO国際空道連盟」に再度名称変更。 国際組織活動を主とする組織とした。	
6 月	香港セミナー開催（東恵子、藤田忠司、榎並博幸　同行） 「香港柔道館」岩見武夫師範を表敬訪問 香港支部認可（海外支部第69号）	
7 月	ドイツセミナー開催（東恵子、高橋英明、渡辺慎二、小川英樹、佐藤繁樹、 平安孝行、田中洋輔、東由美子　同行）	
7月17・18日	北海道地区サマーキャンプ（北海道新得町）	
7 月	ロシア極東地区夏合宿（ウラジオストク）に東北本部より4名が参加 （アレクセイ・コノネンコ、高谷敏晶、佐藤順、岡裕次）	
7月24・25日	東北地区サマーキャンプ（山形県蔵王温泉）	
7月31日・8月1日	関東地区サマーキャンプ（茨城県阿字ヶ浦海岸）	
8 月	「第一回空道ワールドカップ」の開催が2011年2月19日に決定（モスクワ市内の会場を予定）	
8月21・22日	西日本地区サマーキャンプ（三重県津市）	
9月4・5日	中四国九州沖縄地区サマーキャンプ（山口県湯本温泉）	
9 月19日	2010全日本空道無差別予選・第42回東北大会及び交流大会（名取市民体育館）	
9 月26日	2010全日本空道無差別予選・第33回北海道大会及び交流大会（帯広の森体育館）	
10月 3 日	2010全日本空道無差別予選・第50回関東大会及び交流大会（台東リバーサイドスポーツセンター）	
10月10日	2010全日本空道無差別予選・第44回西日本大会及び交流大会（名張市武道交流館）	
10月17日	2010全日本空道無差別予選・第35回九州・沖縄大会及び交流大会（粕屋町総合体育館）	
10月	メキシコ・キューバセミナー、「第1回メキシコ空道交流大会」開催（東恵子、高橋英明、 黒木克昌、小松洋之　同行　加藤久輝、中村知大　出場）	
11月19日	大道塾30周年記念パーティー開催（東京）	
11月20日	「2010北斗旗全日本空道無差別選手権大会」 「2010第9回全日本ジュニア選抜空道選手権大会」開催（国立代々木第二体育館）	
11月	エジプトセミナー、「第1回イギリス交流大会」開催（五十嵐祐司　同行）	
12月	「2011第一回空道ワールドカップ（モスクワ）」日本代表選手全国合同強化練習が始まる	

2011 (平成23年)

1月	チリセミナー開催　友次広寿支部長・飛永耕治支部長・黒木克昌支部長・加藤久輝選手（安城）同行
2月	「第一回　ワールドカップ」（於 ロシア）開催 ≪役員・審判≫平塚和彦評議委員長・高橋英明師範・狐崎一彦支部長・山田利一郎支部長・佐藤 剛師範代・友次広寿支部長・神山信彦支部長・渡辺慎二支部長・小川英樹支部長・佐藤繁樹支部長・コノネンコ師範代 ≪コーチ≫加藤清尚支部長・稲垣拓一師範 ≪サポート≫村上智章師範代・寺園紳一師範代・川上大樹（中部本部） ≪選手≫飯村健一支部長（選手兼コーチ）・我妻 毅（角田）・稲田卓也（横浜北）・平安孝行（中四国）・堀越亮祐（日進）・加藤久輝（安城）
3月	「第一回空道南アジア選手権大会」（於 インド）　黒木克昌支部長・内田淳一選手（総本部　寮生）・加藤久輝選手（安城）　同行
5月	「2011 北斗旗全日本空道体力別選手権大会」開催
9月	スペインセミナー開催
10月	インドセミナー開催　（鈴木清治選手・山田 壮選手・神山歩未選手・神山喜未選手　同行）／インド　ムンバイ支部（海外支部第71号）
11月	「2011　北斗旗全日本空道無差別選手権大会」「2011 全日本空道ジュニア選抜選手権大会」開催／ W・G（ワールドゲームズ）2013 Cali 視察団　観戦

2012 (平成24年)

2月	イランセミナー開催　五十嵐祐司支部長・コノネンコ師範代　同行
3月	アメリカデトロイトセミナー開催　堀越亮祐選手（日進支部）・加藤久輝選手（安城同好会）同行／アメリカミシガン支部（海外支部第72号）
4月	WGA 会長・実行委員長　空道の視察に来日／ リトアニアセミナー開催　狐崎一彦支部長・神山信彦支部長・清水和磨正指導員　同行 ロサンゼルス支部（海外支部第76 号）
5月	「2012 北斗旗全日本空道体力別選手権大会」「2012 全日本空道シニア選抜選手権大会」開催 日本ワールドゲームズ協会（JWGA）加盟
9月	ブラジルセミナー開催　（飛永耕治支部長・佐藤繁樹支部長・田中俊輔選手　同行）
10月	キプロスセミナー開催　（笹沢一有選手・中村知大選手　同行）／キプロス支部（海外支部第75 号）
11月	「2012 北斗旗全日本空道無差別選手権大会」「2012 全日本空道ジュニア選手権大会」開催
12月	コロンビア遠征・セミナー開催　（稲垣拓一師範・笹沢一有選手・堀越亮祐選手　同行）

2013年5月 イタリア遠征

2013 (平成25年)

3月	エストニアセミナー開催　（高橋英明師範・山田利一郎支部長・長田賢一支部長　同行）
5月	スイスセミナー開催　（土田真也（フランス）支部長・加藤久輝選手　同行）　スイス支部（海外支部第78 号） 「2013 北斗旗全日本空道体力別選手権大会」「2013 全日本空道シニア選抜選手権大会」　開催 イタリアセミナー開催　（加藤清尚支部長・飯村健一支部長　同行）
6月	イギリスセミナー開催　（狐崎一彦支部長・神山信彦支部長・品野圭司支部長・佐藤繁樹支部長・中村知大選手　同行）
7月	ワールドゲームズ　2013 カリ大会」　エキシビジョン競技参加 （髙橋英明師範・友次広寿支部長・黒木克昌支部長・小松洋之支部長・中村知大選手・加藤久輝選手　同行） ルーマニア支部（海外支部第77 号）　スロバキア支部（海外支部第79 号）
8月	ラトビア支部（海外支部第80 号）
9月	ブルガリアセミナー開催　（稲垣拓一師範・渡部秀一選手　同行） モンゴルセミナー開催　（稲垣拓一師範・渡部秀一選手　同行）
11月	「2013 北斗旗全日本空道無差別選手権大会」「2013 全日本空道ジュニア選手権大会」　開催
12月	特定非営利活動法人　豊島区体育協会　加盟

2013年3月 エストニア遠征

2014 (平成26年)

4月	オーストラリアセミナー開催（伊藤紀夫支部長・中川博之支部長・コノネンコ師範代・キーナン・マイク選手・目黒雄太選手　同行）
5月	「2014 北斗旗全日本空道体力別選手権大会」「2014 全日本空道シニア選抜選手権大会」　開催
6月	「空道アジアカップオープン」開催（於 ロシア） 《役員・審判》高橋英明師範・山田利一郎支部長・長田賢一支部長・小川英樹支部長・コノネンコ アレクセイ師範 《コーチ》加藤清尚支部長・飯村健一支部長・稲垣拓一師範 《選手》田中俊輔（札幌南）・内田淳一（総本部）・加藤和徳（吉祥寺）・谷井翔太（総本部）・吉倉千秋（横浜南）
7月	「第2回 空道アジア選手権 韓国大会」開催（於 韓国） 《審判》中西明彦支部長・中西博之責任者・寺園紳一師範 《選手》我妻猛（角田）・加藤久輝（安城）・伊藤新太（日進）・深澤元貴（総本部）・中村知大（総本部）
9月	アメリカ・オハイオ・セミナー開催（中西明彦支部長・神山信彦支部長・小松洋之支部長 同行）
11月	「第4回 世界空道選手権大会」「第1回 世界空道ジュニア選手権大会」開催 キルギスタン支部（海外支部 第81号）

全日本大会の前には
全国5地区での予選

2015 (平成27年)

4月	アメリカ・デトロイト支部（海外支部 第84号）
5月	「2015 北斗旗全日本空道体力別選手権大会」「2015 全日本空道シニア選抜選手権大会」　開催 アメリカ・ロチェスター支部（海外支部 第85 号） インドセミナー開催（高橋英明師範・多田英史指導員（広報・練馬）・シモン ファビアン（通訳・総本部）同行）

6月	ロシア「東経済フォーラム」に於いて、『Battle of Champions』開催
	《審判》高橋英明師範・長田賢一支部長
	《コーチ》飯村健一支部長・コノネンコ アレクセイ師範
	《選手》國枝厚志(吉祥寺)

2015年 モンゴル大会での
ルールミーティング

10月	「第1回アジア空道カップ」開催(於 モンゴル)
	《審判》高橋英明師範・狐崎一彦支部長・神山信彦支部長・渡辺慎二支部長・コノネンコ アレクセイ師範
	《コーチ》稲垣拓一師範・飛永耕司支部長
	《選手》女子:今野杏夏(多賀城)
	男子:-230 目黒雄太(長岡)・-240 川下義人(日進)・-250 加藤智亮(誠真会館)・清水亮汰(総本部)
	:-260 山田壮(関西本部)・260+ 野村幸汰(札幌西)
11月	「第1回パンアメリカンカップ」開催(於 チリ)
	《審判》高橋英明師範・朝岡秀樹支部長
	《選手》伊藤新太(日進)
	「2015 北斗旗全日本空道無差別選手権大会」「2015 全日本空道ジュニア選手権大会」 開催
	アメリカ・コロラドスプリングス支部(海外支部 第86 号)
	パラグアイ支部(海外支部 第88 号)

2016年5月 インドルールセミナー

2016 (平成28年)

1月	ポーランドセミナー開催(稲垣師範・目黒雄太選手・鈴木亮汰選手 同行)
	ボリビア支部(海外支部 第90 号)
	平塚和彦 評議委員長 死去(享年70 歳)
3月	キューバ支部(海外支部 第91 号)
	アルゼンチン支部(海外支部 第92 号)
5月	「2016 北斗旗全日本空道体力別選手権大会」「2016 全日本空道シニア選抜選手権大会」開催
	インドセミナー開催(高橋英明師範・中西明彦支部長・長田賢一支部長 同行)
7月	ジョージア支部(海外支部 第89 号)
11月	「2016 北斗旗全日本空道無差別選手権大会」「2016 全日本空道ジュニア選手権大会」開催
	インドネシアセミナー開催(高橋英明師範)

2016年11月インドネシア遠征

2017 (平成29年)

1月	アメリカ・ニューヨークセミナー開催(清水亮汰選手・東 由美子(広報)同行)
2月	「第2 回 空道ワールドカップ」「世界空道ジュニア・フレンドシップ・カップ」開催(於 インド)
	《審判》高橋英明師範(連盟副理事長)・狐崎一彦支部長・神山信彦支部長・山田利一郎支部長
	飛永耕治支部長・佐藤繁樹支部長・神山歩未指導員(日進支部)
	《選手》-230 目黒雄太(長岡)・-240 田中洋輔(御茶ノ水)・-250 清水亮汰(総本部)・-260 加藤和徳(吉祥寺)
	260+ 野村幸汰(札幌西)・女子 大谷美結(札幌西)
	ジョージアセミナー開催(山田利一郎支部長・佐藤繁樹支部長・小松洋之支部長　同行)
3月	トルコ支部(海外支部 第95 号)
5月	「2017 北斗旗全日本空道体力別選手権大会」 「2017 全日本空道シニア選抜選手権大会」 開催
8月	ウズベキスタン支部(海外支部 第96 号)
11月	「第3回 アジア空道選手権大会」「2017 全日本空道ジュニア選手権大会」 開催

2018 (平成30年)

2月	カナダモントリオール支部(海外支部 第97 号)
5月	「2018 北斗旗全日本空道体力別選手権大会」 「2018 全日本空道シニア選抜選手権大会」
	「2018 全日本空道ジュニア選抜選手権大会」開催
	シンガポール支部(海外支部 第99号)

2018年5月 フランスレンヌキャンプに
コノネンコ&清水亮汰参加

6月	ギリシャ支部(海外支部 第100号)
	ルーマニア支部(海外支部 第104号)
7月	スイス GAISF(国際スポーツ連盟機構)セミナー出席
10月	ギリシャセミナー開催(狐崎一彦支部長・神山信彦支部長・渡SS邊慎二支部長・小松洋之支部長・山田 壮指導員　同行)
12月	「2018 北斗旗 第5 回 世界空道選手権大会」 「2018 第2 回 世界空道ジュニア選手権大会」 開催
	カナダオンタリオ支部(海外支部 第105 号)
	モルディブ支部(海外支部 第106 号)
	マルタ支部(海外支部 第107 号)
	第80回 国民体育大会(国民スポーツ大会)のデモ競技に正式採用(2025 年青森県おいらせ町にて開催)

2018 ギリシャ遠征&審査

2019 (平成31年)

5月	「2019 北斗旗 全日本空道体力別選手権大会」「2019 全日本空道シニア選抜選手権大会」SSS開催
8月	ベトナム支部(海外支部 第108号)
9月	「パンアメリカンカップ2019」 開催(於 コロンビア)
	コロンビアセミナー開催(高橋英明師範・渡邉慎二支部長・神山歩未指導員・岩﨑大河選手　同行)
10月	マルタセミナー開催(コノネンコ アレクセイ師範・中村知大支部長・清水亮太指導員・加藤和徳選手　同行)
11月	「2019 北斗旗 全日本空道無差別選手権大会」「2019 全日本空道ジュニア選手権大会」開催

NPO国際空道連盟 沿革
Organization History of NPO Kudo International Federation

NPO国際空道連盟は、世界60ケ国以上で武道スポーツとして認知されつつある打撃系総合武道「空道」を統括する国際組織です。
国際空道連盟のルーツであり空道の母体となった大道塾の創設からの歩みについては、大道塾オフィシャルサイトをご覧ください。

Kudo International Federation (KIF) is an international organization, which maintains the development of KUDO as a Budo sport in over 60 countries around the world.
Daidojuku is the roots of Kudo International Federation and the base of Kudo.
Please visit Dadojuku Officical Web site for the history of Daidojuku.

http://www.daidojuku.com/

NPO国際空道連盟
東京都豊島区南池袋2-32-5　イースタンビル

理事長　東　孝

Kudo International Federation World Headquarters
Eastern Building 2-32-5 Minami Ikebukuro, Toshima-Ku, Tokyo-To Japan

President of Kudo International Federation　**Takashi Azuma**

【沿 革】 *History*

(参照前史。1981年に極真会館から独立し、空手道 大道塾を設立)

(Please refer to the prehistory of Daidojuku. In 1981, Takashi Azuma became independent from Kyokushin Kaikan and founded Karadedo Daidojuku.)

エストニアにある空道専用体育館
The facility exclusive for Kudo in Estonia.

2001.11
国際空道連盟設立。
Kudo International Federation was established.

2001.11.17
「第1回世界空道選手権大会」開催。(東京・国立代々木競技場第二体育館)
1st World Kudo Championships were held at National Yoyogi Stadium, 2nd Gymnasium, Tokyo, Japan.

セミナーの合間に取材を受ける KIF 理事長・大道塾代表師範　東孝
KIF President / Daidojuku Grand Master Takashi Azuma, answering interviews in the interval of seminars.

2002.8
内閣府より「NPO国際空道連盟」認可を受ける。
The Cabinet Office, Government of Japan has officially approved KIF as an NPO.

2005.11.13
「第2回世界空道選手権大会」開催。
(東京・国立代々木競技場第二体育館)。
第1回大会の倍となる約40ケ国からの参加を実現し
空道の世界的評価を高めた。
2nd World Kudo Championships were held at National Yoyogi Stadium, 2nd Gymnasium, Tokyo, Japan.
The number of the participating countries had doubled from the 1st tournament and almost 40 countries had participated in the tournament. And Kudo was highly recognized internationally.

セミナーは KIF 理事長・大道塾代表師範　東孝自ら指導する
Seminars are conducted by KIF President / Daidojuku Grand Master Takashi Azuma, himself.

2007.9.29

「第 1 回 ヨーロッパ空道選手権大会」開催 （ブルガリア）

1st Europe KUDO Championships was held in Bulgaria

2008.2.18

「第 2 回 ヨーロッパ空道選手権大会」開催 （ロシア）

2nd Europe KUDO Championships was held in Russia

2008.9.7

「第 1 回 アジア空道選手権大会」開催 （モンゴル）

1st Asia KUDO Championships was held in Mongolia

「第 2 回 ヨーロッパ空道選手権大会」開催（ロシア）
2nd Europe KUDO Championships was held in Russia

「○○（地域名）カップ」が不定期、任意の開催希望国で行われるのに対し、「○○（地域名）選手権大会」は、世界大会前年に地域代表を選抜する意味をもつ。

Competitions under the title of "Cup" are irregular and usually are organized in the countries that voluntary expressed their willingness to host a competition.
On the other hand, "Championship" series are regional competitions to select representative athletes in the years prior to the World Championship

2008.10.24

「第 1 回 中東アフリカ空道選手権大会」開催 （アラブ首長国連邦）

1st Middle East Africa KUDO Championships was held in UAE

2009.4.26

「イタリア国際空道大会」開催 （イタリア）

Italy KUDO Championnships was held in Italy

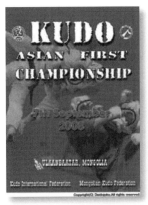

「第 1 回 アジア空道選手権大会」開催 （モンゴル）
1st Asia KUDO Championships was held in Mongolia

2009.11.14 –15

「第 3 回世界空道選手権大会」開催。（東京・国立代々木競技場第二体育館）。約 50 ケ国が参加し、アマチュア武道スポーツとして国内最大規模の大会となる。

3rd World Kudo Championships were held at National Yoyogi Stadium, 2nd Gymnasium, Tokyo, Japan. Almost 50 countries had participated in the tournament and the event became one of the biggest amateur Budo sport events ever held in Japan.

2010.6

「一般社団法人 全日本空道連盟」を国内組織として設立し、「NPO 国際空道連盟」を国際組織とする。

A General Incorporated Association of "Kudo All Japan Federation" was founded as a Japanese domestic organization, and an NPO "Kudo International Federation", as an international organization.

「第 1 回 中東アフリカ空道選手権大会」開催 （アラブ首長国連邦）
1st Middle East Africa KUDO Championships was held in UAE

2011.1.9

「第 1 回 南米空道選手権大会」開催 （チリ）

1st South America KUDO Championships was held in Chile

2011.2.19

「第 1 回 空道ワールドカップ」開催 （ロシア）
1st KUDO World Cup was held in Russia

組織の発展に伴い、4 年に一度空道発祥の地 日本で開催される世界
大会の間に希望国が持ち回りで開催する。
　Competition, which is organized by preferred countries in the
period between World Championships, which, in turn, are being
held once every four years in the cradle of Kudo-Japan

2011 第 1 回空道ワールドカップ
1st KUDO World Cup was held in Russia

2012.4.19

「第二のオリンピック」と呼ばれる「ワールドゲームズ」主催団体
の「国際ワールドゲームズ協会」ロン・フローリック会長ら一行、
空道視察に来日。「日本ワールドゲームズ協会」小野清子会長らを
対象に空道デモンストレーションマッチを開催。
　Mr. Ron Froehlich, President of the International World Games
Association, which is the management body of "the World
Games", so called "another Olympic Games", visited Kudo HQ
for the inspection. KIF held the Kudo exhibition match for Mr.
Froehlich and his inspection team, and Ms. Kiyoko Ono,
Chairperson of the Japan World Games Association.

2013.7

「ワールドゲームズ 2013 カリ大会」で空道がエキシビション
競技として参加。好評を博す。
　Kudo was invited to The World Games 2013 in Cali to hold the
exhibition match and gained a good reputation.

2012 IWGA 視察
2012 IWGA inspected Kudo/Daidojuku HQ.

2014.6.14

「空道アジアカップオープン」開催 （ロシア）
KUDO Asia Cup Open was held in Russia

日・露武道交流イベントとして、両政府の合意で組織され、アジア
の空道強国 日本・ロシア・韓国・モンゴル・カザフスタン・
アゼルバイジャン・アルメニアの参加で行われた。
　It was organized as Japan-Russia martial arts exchange event
under the governmental agreement between two countries.
Countries with a strong Kudo tradition in Asia, such as Japan,
Russia, Korea, Mongolia, Kazakhstan, Azerbaijan, Armenia,
have participated.

2013 ワールドゲームズ カリ大会
2013 The World Games (Cali, Colombia)

2014.7.27

「第 2 回 アジア空道選手権大会」開催 （韓国）
2nd Asia KUDO Championships was held in South Korea

「第 2 回 アジア空道選手権大会」開催 （韓国）
2nd Asia KUDO Championships was held in South Korea

各国で趣向をこらしたセミナーポスターが制作される
For the seminars, each country makes elaborated posters.

各国で趣向をこらしたセミナーポスターが制作される
For the seminars, each country makes elaborated posters.

2014.11.14-16

「2014 北斗旗 第 4 回 世界空道選手権大会」
「2014 第 1 回 世界空道ジュニア選手権大会」開催
（東京　国立代々木競技場 第 2 体育館）
2014 Hokutoki 4th World KUDO Championships and 1st World
KUDO Junior Championships were held at National Yoyogi
Stadium , 2nd Gymnasium , Tokyo , Japan

「2014 北斗旗 第 4 回 世界空道選手権大会」
「2014 第 1 回 世界空道ジュニア選手権大会」開催
（東京　国立代々木競技場 第 2 体育館）
2014 Hokutoki 4th World KUDO Championships
and 1st World KUDO Junior Championships
were held at National Yoyogi Stadium , 2nd
Gymnasium , Tokyo , Japan

大人は第 4 回目となるが、ジュニアの国際大会もという声で開催が
決定され、安全を第一に各々バラバラだったジュニアルールが制定
された。

It became a 4th Championship for adults and, as the Junior
Championship was decided to be held, previously disconnected
junior competition rules were established to ensure the safety of
the competitors first.

2015.10.4

「第 1 回 空道アジアカップ」開催　（モンゴル）
1st KUDO Asia Cup was held in Mongolia

「第 1 回 空道アジアカップ」開催（モンゴル）
1st KUDO Asia Cup was held in Mongolia

2017.2.10-12

「第 2 回 空道ワールドカップ」開催　（インド）
2nd KUDO World Cup was held in India

2017.11.12

「第 3 回 アジア空道選手権大会」（宮城県　仙台市青葉体育館）
3rd Asia KUDO Championships was held at Aoba
Gymnasium , Sendai

「第 2 回 空道ワールドカップ」開催（インド）
2nd KUDO World Cup was held in India

2018.12.1-2

「2018 北斗旗 第 5 回 世界空道選手権大会」
「2018 第 2 回 世界空道ジュニア選手権大会」開催
（名古屋　愛知県体育館 ドルフィンズアリーナ）
2018 Hokutoki 5th World KUDO Championships and 2nd
World KUDO Junior Championships are held at Aichi
Prefectural Gymnasium Dolphins Arena , Nagoya

「第 3 回 アジア空道選手権大会」（宮城県 仙台市青葉体育館）
3rd Asia KUDO Championships was held at Aoba Gymnasium , Sendai

北斗旗とは

北極星は天球の北極に最も近く、ほとんどその位置を変えない星である。
一方、北斗七星はこの北極星の位置を指し示し、また、この星により
古代の人々は時を知ったと言われている。
投げ技までの「格闘空手」から、寝技を解放した「総合武道・空道」と
名称は変わったにしろ、北極星を唯一厳然たる不動の「究極の価値」
あるものと考え、北斗七星を「現在の時＝現在の自分の力、を知り得る
道標」と考えた場合「広くより以上の至高のものを求める」シンボル
としての相互の関係は全く変わらない。従って、この大会には引き続き
［北斗旗］と冠する。

北斗旗 歴代入賞者

'81無差別 （9月6日）'81 OPEN CATEGORY

52名4ブロック〈宮城県スポーツセンター〉

● 優　勝／岩崎弥太郎　1st place Yatarou Iwasaki
● 準優勝／後藤　彰　2nd place Akira Goto
● 3　位／村上　成之　3rd place Shigeyuki Murakami
● 4　位／村上　明　4th place Akira Murakami
● 5　位／鍋島　次雄　5th place Tsuguo Nabeshima
● 6　位／紺野　栄樹　6th place Eiki Konno
● 7　位／松本　剛　7th place Tsuyoshi Matsumoto
● 8　位／小野　浩二　8th place Koji Ono

'82無差別 （10月24日）'82 OPEN CATEGORY

58名4ブロック〈宮城県スポーツセンター〉

● 優　勝／岩崎弥太郎　1st place Yatarou Iwasaki
● 準優勝／西　良典　2nd place Yoshinori Nishi
● 3　位／村上　明　3rd place Akira Murakami
● 4　位／松本　剛　4th place Tsuyoshi Matsumoto
● 5　位／村上　智章　5th place Tomoaki Murakami
● 6　位／三浦　悦夫　6th place Etsuo Miura
● 7　位／比嘉　正行　7th place Masayuki Higa
● 8　位／阿部　衛　8th place Mamoru Abe

'83体力別・無差別 （10月24日）

58名4ブロック〈宮城県スポーツセンター〉

'83 DEVISION CATEGORY

（軽量）
● 優　勝／岩崎弥太郎　1st place Yatarou Iwasaki
● 準優勝／村上　智章　2nd place Tomoaki Murakami
（中量）
● 優　勝／三浦　悦夫　1st place Etsuo Miura
● 準優勝／星　秀明　2nd place Hideaki Hoshi
（重量）
● 優　勝／西　良典　1st place Yoshinori Nishi
● 準優勝／長田　賢一　2nd place Kenichi Osada

'83 OPEN CATEGORY

（無差別）
● 優　勝／西　良典　1st place Yoshinori Nishi
● 準優勝／岩崎弥太郎　2nd place Yatarou Iwasaki
● 3　位／三浦　悦夫　3rd place Etsuo Miura
● 4　位／長田　賢一　4th place Kenichi Osada
● 5　位／比嘉　正行　5th place Masayuki Higa
● 6　位／佐和田亮二　6th place Ryoji Sawada
● 7　位／村上　智章　7th place Tomoaki Murakami
● 8　位／星　秀明　8th place Hideaki Hoshi

'84体力別・無差別 （10月21日）

58名4ブロック〈宮城県スポーツセンター〉

'84 DEVISION CATEGORY

（軽量）
● 優　勝／岩崎弥太郎　1st place Yatarou Iwasaki
● 準優勝／大和田浩之　2nd place Hiroyuki Ohwada
（中量）
● 優　勝／渡部　行彦　1st place Yukihiko Watabe
● 優　勝／三浦　悦夫　2nd place Etsuo Miura
（重量）
● 優　勝／長田　賢一　1st place Kenichi Osada
● 準優勝／西　良典　2nd place Yoshinori Nishi

'84 OPEN CATEGORY

（無差別）
● 優　勝／西　良典　1st place Yoshinori Nishi
● 準優勝／長田　賢一　2nd place Kenichi Osada
● 3　位／岩崎弥太郎　3rd place Yatarou Iwasaki
● 4　位／三浦　悦夫　4th place Etsuo Miura
● 5　位／佐和田亮二　5th place Ryoji Sawada
● 6　位／渡部　行彦　6th place Yukihiko Watabe
● 7　位／大和田浩之　7th place Hiroyuki Ohwada
● 8　位／比嘉　正行　8th place Masayuki Higa

'85体力別 （5月26日）'85 DIVISION CATEGORY

58名4階級〈宮城県スポーツセンター〉

（軽量）
● 優　勝／村山　雅博　1st place Masahiro Murayama
● 準優勝／水野　一豊　2nd place Kazutoyo Mizuno
（中量）
● 優　勝／比嘉　正行　1st place Masayuki Higa

●準優勝／賀上　賢一　2nd place Kenichi Kagami
（重量）
●優　勝／佐和田亮二　1st place Ryoji Sawada
●準優勝／三浦　悦夫　2nd place Etsuo Miura
（無差別）
●優　勝／西　良典　1st place Yoshinori Nishi
●準優勝／佐藤　一夫　2nd place Kazuo Satoh

●最優秀勝利者賞／佐和田亮二　MVP Ryoji Sawada

'85無差別 （11月30日）'85 OPEN CATEGORY

54名4ブロック〈国立代々木第二体育館〉

●優　勝／長田　賢一　1st place Kenichi Osada
●準優勝／西　良典　2nd place Yoshinori Nishi
●3　位／佐和田亮二　3rd place Ryoji Sawada
●4　位／三浦　悦夫　4th place Etsuo Miura
●5　位／峯岸　昭夫　5th place Akio Minegishi
●6　位／熱海　智　6th place Satoshi Atsumi
●7　位／鍋島　次雄　7th place Tsuguo Nabeshima
●8　位／佐藤　一夫　8th place Kazuo Satoh

●特別賞／黒田　利行　Fighting-spirit prize/
　　　　　　　　　　　Toshiyuki Kuroda
　　　　／中畑　要　Kaname Nakahata

'86体力別 （5月25日）'86 DIVISION CATEGORY

75名4階級〈宮城県スポーツセンター〉

（軽量）
●優　勝／村山　雅博　1st place Masahiro Murayama
●準優勝／横木　研輔　2nd place Kensuke Yokogi
（軽中量）
●優　勝／比嘉　正行　1st place Masayuki Higa
●準優勝／賀上　賢一　2nd place Kenichi Kagami
（中量）
●優　勝／佐和田亮二　1st place Ryoji Sawada
●準優勝／峯岸　昭夫　2nd place Akio Minegishi
（重量）
●優　勝／西　良典　1st place Yoshinori Nishi
●準優勝／長田　賢一　2nd place Kenichi Osada

●最優秀勝利者賞／西　良典　MVP Yoshinori Nishi

'86無差別 （11月30日）'86 OPEN CATEGORY

64名4ブロック〈国立代々木第二体育館〉

●優　勝／長田　賢一　1st place Kenichi Osada
●準優勝／山田利一郎　2nd place Riichirou Yamada
●3　位／佐藤　一夫　3rd place Kazuo Satoh
●4　位／三浦　悦夫　4th place Etsuo Miura
●5　位／鍋島　次雄　5th place Tsuguo Nabeshima
●6　位／峯岸　昭夫　6th place Akio Minegishi
●7　位／比嘉　正行　7th place Masayuki Higa
●8　位／荒井　秀顕　8th place Hidenori Arai

●特別賞／荒本　厚三　Fighting-spirit prize/ Kouzou Aramoto

'87体力別 （5月31日）'87 DIVISION CATEGORY

88名4階級〈宮城県スポーツセンター〉

（軽量）
●優　勝／岩崎弥太郎　1st place Yatarou Iwasaki
●準優勝／加藤　清尚　2nd place Kiyotaka Katou
（中量）
●優　勝／佐和田亮二　1st place Ryouji Sawada
●準優勝／比嘉　正行　2nd place Masayuki Higa
（軽重量）
●優　勝／渡辺　正明　1st place Masaaki Watanabe
●準優勝／峯岸　昭夫　2nd place Akio Minegishi
（重量）
●優　勝／長田　賢一　1st place Kenichi Osada
●準優勝／山田利一郎　2nd place Riichirou Yamada

●最優秀勝利者賞／岩崎弥太郎　MVP Yatarou iwasaki

'87無差別 （11月15日）'87 OPEN CATEGORY

64名4ブロック〈国立代々木第二体育館〉

●優　勝／山田利一郎　1st place Riichirou Yamada
●準優勝／長田　賢一　2nd place Kenichi Osada
●3　位／西　良典　3rd place Yoshinori Nishi
●4　位／荒井　秀顕　4th place Hideaki Arai
●5　位／峯岸　昭夫　5th place Akio Minegishi
●6　位／加藤　清尚　6th place Kiyotaka Katou
●7　位／三浦　悦夫　7th place Etsuo Miura
●8　位／白鳥　隆俊　8th place Takatoshi Shiratori

●特別賞／パーヤップ　Fighting-spirit prize/
　　　　　　　　　　　Paryap
　　　　／中畑　要　Kaname Nakahata

'88体力別 (5月23日)'88 DIVISION CATEGORY

89名4階級 〈宮城県スポーツセンター〉

（軽量）
- ●優　勝／加藤　清尚　1st place Kiyotaka Katou
- ●準優勝／蛸島　　巨　2nd place Futoshi Takoshima

（中量）
- ●優　勝／平岡　義雄　1st place Yoshio Hiraoka
- ●準優勝／山下　一盛　2nd place Kazumori Yamashita

（軽重量）
- ●優　勝／峯岸　昭夫　1st place Akio Minegishi
- ●準優勝／渡部　行彦　2nd place Yukihiko Watabe

（重量）
- ●優　勝／山田利一郎　1st place Riichirou Yamada
- ●準優勝／長田　賢一　2nd place Kenichi Osada

- ●最優秀勝利者賞／峯岸　昭夫　MVP Akio Minegishi

'88無差別 (11月23日)'88 OPEN CATEGORY

64名4ブロック 〈国立代々木第二体育館〉

- ●優　勝／山田利一郎　1st place Riichirou Yamada
- ●準優勝／比嘉　正行　2nd place Masayuki Higa
- ●3　位／松下　善裕　3rd place Yoshihiro Matsushita
- ●4　位／庄田　真人　4th place Masato Shoda
- ●5　位／市原　海樹　5th place Minoki Ichihara
- ●6　位／石塚　克宏　6th place Katsuhiro Ishizuka
- ●7　位／黒田　利行　7th place Toshiyuki Kuroda
- ●8　位／飯村　健一　8th place Kenichi Iimura

- ●特別賞／京崎　　武　Fighting-spirit prize Takeshi Kyozaki

'89体力別 (5月7日)'89 DIVISION CATEGORY

86名4階級 〈宮城県スポーツセンター〉

（軽量）
- ●優　勝／蛸島　　巨　1st place Futoshi Takoshima
- ●準優勝／宮野　勝吉　2nd place Syokichi Miyano

（中量）
- ●優　勝／飯村　健一　1st place Kenichi Iimura
- ●準優勝／阿部　健一　2nd place Kennichi Abe

（軽重量）
- ●優　勝／野口　　健　1st place Ken Noguchi
- ●準優勝／石田　圭市　2nd place Keiichi Ishida

（重量）
- ●優　勝／長田　賢一　1st place Kenichi Osada

- ●準優勝／庄田　真人　2nd place Masato Shoda

- ●最優秀勝利者賞／飯村　健一　MVP Kenichi Iimura

'89無差別 (11月15日)'89 OPEN CATEGORY

64名4ブロック 〈国立代々木第二体育館〉

- ●優　勝／長田　賢一　1st place Kenichi Osada
- ●準優勝／峯岸　昭夫　2nd place Akio Minegishi
- ●3　位／木村　優元　3rd place Masayuki Kimura
- ●4　位／加藤　清尚　4th place Kiyotaka Katou
- ●5　位／市原　海樹　5th place Minoki Ichihara
- ●6　位／京崎　　武　6th place Takeshi Kyozaki
- ●7　位／上野　正一　7th place Syouichi Ueno
- ●8　位／山田利一郎　8th place Riichirou Yamada

- ●特別賞／蛸島　　巨　Fighting-spirit prize Futoshi Takoshima

'90体力別 (5月27日)'90 DIVISION CATEGORY

64名4階級 〈宮城県スポーツセンター〉

（軽量）
- ●優　勝／飛永　耕治　1st place Kouji Tobinaga
- ●準優勝／蛸島　　巨　2nd place Futoshi Takoshima

（中量）
- ●優　勝／比嘉　正行　1st place Masayuki Higa
- ●準優勝／飯村　健一　2nd place Kenichi Iimura

（軽重量）
- ●優　勝／福島　博信　1st place Hironobu Fukushima
- ●準優勝／城　　浩　2nd place Hiroshi Jou

（重量）
- ●優　勝／市原　海樹　1st place Minoki Ichihara
- ●準優勝／木村　優元　2nd place Masayuki Kimura

- ●最優秀勝利者賞／市原　海樹　MVP Minoki Ichihara

'90無差別 (11月9日)'90 OPEN CATEGORY

64名4ブロック 〈国立代々木第二体育館〉

- ●優　勝／市原　海樹　1st place Minoki Ichihara
- ●準優勝／石田　圭市　2nd place Keiichi Ishida
- ●3　位／木村　優元　3rd place Masayuki Kimura
- ●4　位／飯村　健一　4th place Kenichi Iimura
- ●5　位／多田　英史　5th place Hidehumi Tada
- ●6　位／稲垣　拓一　6th place Hirokazu Inagaki
- ●7　位／福島　博信　7th place Hironobu Fukushima
- ●8　位／蛸島　　巨　8th place Futoshi Takoshima

'91体力別 (5月26日)'91 DIVISION CATEGORY

64名4階級 〈宮城県スポーツセンター〉

（軽量）
- ●優　勝／加藤　清尚　1st place Kiyotaka Katou
- ●準優勝／蛸島　巨　2nd place Futoshi Takoshima

（中量）
- ●優　勝／酒井　修　1st place Osamu Sakai
- ●準優勝／長谷川朋彦　2nd place Tomohiko Hasegawa

（軽重量）
- ●優　勝／城　浩　1st place Hiroshi Jo
- ●準優勝／石田　圭市　2nd place Keiichi Ishida

（重量）
- ●優　勝／市原　海樹　1st place Minoki Ichihara
- ●準優勝／山田利一郎　2nd place Riichirou Yamada

●最優秀勝利者賞／城　浩　MVP Hiroshi Jo

'91無差別 (11月9日)'91 OPEN CATEGORY

64名4ブロック 〈国立代々木第二体育館〉

- ●優　勝／加藤　清尚　1st place Kiyotaka Katou
- ●準優勝／沖見　正義　2nd place Masayoshi Okimi
- ●3　位／市原　海樹　3rd place Minoki Ichihara
- ●4　位／西出　太郎　4th place Tarou Nishiide
- ●5　位／木村　優元　5th place Masayuki Kimura
- ●6　位／酒井　修　6th place Osamu Sakai
- ●7　位／品野　圭司　7th place Keiji Shinano
- ●8　位／松下　善裕　8th place Yoshihiro Matsushita

'92体力別 (5月31日)'92 DIVISION CATEGORY

64名4階級 〈宮城県スポーツセンター〉

（軽量）
- ●優　勝／朝岡　秀樹　1st place Hideki Asaoka
- ●準優勝／阿部　広明　2nd place Hiroaki Abe

（中量）
- ●優　勝／飯村　健一　1st place Kenichi Iimura
- ●準優勝／長谷川朋彦　2nd place Tomohiko Hasegawa

（軽重量）
- ●優　勝／武山　卓己　1st place Takumi Takeyama
- ●準優勝／酒井　修　2nd place Osamu Sakai

（重量）
- ●優　勝／市原　海樹　1st place Minoki Ichihara
- ●準優勝／木村　優元　2nd place Masayuki Kimura

●最優秀勝利者賞／武山　卓己　MVP Takumi Takeyama

S'92無差別 1月15日)'92 OPEN CATEGORY

64名4ブロック 〈国立代々木第二体育館〉

- ●優　勝／長田　賢一　1st place Kenichi Osada
- ●準優勝／加藤　清尚　2nd place Kiyotaka Katou
- ●3　位／市原　海樹　3rd place Minoki Ichihara
- ●4　位／石田　圭市　4th place Keiichi Ishida
- ●5　位／武山　卓己　5th place Takumi Takeyama
- ●6　位／荒井　省司　6th place Syoji Arai
- ●7　位／黒崎　豊　7th place Yutaka Kurosaki
- ●8　位／牧野　壮樹　8th place Masaki Makino

'93体力別 (4月18日)'93 DIVISION CATEGORY

64名4階級 〈宮城県スポーツセンター〉

（軽量）
- ●優　勝／小川　英樹　1st place Hideki Ogawa
- ●準優勝／高松　猛　2nd place Takeshi Takamatsu

（中量）
- ●優　勝／多田　英史　1st place Hideshi Tada
- ●準優勝／飯村　健一　2nd place Kenichi Iimura

（軽重量）
- ●優　勝／加藤　清尚　1st place Kiyotaka Katou
- ●準優勝／牧野　壮樹　2nd place Masaki Makino

（重量）
- ●優　勝／武山　卓己　1st place Takumi Takeyama
- ●準優勝／沖見　正義　2nd place Masayoshi Okimi

●最優秀勝利者賞／武山　卓己　MVP Takumi Takeyama

'93無差別 (11月17日) '93 OPEN CATEGORY

64名4ブロック 〈国立代々木第二体育館〉

- ●優　勝／市原　海樹　1st place Minoki Ichihara
- ●準優勝／石田　圭市　2nd place Keiichi Ishida
- ●3　位／辻井　恭　3rd place Yasushi Tsujii
- ●4　位／長沼　豊　4th place Yutaka Naganuma
- ●5　位／中山　正和　5th place Masakazu Nakayama
- ●6　位／品野　圭司　6th place Keiji Shinano
- ●7　位／秋山　賢治　7th place Kenji Akiyama
- ●8　位／鈴木　規正　8th place Norimasa Suzuki

'94体力別 (4月18日) '94 DIVISION CATEGORY

64名4階級 〈宮城県スポーツセンター〉

（軽量）
- 優　勝／小川　英樹　1st place Hideki Ogawa
- 準優勝／宮野　勝吉　2nd place Syoukichi Miyano

（中量）
- 優　勝／飯村　健一　1st place Kenichi Iimura
- 準優勝／多田　英史　2nd place Hideshi Tada

（軽重量）
- 優　勝／酒井　修　1st place Osamu Sakai
- 準優勝／国井　栄治　2nd place Eiji Kunii

（重量）
- 優　勝／武山　卓己　1st place Takumi Takeyama
- 準優勝／沖見　正義　2nd place Masayoshi Okimi

- 最優秀勝利者賞／酒井　修　MVP Osamu Sakai

'94無差別 (11月5日) '94 OPEN CATEGORY

64名4ブロック〈駒沢オリンピック公園内球技場〉

- 優　勝／山田利一郎　1st place Riichirou Yamada
- 準優勝／市原　海樹　2nd place Minoki Ichihara
- 3　位／秋山　賢治　3rd place Kenji Akiyama
- 4　位／加藤　清尚　4th place Kiyotaka Katou
- 5　位／中山　正和　5th place Masakazu Nakayama
- 6　位／長沼　豊　6th place Yutaka Naganuma
- 7　位／沖見　正義　7th place Masayoshi Okimi
- 8　位／森　直樹　8th place Naoki Mori

'95体力別 (4月16日) '95 DIVISION CATEGORY

64名4階級 〈宮城県スポーツセンター〉

（軽量）
- 優　勝／小川　英樹　1st place Hideki Ogawa
- 準優勝／朝岡　秀樹　2nd place Hideki Asaoka

（中量）
- 優　勝／平岡　義雄　1st place Yoshio Hiraoka
- 準優勝／黒崎　豊　2nd place Yutaka Kurosaki

（軽重量）
- 優　勝／森　直樹　1st place Naoki Mori
- 準優勝／アレクセイ・コノネンコ　2nd place Alexander Konnonenko

（重量）
- 優　勝／秋山　賢治　1st place Kenji Akiyama
- 準優勝／沖見　正義　2nd place Masayoshi Okimi

- 最優秀勝利者賞／森　直樹　MVP Naoki Mori

'95無差別 (11月11日) '95 OPEN CATEGORY

64名4ブロック 〈国立代々木第二体育館〉

- 優　勝／酒井　修　1st place Osamu Sakai
- 準優勝／中山　正和　2nd place Masakazu Nakayama
- 3　位／セム・シュルト　3rd place Semmy Sulit
- 4　位／五十嵐祐司　4th place Yuji Igarashi
- 5　位／森　直樹　5th place Naoki Mori
- 6　位／伊藤　彰浩　6th place Akihiro Itou
- 7　位／土居　龍晴　7th place Tatsuharu Doi
- 8　位／稲垣　拓一　8th place Hirokazu Inagaki

'96体力別 (4月21日) '96 DIVISION CATEGORY

64名4階級 〈宮城県スポーツセンター〉

（軽量）
- 優　勝／小川　英樹　1st place Hideki Ogawa
- 準優勝／稲垣　聡　2nd place Satoshi Inagaki

（中量）
- 優　勝／黒崎　豊　1st place Yutaka Kurosaki
- 準優勝／ベゼルチャコフ・アレキサンダー　2nd place Veselchakov Alexander

（軽重量）
- 優　勝／アレクセイ・コノネンコ　1st place Alexander Konnonenko
- 準優勝／田中　真言　2nd place Shingen Tanaka

（重量）
- 優　勝／秋山　賢治　1st place Kenji Akiyama
- 準優勝／金子　哲也　2nd place Tetsuya Kaneko

- 最優秀勝利者賞／秋山　賢治　MVP Kenji Akiyama

'96無差別 (11月16日) '96 OPEN CATEGORY

64名4ブロック 〈国立代々木第二体育館〉

- 優　勝／セム・シュルト　1st place Semmy Shulit
- 準優勝／稲垣　拓一　2nd place Hirokazu Inagaki
- 3　位／アリエフ・ベチェスラブ　3rd place Aliev Vyacheslav
- 4　位／中山　正和　4th place Masakazu Nakayama
- 5　位／岩木　秀之　5th place Hideyuki Iwaki
- 6　位／五十嵐祐司　6th place Yuji Igarashi
- 7　位／森　直樹　7th place Naoki Mori
- 8　位／浪崎　純　8th place Jun Namisaki

'97体力別 (5月25日)'97 DIVISION CATEGORY

64名4階級 〈宮城県スポーツセンター〉

（軽量）
- ●優　勝／小川　英樹　1st place Hideki Ogawa
- ●準優勝／土田　真也　2nd place Shinya Tsuchida

（中量）
- ●優　勝／ベゼルチャコフ・アレキサンダー　1st place Veselchakov Alexander
- ●準優勝／長谷川朋彦　2nd place Tomohiko Hasegawa

（軽重量）
- ●優　勝／アレクセイ・コノネンコ　1st place Alexander Konnonenko
- ●準優勝／土居　龍晴　2nd place Tatsuharu Doi

（重量）
- ●優　勝／稲田　卓也　1st place Takuya Inada
- ●準優勝／沖見　正義　2nd place Masayoshi Okimi

- ●最優秀勝利者賞／小川　英樹　MVP Hideki Ogawa

'97無差別 (11月16日)'97 OPEN CATEGORY

64名4ブロック 〈国立代々木第二体育館〉

- ●優　勝／セム・シュルト　1st place Semmy Shulit
- ●準優勝／森　　直樹　2nd place Naoki Mori
- ●3　位／山崎　進　3rd place Susumu Yamazaki
- ●4　位／アレクセイ・コノネンコ　4th place Alexander Konnonenko
- ●5　位／稲垣　拓一　5th place Hirokazu Inagaki
- ●6　位／辻井　恭　6th place Yasushi Tsujii
- ●7　位／五十嵐祐司　7th place Yuji Igarashi
- ●8　位／沖見　正義　8th place Masayoshi Okimi

'98体力別 (5月31日)'98 DIVISION CATEGORY

64名4階級 〈宮城県スポーツセンター〉

（軽量）
- ●優　勝／高松　猛　1st place Takeshi Takamatsu
- ●準優勝／相馬　誠　2nd place Makoto Souma

（中量）
- ●優　勝／小川　英樹　1st place Hideki Ogawa
- ●準優勝／長谷川朋彦　2nd place Tomohiko Hasegawa

（軽重量）
- ●優　勝／アレクセイ・コノネンコ　1st place Alexander Konnonenko
- ●準優勝／土居　龍晴　2nd place Tatsuharu Doi

（重量）
- ●優　勝／山崎　進　1st place Susumu Yamazaki
- ●準優勝／稲田　卓也　2nd place Takuya Inada

- ●最優秀勝利者賞／山崎　進　MVP Susumu Yamazaki

'98無差別 (12月19日)'98 OPEN CATEGORY

64名4ブロック 〈国立代々木第二体育館〉

- ●優　勝／アレクセイ・コノネンコ　1st place Alexander Konnonenko
- ●準優勝／稲垣　拓一　2nd place Hirokazu Inagaki
- ●3　位／山崎　進　3rd place Susumu Yamazaki
- ●4　位／長野　常道　4th place Tsunemichi Nagano
- ●5　位／佐藤　孝之　5th place Takayuki Satou
- ●6　位／稲田　卓也　6th place Takuya Inada
- ●7　位／寺本　正之　7th place Masayuki Teramoto
- ●8　位／田村　高志　8th place Takashi Tamura

'99体力別 (5月30日)'99 DIVISION CATEGORY

72名4階級 〈宮城県スポーツセンター〉

（軽量）
- ●優　勝／辻村　元伸　1st place Motonobu Tsujimura
- ●準優勝／高松　猛　2nd place Takeshi Takamatsu

（中量）
- ●優　勝／小川　英樹　1st place Hideki Ogawa
- ●準優勝／高田　久嗣　2nd place Hisashi Takada

（軽重量）
- ●優　勝／飯村　健一　1st place Kenichi Iimura
- ●準優勝／岩木　秀之　2nd place Hideyuki Iwaki

（重量）
- ●優　勝／山崎　進　1st place Susumu Yamazaki
- ●準優勝／稲田　卓也　2nd place Takuya Inada

- ●最優秀勝利者賞／小川　英樹　MVP Hideki Ogawa

'99無差別 (11月21日)'99 OPEN CATEGORY

64名4ブロック 〈国立代々木第二体育館〉

- ●優　勝／稲垣　拓一　1st place Hirokazu Inagaki
- ●準優勝／山崎　進　2nd place Susumu Yamazaki
- ●3　位／森　　直樹　3rd place Naoki Mori
- ●4　位／武山　卓己　4th place Takumi Takeyama
- ●5　位／沖見　正義　5th place Masayoshi Okimi
- ●6　位／能登谷佳樹　6th place Yoshiki Notoya
- ●7　位／稲田　卓也　7th place Takuya Inada
- ●8　位／岡崎　克史　8th place Katuhumi Okazaki

2000体力別（5月7日）'00 DIVISION CATEGORY

72名4階級 〈宮城県スポーツセンター〉

（軽量）
- ●優　勝／寺西　　登　　1st place Noboru Teranishi
- ●準優勝／伊藤　紀夫　　2nd place Norio Itou

（中量）
- ●優　勝／長谷川朋彦　　1st place Tomohiko Hasegawa
- ●準優勝／青木　政樹　　2nd place Masaki Aoki

（軽重量）
- ●優　勝／能登谷佳樹　　1st place Yoshiki Notoya
- ●準優勝／岩木　秀之　　2nd place Hideyuki Iwaki

（重量）
- ●優　勝／稲田　卓也　　1st place Takuya Inada
- ●準優勝／金子　哲也　　2nd place Tetsuya Kaneko

- ●最優秀勝利者賞／寺西　　登　　MVP Noboru Teranishi

2000無差別（11月19日）'00 OPEN CATEGORY

64名4ブロック 〈国立代々木第二体育館〉

- ●優　勝／稲垣　拓一　　1st place Hirokazu Inagaki
- ●準優勝／山崎　　進　　2nd place Susumu Yamazaki
- ●3　位／アレクセイ・コノネンコ　3rd place Alexander Konnonenko
- ●4　位／飯村　健一　　4th place Kenichi Iimura
- ●5　位／岩木　秀之　　5th place Hideyuki Iwaki
- ●6　位／中山　正和　　6th place Masakazu Nakayama
- ●7　位／平原　徳浩　　7th place Norihiro Hirahara
- ●8　位／村田　良成　　8th place Yoshinari Murata

2001体力別〈5月13日〉'01 DIVISION CATEGORY

80名5階級 〈宮城県スポーツセンター〉

（軽量）
- ●優　勝／小川　英樹　　1st place Hideki Ogawa
- ●準優勝／榎並　博幸　　2nd place Hiroyuki Enami

（中量）
- ●優　勝／加藤　清尚　　1st place Kiyotaka Katou
- ●準優勝／佐野　教明　　2nd place Noriaki Sano

（軽重量）
- ●優　勝／岩木　秀之　　1st place Hideyuki Iwaki
- ●準優勝／長野　常道　　2nd place Tsunemichi Nagano

（重量）
- ●優　勝／藤松　泰道　　1st place Yasumichi Fujimatsu
- ●準優勝／武山　卓己　　2nd place Takumi Takeyama

（超重量）
- ●優　勝／山崎　　進　　1st place Susumu Yamazaki
- ●準優勝／稲田　卓也　　2nd place Takuya Inada

- ●最優秀勝利者賞／藤松　泰通　　MVP Yasumichi Fujimatsu

2001第一回世界大会（11月17日）1st World Championship

80名5階級 〈国立代々木第二体育館〉

（軽量）
- ●優　勝／小川　英樹　　1st place Hideki Ogawa
- ●準優勝／シニューチン・デニス　2nd place Siniutin Denis

（中量）
- ●優　勝／高田　久嗣　　1st place Hisashi Takada
- ●準優勝／ダジャエフ・ベスラン　2nd place Dashaev Beslan

（軽重量）
- ●優　勝／ババヤン・ルドルフ　1st place Babayan Rudolf
- ●準優勝／コノネンコ・アレクセイ　2nd place Kononenko Aleksei

（重量）
- ●優　勝／藤松　泰通　　1st place Yasumichi Fujimatsu
- ●準優勝／ステファン・タピラッツ　2nd place Stephen Tapilatu

（超重量）
- ●優　勝／グレゴリエフ・デニス　1st place Grigoriev Denis
- ●準優勝／稲垣　拓一　　2nd place Hirokazu Inagaki

2002体力別（5月5日）'02 DIVISION CATEGORY

70名5階級 〈宮城県スポーツセンター〉

（軽量）
- ●優　勝／伊賀　泰司郎　1st place Taishiro Iga
- ●準優勝／寺西　　登　　2nd place Noboru Teranishi

（中量）
- ●優　勝／後藤　一郎　　1st place Ichiro Goto
- ●準優勝／吉岡　正裕　　2nd place Masahiro Yoshioka

（軽重量）
- ●優　勝／若月　里木　　1st place Satoki Wakatuki
- ●準優勝／伊予田　徹　　2nd place Tetsu Iyota

（重量）
- ●優　勝／清水　和磨　　1st place Kazuma Shimizu
- ●準優勝／石田　圭一　　2nd place Keiichi Ishida

（超重量）
- ●優　勝／藤松　泰通　　1st place Yasumichi Fujimatsu
- ●準優勝／稲田　卓也　　2nd place Takuya Inada

2002無差別(11月17日)'02 OPEN CATEGORY

64名4ブロック 〈国立代々木第二体育館〉

- ●優　勝／藤松　泰通　1st place Yasumichi Fujimatsu
- ●準優勝／清水　和磨　2nd place Kazuma Shimizu
- ●3　位／アレキサンダー・ロバート　3rd place Alexander R. Roberts
- ●4　位／寺本　正之　4th place Masayuki Teramoto
- ●5　位／アレクセイ・コノネンコ　5th place Kononenko Aleksei
- ●6　位／石田　圭一　6th place Keiichi Ishida
- ●7　位／金子　哲也　7th place Tetsuya Kaneko
- ●8　位／平塚洋二郎　8th place Youjiro Hiratsuka

2003体力別(5月11日)'03 DIVISION CATEGORY

72名4階級 〈宮城県スポーツセンター〉

（軽量）
- ●優　勝／伊賀泰司郎　1st place Taishiro Iga
- ●準優勝／高松　猛　2nd place Takeshi Takamatsu

（中量）
- ●優　勝／中川　博之　1st place Hiroyuki Nakagawa
- ●準優勝／藤本　直樹　2nd place Naoki Fujimoto

（軽重量）
- ●優　勝／寺本　正之　1st place Masayuki Teramoto
- ●準優勝／アレクセイ・コノネンコ　2nd place Kononenko Aleksei

（重量）
- ●優　勝／志田　淳　1st place Jun Shida
- ●準優勝／木村　猛　2nd place Takeshi Kimura

（超重量）
- ●優　勝／藤松　泰通　1st place Yasumichi Fujimatsu
- ●準優勝／山崎　進　2nd place Susumu Yamazaki

- ●最優秀勝利者賞／寺本　正之　MVP Masayuki Teramoto

2003無差別(11月30日)'03 OPEN CATEGORY

48名4ブロック 〈ディファ有明〉

- ●優　勝／山崎　進　1st place Susumu Yamazaki
- ●準優勝／清水　和磨　2nd place Kazuma Shimizu
- ●3　位／アレキサンダー・ロバート　3rd place Alexander R. Roberts
- ●4　位／寺本　正之　4th place Masayuki Teramoto
- ●5　位／高橋　敏親　5th place Toshichika Takahashi
- ●6　位／藤田　憲雄　6th place Norio Fujita
- ●7　位／五十嵐祐司　7th place Yuji Igarashi
- ●8　位／岡崎　克史　8th place Katsuhumi Okazaki

2004体力別(5月16日)'04 DIVISION CATEGORY

74名5階級 〈宮城県スポーツセンター〉

（軽量）
- ●優　勝／平安　孝行　1st place Takayuki Hirayasu
- ●準優勝／末廣　智明　2nd place Tomoaki Suehiro

（中量）
- ●優　勝／飯村　健一　1st place Kenichi Iimura
- ●準優勝／佐野　教明　2nd place Noriaki Sano

（軽重量）
- ●優　勝／アレクセイ・コノネンコ　1st place Kononenko Aleksei
- ●準優勝／山崎　進　2nd place Susumu Yamazaki

（重量）
- ●優　勝／荒井　省司　1st place Shyoji Arai
- ●準優勝／藤澤　雄司　2nd place Yuji Fujisawa

（超重量）
- ●優　勝／清水　和磨　1st place Kazuma Shimizu
- ●準優勝／稲田　卓也　2nd place Takuya Inada

- ●最優秀勝利者賞／アレクセイ・コノネンコ　MVP Kononenko Aleksei

2004無差別(11月27日)'04 OPEN CATEGORY

57名4ブロック 〈国立代々木第二体育館〉

- ●優　勝／藤松　泰通　1st place Yasumichi Fujimatsu
- ●準優勝／五十嵐祐司　2nd place Yuji Igarashi
- ●3　位／平塚洋二郎　3rd place Youjiro Hiratsuka
- ●4　位／稲田　卓也　4th place Takuya Inada
- ●5　位／清水　和磨　5th place Kazuma Shimizu
- ●6　位／服部　宏明　6th place Hiroaki Hattori
- ●7　位／藤澤　雄司　7th place Yuji Fujisawa
- ●8　位／高橋　腕　8th place Kaina Takahashi

2005体力別(5月29日)'05 DIVISION CATEGORY

90名5階級 〈宮城県スポーツセンター〉

（軽量）
- ●優　勝／高橋　腕　1st place Kaina Takahashi
- ●準優勝／小川　英樹　2nd place Hideki Ogawa

（中量）
- ●優　勝／寺本　正之　1st place Masayuki Teramoto
- ●準優勝／佐藤　繁樹　2nd place Shigeki Sato

（軽重量）
- ●優　勝／笹沢　一有　1st place Kazuari Sasazawa
- ●準優勝／小野　亮　2nd place Ryo Ono

（重量）
- ●優　勝／山崎　　進　1st place Susumu Yamazaki
- ●準優勝／藤澤　雄司　2nd place Yuji Fujisawa

（超重量）
- ●優　勝／藤松　泰通　1st place Yasumichi Fujimatsu
- ●準優勝／五十嵐祐司　2nd place Yuji Igarashi

- ●最優秀勝利者賞／寺本　正之　MVP Masayuki Teramoto

2005第二回世界大会 （11月13日）2nd World Championship
114名6階級 〈国立代々木第二体育館〉

（軽量）
- ●優　勝／コリャン・エドガー　1st place Kolyan Edgar
- ●準優勝／カリロフ・アンバー　2nd place Khalilov Anvar

（中量）
- ●優　勝／岩木　秀之　1st place Hideyuki Iwaki
- ●準優勝／青木　政樹　2nd place Masashige Aoki

（軽重量）
- ●優　勝／ケリモフ・シャンハル　1st place Kerimov Shamhal
- ●準優勝／シャラポフ・バシリー　2nd place Sharapov Vasiliy

（重量）
- ●優　勝／レシェトニコフ・イワン　1st place Reshetnikov Ivan
- ●準優勝／ゴルバチュク・イワン　2nd place Gorbatyuk Ivan

（超重量）
- ●優　勝／藤松　泰通　1st place Yasumichi Fujimatsu
- ●準優勝／五十嵐祐司　2nd place Yuji Igarashi

（女子）
- ●優　勝／ビコワ・イリーナ　1st place Bikova Irina
- ●準優勝／ロディオバ・リュドミラ　2nd place Rodionova Lyudmila

2006体力別（5月21日）'06 DIVISION CATEGORY
73名6階級 〈愛知県武道館〉

（軽量）
- ●優　勝／平安　孝行　1st place Takayuki Hirayasu
- ●準優勝／渡部　和暁　2nd place Kazuaki Watanabe

（中量）
- ●優　勝／原田　治久　1st place Haruhisa Harada
- ●準優勝／巻　　礼史　2nd place Reiji Maki

（軽重量）
- ●優　勝／小野　　亮　1st place Ryo Ono
- ●準優勝／服部　宏明　2nd place Hiroaki Hattori

（重量）
- ●優　勝／佐々木嗣治　1st place Tsuguharu Sasaki
- ●準優勝／鶴屋　　浩　2nd place Hiroshi Tsuruya

（超重量）
- ●優　勝／平塚洋二郎　1st place Yojiro Hiratsuka
- ●準優勝／西出　太郎　2nd place Taro Nishide

（女子）
- ●優　勝／前原　映子　1st place Eiko Maehara

- ●最優秀勝利者賞／佐々木嗣治　MVP Tsuguharu Sasaki

2006無差別（11月12日）'06 OPEN CATEGORY
48名4ブロック 〈ディファ有明〉

- ●優　勝／藤松　泰通　1st place Yasumichi Fujimatsu
- ●準優勝／清水　和磨　2nd place Kazuma Shimizu
- ●3　位／笹沢　一有　3rd place Kazuari Sasazawa
- ●4　位／平塚洋二郎　4th place Youjiro Hiratsuka
- ●5　位／勝　　直光　5th place Naomitu Katsu
- ●6　位／前田　陽介　6th place Yosuke Maeda
- ●7　位／今里　太二　7th place Taiji Imazato
- ●8　位／稲田　卓也　8th place Takuya Inada

2006全日本空道女子選抜大会
5名総当たり戦 〈ディファ有明〉

- ●優　勝／岡　　裕美　1st place Hiromi Oka

2007体力別（5月27日）'07 DIVISION CATEGORY
83名6階級 〈愛知県武道館〉

（軽量）
- ●優　勝／末廣　智明　1st place Tomoaki Suehiro
- ●準優勝／高橋　　腕　2nd place Kaina Takahashi

（中量）
- ●優　勝／我妻　　猛　1st place Takeshi Agatsuma
- ●準優勝／榎並　博幸　2nd place Hiroyuki Enami

（軽重量）
- ●優　勝／アレクセイ・コノネンコ　1st place Kononenko Aleksei
- ●準優勝／山内　真也　2nd place Shinya Yamauchi

（重量）
- ●優　勝／志田　　淳　1st place Jun Shida
- ●準優勝／佐々木　嗣治　2nd place Tsuguharu Sasaki

（超重量）
- ●優　勝／藤田　忠司　1st place Tadashi Fujita
- ●準優勝／稲田　卓也　2nd place Takuya Inada

（女子）
- ●優　勝／寺島　裕美　1st place Hiromi Terashima

●最優秀勝利者賞／志田　淳　MVP Jun Shida
●特別賞／久松　勇二　MVP Yuji Hisamatsu

2007無差別(12月8日)'07 OPEN CATEGORY

48名4ブロック〈国立代々木第二体育館〉

●優　勝／藤松　泰通　1st place Yasumichi Fujimatsu
●準優勝／吉澤　雅宏　2nd place Masahiro Yoshizawa
●3　位／高橋　腕　3rd place Kaina Takahashi
●4　位／稲田　卓也　4th place Takuya Inada
●5　位／久松　勇二　5th place Yuji Hisamatsu
●6　位／平安　孝行　6th place Takayuki Hirayasu
●7　位／堀越　亮裕　7th place Ryosuke Horikoshi
●8　位／前田　陽介　8th place Yosuke Maeda

●最優秀勝利者賞
　　　／キーナン・マイク　MVP キーナン・マイク
●特別賞／堀越　亮裕　MVP Ryosuke Horikoshi
●サブミッション・アーツ賞
　　　／久松　勇二　MVP Yuji Hisamatsu

2007全日本空道女子選手権大会

8名2ブロック〈国立代々木第二体育館〉

●優　勝／森本　絢香　1st place Ayaka Morimoto
●準優勝／岡　裕美　2nd place Hiromi Oka

2008春期体力別(6月1日)'08 DIVISION CATEGORY

90名6階級〈仙台サンプラザホール〉

（軽量）
●優　勝／高橋　腕　1st place Kaina Takahashi
●準優勝／太田　秀俊　2nd place Hidetoshi Ota
（中量）
●優　勝／堀越　亮裕　1st place Ryosuke Horikoshi
●準優勝／田中　俊輔　2nd place Syunsuke Tanaka
（軽重量）
●優　勝／アレクセイ・コノネンコ　1st place Kononenko Aleksei
●準優勝／鈴木　清治　2nd place Seiji Suzuki
（重量）
●優　勝／平塚　洋二郎　1st place Yojiro Hratsuka
●準優勝／佐々木　嗣治　2nd place Tsuguharu Sasaki
（超重量）
●優　勝／稲田　卓也　1st place Takuya Inada
●準優勝／藤田　忠司　2nd place Tadashi Fujita
（女子）
●優　勝／前原　映子　1st place Eiko Maehara

●最優秀勝利者賞／アレクセイ・コノネンコ　MVP Kononenko Aleksei

2008秋期体力別(11月9日)'08 DIVISION CATEGORY

84名6階級〈国立代々木第二体育館〉

（軽量）
●優　勝／平安　孝行　1st place Takayuki Hirayasu
●準優勝／宮地　孟　2nd place Hajime Miyaji
（中量）
●優　勝／田中　俊輔　1st place Syunsuke Tanaka
●準優勝／青木　政樹　2nd place Masashige Aoki
（軽重量）
●優　勝／アレクセイ・コノネンコ　1st place Kononenko Aleksei
●準優勝／勝　直光　2nd place Naomitu Katsu
（重量）
●優　勝／佐々木嗣治　1st place Tsuguharu Sasaki
●準優勝／木村　猛　2nd place Takeshi Kimura
（超重量）
●優　勝／キーナン・マイク　1st place キーナン・マイク
●準優勝／吉澤　雅宏　2nd place Masahiro Yoshizawa
（女子）
●優　勝／前原　映子　1st place Eiko Maehara
●準優勝／神山　歩未　2nd place Ayumi Kamiyama

●最優秀勝利者賞／アレクセイ・コノネンコ　MVP Kononenko Aleksei

2009体力別(5月17日)'09 DIVISION CATEGORY

85名6階級〈仙台市青葉体育館・仙台市武道館〉

（軽量）
●優　勝／平安　孝行　1st place Takayuki Hirayasu
●準優勝／太田　秀俊　2nd place Hidetoshi Ota
（中量）
●優　勝／田中　俊輔　1st place Syunsuke Tanaka
●準優勝／堀越　亮裕　2nd place Ryosuke Horikoshi
（軽重量）
●優　勝／アレクセイ・コノネンコ　1st place Kononenko Aleksei
●準優勝／笹沢　一有　2nd place Kazuari Sasazawa
（重量）
●優　勝／池田　隼太　1st place Hayata Ikeda
●準優勝／阿部　和幸　2nd place Kazuyuki Abe
（超重量）
●優　勝／吉澤　雅宏　1st place Masahiro Yoshizawa
●準優勝／キーナン・マイク　2nd place キーナン・マイク
（女子）
●優　勝／前原　映子　1st place Eiko Maehara

●最優秀勝利者賞／アレクセイ・コノネンコ　MVP Kononenko Aleksei

2009第三回世界大会
(11月14・15日)3rd World Championship

146名7階級 〈国立代々木第二体育館〉

（女子）
- ●優　勝／ラジィオノワ・ルドゥミラ　1st place Radionova Ludumila
- ●準優勝／イワノワ・ダリナ　2nd place Ivanova Daryna

（～230）
- ●優　勝／コリャン・エドガー　1st place Kolyan Edgar
- ●準優勝／中村　知大　2nd place Tomohiro Nakamura

（～240）
- ●優　勝／アブドゥルケリモフ・シャミル　1st place Abdulkerimov Shamil
- ●準優勝／田中　俊輔　2nd place Shunsuke Tanaka

（～250）
- ●優　勝／ケリモフ・シャンハル　1st place Kerimov Shankhal
- ●準優勝／アレクセイ・コノネンコ　2nd place Alexei Kononenko

（～260）
- ●優　勝／カリエフ・アダン　1st place Khaliev Adan
- ●準優勝／カトリノフ・アレクセイ　2nd place Kharitonov Alexei

（～270）
- ●優　勝／パノフ・ユーリ　1st place Panov Yury
- ●準優勝／ビノグラドフ・アレクサンダー　2nd place Vinogradov Alexander

（270＋）
- ●優　勝／ラーサノフ・イブラギン　1st place Larsanov Ibragin
- ●準優勝／ビルゲルト・ニコライ　2nd place Vingert Nikolay

2010体力別 (5月16日)'10 DIVISION CATEGORY

80名6階級 〈愛知県武道館第一競技場〉

（－230）
- ●優　勝／平安　孝行　1st place Takayuki Hirayasu
- ●準優勝／近田　充　2nd place Mitsuru Konda

（－240）
- ●優　勝／榎並　博幸　1st place Hiroyuki Enami
- ●準優勝／田中　洋輔　2nd place Yosuke Tanaka

（－250）
- ●優　勝／勝　直光　1st place Naomitsu Katsu
- ●準優勝／曳田　祐一　2nd place Yuichi Hikita

（－260）
- ●優　勝／阿部　和幸　1st place Kazuyuki Abe
- ●準優勝／平田　誠一　2nd place Seiichi Hirata

（260＋）
- ●優　勝／加藤　久輝　1st place Hisaki katou
- ●準優勝／キーナン・マイク　2nd place キーナン・マイク

（女子）
- ●優　勝／神山　歩未　1st place Ayumi Kamiyama

- ●最優秀勝利者賞／平安　孝行　MVP Takayuki Hirayasu

- ●特別賞／中村　和裕　MVP Kazuhiro Nakamura

2010無差別 (11月20日)'10 OPEN CATEGORY

48名4ブロック 〈国立代々木第二体育館〉
- ●優　勝／加藤　久輝　1st place Hisaki katou
- ●準優勝／堀越　亮祐　2nd place Ryosuke Horikoshi
- ●3　位／中村　知大　3rd place Tomohiro Nakamura
- ●4　位／我妻　猛　4th place Takeshi Agatsuma
- ●5　位／田中　俊輔　5th place Syunsuke Tanaka
- ●6　位／渡部　秀一　6th place Syuichi Watabe
- ●7　位／阿部　和幸　7th place Kazuyuki Abe
- ●8　位／平安　孝行　8th place Hirayasu Takayuki

- ●特別賞／田中　洋輔　MVP Yosuke Tanaka
- ●特別賞／草薙　一司　MVP Kazushi Kusanagi

2010全日本空道女子選手権大会

4名1ブロック 〈国立代々木第二体育館〉
- ●優　勝／神山　歩未　1st place Ayumi Kamiyama

2011体力別 (5月22日)'11 DEVISION CATEGORY

59名6階級 〈愛知県武道館第一競技場〉

（－230）
- ●優　勝／平安　孝行　1st place Takayuki Hirayasu
- ●準優勝／草薙　一司　2nd place Hitoshi Kusanagi S

（－240）
- ●優　勝／田中　俊輔　1st place Syunsuke Tanak
- ●準優勝／堀越　亮祐　2nd place Ryosuke Horikoshi

（－250）
- ●優　勝／鈴木　清治　1st place Seiji Suzuki
- ●準優勝／魚津　礼一　2nd place Reiichi Uozu

（－260）
- ●優　勝／阿部　和幸　1st place Kazuyuki Abe

（260＋）
- ●優　勝／加藤　久輝　1st place Hisaki Kato

（女子）
- ●優　勝／神山　喜未　1st place Konomi Kamiyama
- ●最優秀勝利者賞／加藤　久輝　MVP Hisaki Kato

2011無差別(11月12日)'11 OPEN CATEGORY

48名4ブロック 〈国立代々木第二体育館〉

- ●優　勝／堀越　亮祐　1st place Ryosuke Horikoshi
- ●準優勝／キーナン・マイク　2nd place Mike Keenan
- ●3　位／佐々木　嗣治　3rd place Tsuguharu Sasaki
- ●4　位／中村　知大　4th place Nakamura Tomohiro
- ●5　位／田中　俊輔　5th place Syunsuke Tanaka
- ●6　位／杉浦　宗憲　6th place Muneyasu Sugiura
- ●7　位／榎並　博幸　7th place Hiroyuki Enami
- ●8　位／阿部　和幸　8th place Kazuyuki Abe
- ●特別賞／谷井　翔太　Special Prize Shouta Tanii
- ●特別賞／藤田　隆　Special Prize Takashi Fujita

2011全日本空道女子選手権大会

4名1ブロック 〈国立代々木第二体育館〉

- ●優　勝／神山　喜未　1st place Konomi Kamiyama

2012体力別(5月13日)'12 DIVISION CATEGORY

74名6階級 〈仙台市青葉体育館〉

（－230）
- ●優　勝／宮路　孟　1st place Hajime Miyaji
- ●準優勝／平安　孝行　2nd place Takayuki Hirayasu

（－240）
- ●優　勝／内田　淳一　1st place Jyunichi Uchida
- ●準優勝／堀越　亮祐　2nd place Ryosuke Horikoshi

（－250）
- ●優　勝／コノネンコ・アレクセイ　1st place Alexei Kononenko
- ●準優勝／笹沢　一有　2nd place Kazuari Sasazawa

（－260）
- ●優　勝／阿部　和幸　1st place Kazuyuki Abe
- ●準優勝／平塚　洋二郎　2nd place Youjiro Hiratsuka

（260＋）
- ●優　勝／加藤　久輝　1st place Hisaki Kato
- ●準優勝／キーナン・マイク　2nd place Mike Keenan

（女子）
- ●優　勝／吉倉　千秋　1st place Chiaki Yoshikura
- ●準優勝／神山　歩未　2nd place Ayumi Kamiyama
- ●最優秀勝利者賞／加藤　久輝　MVP Hisaki Kato

2012無差別(11月10日)'12 OPEN CATEGORY

48名4ブロック 〈国立代々木第二体育館〉

- ●優　勝／加藤　久輝　1st place Hisaki Kato
- ●準優勝／堀越　亮祐　2nd place Ryosuke Horikoshi

- ●3　位／加藤　和徳　3rd place Kazunori Kato
- ●4　位／中村　知大　4th place Tomohiro Nakamura
- ●5　位／中村　和裕　5th place Kazuhiro Nakamura
- ●6　位／渡部　秀一　6th place Shuichi Watabe
- ●7　位／鈴木　智大　7th place Tomohiro Suzuki
- ●8　位／草薙　一司　8th place Hitoshi Kusanagi
- ●特別賞／目黒　雄太　Special Prize Yuta Meguro

2012全日本空道女子選手権大会

6名2ブロック 〈国立代々木第二体育館〉

- ●優　勝／吉倉　千秋　1st place Chiaki Yoshikura

2013体力別(5月19日)'13 DIVISION CATEGORY

84名6階級 〈仙台市青葉体育館〉

（－230）
- ●優　勝／末廣　智明　1st place Tomoaki Suehiro
- ●準優勝／目黒　雄太　2nd place Yuta Meguro

（－240）
- ●優　勝／飯村　健一　1st place Kenichi Iimura
- ●準優勝／堀越　亮祐　2nd place Ryosuke Horikoshi

（－250）
- ●優　勝／アレクセイ・コノネンコ　1st place Alexei Kononenko
- ●準優勝／魚津　礼一　2nd place Reiichi Uozu

（－260）
- ●優　勝／平塚　洋二郎　1st place Youjiro Hiratsuka
- ●準優勝／笹沢　一有　2nd place Kazuari Sasazawa

（260＋）
- ●優　勝／加藤　久輝　1st place Hisaki Kato
- ●準優勝／キーナン・マイク　2nd place Mike Keenan

（女子）
- ●優　勝／前原　映子　1st place Eiko Maehara
- ●準優勝／庄子　亜久理　2nd place Aguri Syoji
- ●最優秀勝利者賞／アレクセイ・コノネンコ　MVP Alexei Kononenko

2013無差別(11月16日)'13 OPEN CATEGORY

51名4ブロック 〈国立代々木第二体育館〉

- ●優　勝／加藤　久輝　1st place Hisaki Kato
- ●準優勝／中村　知大　2nd place Tomohiro Nakamura
- ●3　位／谷井　翔太　3rd place Shouta Tanii
- ●4　位／目黒　雄太　4th place Yuta Meguro
- ●5　位／渡部　秀一　5th place Shuichi Watabe
- ●6　位／キーナン・マイク　6th place Mike Keenan
- ●7　位／深澤　元貴　7th place Mototaka Fukasawa

●8 位／内田　淳一　8th place Junichi Uchida
●特別賞／加藤　和徳　Special Prize Kazunori Kato
●特別賞／塩田　さやか　Special Prize Sayaka Shiota

2013全日本空道女子選手権大会

10名2ブロック〈国立代々木第二体育館〉

●優　勝／前原　映子　1st place Eiko Maehara
●準優勝／庄子　亜久理　2nd place Aguri Syoji

2014体力別(5月11日)'14 DIVISION CATEGORY

89名6階級〈仙台市青葉体育館〉

（女子）
●優　勝／庄子　亜久理　1st place Aguri Syoji
●準優勝／前原　映子　2nd place Eiko Maehara
（－230）
●優　勝／末廣　智明　1st place Tomoaki Suehiro
●準優勝／谷井　翔太　2nd place Shouta Tanii
（－240）
●優　勝／堀越　亮祐　1st place Ryosuke Horikoshi
●準優勝／内田　淳一　2nd place Junichi Uchida
（－250）
●優　勝／コノネンコ・アレクセイ　1st place Alexei Kononenko
●準優勝／勝　直光　2nd place Naomitsu Katsu
（－260）
●優　勝／加藤　和徳　1st place Kazunori Kato
●準優勝／渡部　秀一　2nd place Shuichi Watabe
（260＋）
●優　勝／加藤　久輝　1st place Hisaki Kato
●準優勝／野村　幸汰　2nd place Kota Nomura
●最優秀勝利者賞／加藤　久輝　MVP Hisaki Kato

2014第4回世界大会 (11月15・16日) 4th World ChampionshipRY

134名7 階級〈国立代々木第二体育館〉

（女子）
●優　勝／アリナ・レゼプキナ　1st place Alina Rezepkina
●準優勝／イリナ・ビコヴァ　2nd place Irina Bykova
（－230）
●優　勝／中村　知大　1st place Tomohiro Nakamura
●準優勝／エドガー・コリアン　2nd place Edgar Kolyan
（－240）
●優　勝／ゲガム・マナヴァシアン　1st place Gegam Manavazyan
●準優勝／アンドレイ・グリシン　2nd place Andrey Grishin
（－250）
●優　勝／ルスラン・ケレサエフ　1st place Ruslan Kelehsaev

●準優勝／清水　亮汰　2nd place Ryota Shimizu
（－260）
●優　勝／アダム・カリエフ　1st place Adam Khaliev
●準優勝／アレクセイ・カトリノフ　2nd place Alexei Kharitonov
（－270）
●優　勝／コンスタンティン・カラウニク　1st place Konstantin Karaulnikh
●準優勝／ユリ・パノフ　2nd place Yury Panov
（270＋）
●優　勝／シャロマエフ・エヴジィニ　1st place Shalomaev Evegy
●準優勝／野村　幸汰　2nd place Kota Nomura

2015体力別(5月5日)'15 DIVISION CATEGORY

71名6階級〈仙台市青葉体育館〉

（－230）
●優　勝／目黒　雄太　1st place Yuta Meguro
●準優勝／田中　正明　2nd place Masaaki Tanaka
（－240）
●優　勝／川下　義人　1st place Yoshito Kawashita
●準優勝／巻　礼史　2nd place Reiji Maki
（－250）
●優　勝／加藤　智亮　1st place Tomoaki Kato
●準優勝／藤田　隆　2nd place Takashi Fujita
（－260）
●優　勝／山田　壮　1st place So Yamada
●準優勝／加藤　和徳　2nd place Kazunori Kato
（260＋）
●優　勝／野村　幸汰　1st place Kota Nomura
●準優勝／岩﨑　大河　2nd place Taiga Iwasaki
（女子）
●優　勝／今野　杏夏　1st place Kyoka Konno
●準優勝／神山　喜未　2nd place Konomi Kamiyama
●最優秀勝利者賞／野村　幸汰　MVP Kota Nomura

2015無差別(11月14日)'14 OPEN CATEGORY

49名4ブロック〈国立代々木第二体育館〉

●優　勝／清水　亮汰　1st place Ryota Shimizu
●準優勝／目黒　雄太　2nd place Yuta Meguro
●3 位／田中　洋輔　3rd place Yosuke Tanaka
●4 位／押木　英慶　4th place Yoshimichi Oshiki
●5 位／加藤　和徳　5th place Kazunori Kato
●6 位／野村　幸汰　6th place Kota Nomura
●7 位／小芝　裕也　7th place Hiroya Koshiba
●8 位／國枝　厚志　8th place Atsushi Kunieda
●特別賞／川下　義人　Special Prize Yoshito Kawashita
●特別賞／渡辺　慎二　Special Prize Shinji Watanabe

2015全日本空道女子選手権大会

5名1ブロック〈国立代々木第二体育館〉

●優　勝／大谷　美結　1st place Miyu Otani

2016体力別(5月4日)'16 DIVISION CATEGORY

68名7階級〈仙台市青葉体育館〉

（－230）
●優　勝／目黒　雄太　1st place Yuta Meguro
●準優勝／近田　充　2nd place Mitsuru Konda
（－240）
●優　勝／田中　洋輔　1st place Yosuke Tanaka
●準優勝／川下　義人　2nd place Yoshito Kawashita
（－250）
●優　勝／清水　亮汰　1st place Ryota Shimizu
●準優勝／加藤　智亮　2nd place Tomoaki Kato
（－260）
●優　勝／加藤　和徳　1st place Kazunori Kato
●準優勝／渡部　秀一　2nd place Shuichi Watabe
（260＋）
●優　勝／野村　幸汰　1st place Kota Nomura
●準優勝／岩﨑　大河　2nd place Taiga Iwasaki
（女子　－215）
●優　勝／渡邊富紀恵　1st place Fukie Watanabe
（女子　215＋）
●優　勝／大谷　美結　1st place Miyu Otani
●最優秀勝利者賞／目黒　雄太　MVP Yuta Meguro

2016無差別(11月12日)'16 OPEN CATEGORY

51名4ブロック〈国立代々木第二体育館〉

●優　勝／野村　幸汰　1st place Kota Nomura
●準優勝／清水　亮汰　2nd place Ryota Shimizu
●3　位／押木　英慶　3rd place Yoshimichi Oshiki
●4　位／川下　義人　4th place Yoshito Kawashita
●5　位／目黒　雄太　5th place Yuta Meguro
●6　位／内田　淳一　6th place Junichi Uchida
●7　位／山崎　順也　7th place Junya Yamazaki
●8　位／岩﨑　大河　8th place Taiga Iwasaki

●特別賞／辻野　浩平　Special Prize Kohei Tsujino
●特別賞／加藤　久輝　Special Prize Hisaki Kato

2012全日本空道女子選手権大会

7名1ブロック〈国立代々木第二体育館〉

●優　勝／大谷　美結　1st place Miyu Otani

2017体力別(5月27日)'17 DIVISION CATEGORY

70名7階級〈国立代々木第二体育館〉

（－230）
●優　勝／目黒　雄太　1st place Yuta Meguro
●準優勝／谷井　翔太　2nd place Syota Tanii
（－240）
●優　勝／神代　雄太　1st place Yuta Jindai
●準優勝／田中　洋輔　2nd place Yosuke Tanaka
（－250）
●優　勝／加藤　智亮　1st place Tomoaki Kato
●準優勝／山崎　順也　2nd place Junya Yamazaki
（－260）
●優　勝／清水　亮汰　1st place Ryota Shimizu
●準優勝／伊藤　新太　2nd place Arata Ito
（260＋）
●優　勝／岩﨑　大河　1st place Taiga Iwasaki
●準優勝／野村　幸汰　2nd place Kota Nomura
（女子　－215）
●優　勝／大倉　萌　1st place Moe Okura
（女子　215＋）
●優　勝／大谷　美結　1st place Miyu Otani
●準優勝／吉倉　千秋　2nd place Chiaki Yoshikura
●最優秀勝利者賞／清水　亮汰　MVP Ryota Shimizu

2017アジア大会 (11月12日) 3rd Asia KUDO Championship

78名8階級〈仙台市青葉体育館〉

（女子　－220）
●優　勝／作田千代美　1st place Chiyomi Sakuta
（女子　220＋）
●優　勝／大谷　美結　1st place Miyu Otani
（－230）
●優　勝／谷井　翔太　1st place Shota Tanii
●準優勝／目黒　雄太　2nd place Yuta Meguro
●3　位／近田　充　3rd place Mitsuru Konda
（－240）
●優　勝／中村　知大　1st place Tomohiro Nakamura
●準優勝／巻　礼史　2nd place Reiji Maki
●3　位／神代　雄太　3rd place Yuta Jindai
（－250）
●優　勝／山崎　順也　1st place Junya Yamazaki
●準優勝／加藤　智亮　2nd place Tomoaki Kato
●3　位／安富　北斗　3rd place Hokuto Yasutomi
（－260）
●優　勝／清水　亮汰　1st place Ryota Shimizu
●準優勝／加藤　和徳　2nd place Kazunori Kato
●3　位／フィ・ギュ・キム　3rd place WHI GYU KIM

(−270)
- ●優　勝／バイラン・ゴザロフ　1st place BAYRAM GOZALOV

(270＋)
- ●優　勝／野村　幸汰　1st place Kota Nomura
- ●最優秀勝利者賞／野村　幸汰　MVP Kota Nomura
- ●特別賞／バイラン・ゴザロフ　Special Prize BAYRAM GOZALOV
- ●平塚賞／谷井　翔太　Hiratsuka Prize Shota Tanii

2018体力別(5月13日)'18 DIVISION CATEGORY

68名7階級 〈仙台市青葉体育館〉

(230以下)
- ●優　勝／目黒　雄太　1st place Yuta Meguro
- ●準優勝／菊地　逸斗　2nd place Hayato Kikuchi

(240 以下)
- ●優　勝／神代　雄太　1st place Yuta Jindai
- ●準優勝／服部　晶洸　2nd place Akihiro Hattori

(250 以下)
- ●優　勝／藤田　隆　1st place Takashi Fujita
- ●準優勝／安富　北斗　2nd place Hokuto Yasutomi

(260 以下)
- ●優　勝／伊藤　新太　1st place Arata Ito
- ●準優勝／辻野　浩平　2nd place Kohei Tsujino

(260 超)
- ●優　勝／岩﨑　大河　1st place Taiga Iwasaki
- ●準優勝／野村　幸汰　2nd place Kota Nomura

(女子 220 以下)
- ●優　勝／小柳　茉生　1st place Mai Koyanagi

(女子 220 超)
- ●優　勝／今野　杏夏　1st place Kyoka Imano
- ●優秀勝利者賞／目黒　雄太　MVP Yuta Meguro

2018第5回世界大会 (12月1・2日) 5h World ChampionshipRY

151名8階級 〈愛知県体育館〉

(女子 −220)
- ●優　勝／アナスタシア・モシキナ　1st place Anastasiia Moshkina
- ●準優勝／クリスチナ・サンドルキナ　2nd place Kristina Sandrkina

(女子 220+)
- ●優　勝／クリスチナ・スチェパニャン　1st place Kristina Stepanyan
- ●準優勝／アレクサンドラ・サビチェバ　2nd place Aleksandra Savicheva

(−230)
- ●優　勝／ウラジミル・ミロシニコフ　1st place Vladimir Miroshnikov
- ●準優勝／中村　知大　2nd place Tomohiro Nakamura
- ●３　位／エドガー・コリャン　3rd place Edgar Kolyan
- ●４　位／谷井　翔太　4th place Shota Tanii

(−240)
- ●優　勝／ゲガム・マナヴァジャン　1st place Gegam Manavazian

- ●準優勝／ラウリ・ツタラウリ　2nd place Rauli Tutarauli
- ●３　位／服部　晶洸　3rd place Akihiro Hattori
- ●４　位／アンドレイ・グリシン　4th place Andrei Grishin

(−250)
- ●優　勝／イゴリ・ペルミン　1st place Igor Permin
- ●準優勝／ロマン・クリエフ　2nd place Roman Kuliev
- ●３　位／加藤　智亮　3rd place Tomoaki Kato
- ●４　位／山崎　順也　4th place Junya Yamazaki

(−260)
- ●優　勝／清水　亮汰　1st place Ryota Shimizu
- ●準優勝／加藤　和徳　2nd place Kazunori Kato
- ●３　位／アダム・カリエフ　3rd place Adam Khaliev
- ●４　位／イワン・シュペッド　4th place Ivan Shpedt

(−270)
- ●優　勝／コンスタンチン・カラウルヌイッフ　1st place Konstantin Karaulnykh
- ●準優勝／アンドレイ・チェルニック　2nd place Andrei Chernykh
- ●３　位／目黒　毅　3rd place Tsuyoshi Meguro

(270＋)
- ●優　勝／マラット・アリアスハボフ　1st place Marat Aliaskhabov
- ●準優勝／セルゲイ・ミナコフ　2nd place Sergei Minakov
- ●３　位／野村　幸汰　3rd place Kota Nomura

- ●優秀勝利者賞／ゲガム・マナヴァジャン　MVP Gegam Manavazian

2019体力別(5月12日)'19 DIVISION CATEGORY

70名7階級 〈愛知県武道館〉

((230以下)
- ●優　勝／目黒　雄太　1st place Yuta Meguro
- ●準優勝／小芝　裕也　2nd place Yuya Koshiba

(240 以下)
- ●優　勝／寺口　法秀　1st place Norihide Teraguchi
- ●準優勝／伊藤　駿　2nd place Shun Ito

(250 以下)
- ●優　勝／安富　北斗　1st place Hokuto Yasutomi
- ●準優勝／玉木　直哉　2nd place Naoya Tamaki

(260 以下)
- ●優　勝／渡部　秀一　1st place Shuichi Watabe
- ●準優勝／加藤　智亮　2nd place Tomoaki Kato

(260 超)
- ●優　勝／奈良　朋弥　1st place Tomoya Nara

(女子 220 以下)
- ●優　勝／熊谷　鞠月　1st place Mizuki Kumagai

(女子 220 超)
- ●優　勝／チツァレフタチアナ　1st place Tatiana Tsytsareva

空道外伝

― 空道を完成せしめた、もうひとつの道程。―

大道塾選手の「空道外競技ルール」挑戦史

元格闘技通信編集長・朝岡 秀樹

例えば、柔道を考えてみよう。

オリンピック・スポーツともなり、武道・格闘技界において、比類なき立場にある柔道。

「メジャー競技はいいよなぁ」

新興の武道・格闘技組織に携わる者の多くは、羨望に近い感覚を持っているに違いない。

だが、そんな柔道といえども、当然、嘉納治五郎が講道館を創始した明治初期は門下生が数百人ほどで "伝統を破るようなことをやっているマイナー団体" に過ぎなかったはず。

柔術諸流派が「あんなモノはダメだ！」と風評を広めようとしたとしても、それは、社会における既得権を守るための自然な行動だったといえよう。

そんな声に対し、講道館は、どうやって、新興武道・柔道の名声を高めていったか？

いうまでもなく、既存の柔術各派との "他流試合"、海外に高弟を派遣しての "異種格闘技戦" での勝利が、そこにはあった。

コンデ・コマ（前田光世）が、欧州で、北・南米大陸で、巨漢のレスラーやボクサーを投げ、絞め落として回ったことが知られるように、"柔道の強さ" の証明があってこそ、のちの繁栄があったのだ。※1

"競技人口は少なかったけど、誇りを持ったパイオニアたちが、体を張って奮闘した時代" があってこそ、現在の柔道の公的地位があるとすれば……。

時を経て、昭和の新興武道としてスタートした空道にもまた、その黎明期において他流試合での強さの証明を求められたことは、必然だったといえよう。

空道の母体となる大道塾は、1981年の団体創始当初から、日本拳法・錬武会空手・テコンドーといった競技に選手を送り込んで、競技ルールや技術の模索を重ねていた。

そして、1980年代末から1990年代末の約10年間、

空道（北斗旗）外競技への挑戦をもっとも激化させた。"レジェンド空道家" たちが繰り広げた、国内外での数々の熱き闘いに関して述べるには、枚挙にいとまがないところ。あえて、10番だけを挙げるならば…

長田賢一 vs ラクチャート・ソーパサドポン

長田賢一 vs ポータイ・チョーワイクン

加藤清尚 vs ライアン・シムソン

市原海樹 vs ヤン・ロムルダー

飯村健一 vs 阿部健一

市原海樹 vs ホイス・グレイシー

森直樹 vs 九平

山崎進 vs 美濃輪育久

小川英樹 vs ドゥロ・ブノワ

笹沢一有 vs オジャイ

…以上を推したい。解説しよう。

87年、タイ・ラジャダムナン・スタジアムでムエタイ・ウェルター級王者のラクチャートに挑んだ長田は、壮絶なKO負けを喫したとはいえ、1Rはド肝を抜く猛ラッシュをみせ、王者をニア・ダウンに追い込んだ。

92年、後楽園ホールで開催された「WARS」、国内初のグローブ戦で業界中の注目を集めるなか、長田はムエタイ・ラジャ＆ルンピニー統一王者であったポータイに対し、臆することなく打ち合い、ドロー裁定。ミドルのヒット数を採るムエタイ式ジャッジならポータイ、パンチと勢いに重きを置く日本的ジャッジなら長田の勝利が妥当な内容だった。

93年の「WARS93」で、加藤は、70㌕級で難攻不落のキックボクサーとなるシムソン（オランダ）と対戦。判定で敗れたとはいえ、1R、20㌢の身長差を利して打ち下ろされるストレートにダウンを喫しながら、前へ前と出るスピリットで、観衆を唸らせた。この敗戦をバネに、加藤は米国で修行を積み、3年を経てキックボクシングの世界タイトルを獲得している。

同じく「WARS93」で、オランダ・キック界の名王者であるロムルダーの猛攻に、1Rから4Rまで、市原は完全な劣勢。誰もが諦めた最終5R、大逆転TKO勝利で、場内を総立ちにした。

「WARS93」では、シュートボクシング、ボクシング、トーワ杯で活躍した阿部健一と飯村のリマッチ（前戦は北斗旗）も行われ、飯村は多彩なコンビネーションでテクニシャンぶりを発揮し、判定勝利にて返り討ち。

以上5戦は、当時の"グローブをはめて打撃のみで争う競技（キックボクシング）こそ最強を決める闘い。顔面防具を用いるルールで闘っている選手が強いのかは疑問"という業界の見方に対し「顔面防具をグローブに変えても、変わらず能力を発揮できますよ」と証明するためのグローブマッチであったが、94年、市原がUFCに挑戦し、ホイス（ブラジル）に敗れたことから、状況は一転した。

素手・寝技での膠着ブレイクなしという、既存のスポーツMMAとはまったく異なる競技に日本人として初めて挑み、5分間グレイシー流の寝技を凌いだ市原の闘いは、ジェット機が飛び交う時代になってもコロンブスが英雄であり続けるのと同様、賞賛されてしかるべきものである。

だが当時、世はコロッと"寝技に重きを置いたMMAこそが、強さを測る物差し。打撃メインのルールで闘っている選手が強いのかは疑問"という見方に変わった。

そんな風評に対しても、大道塾の選手たちは、修斗やパンクラスのプロ選手とMMAルールで闘うことで、適応力を証明していく。

97年「WARS4」では、修斗の名タイトルコンテンダー・九平との修斗ルールマッチで、森直樹が判定勝利。

99年「WARS5」では、山崎が、素面・素手で頭突き・ヒジ打ちOKのパンクラチオンルールにて、美濃輪育久（現ミノワマン）とドローを演じている。

その後、小川がフランス版空道ともいえ

※1　一般的に言い伝えられている評価であり、史実を正確に紐解くと "神話に過ぎない" という説もあります。

※2　散打競技は、結局、ＩＯＣから北京五輪の正式種目としての認可を得られず「オリンピック期間中に、北京五輪のスタッフによって、オリンピック会場を用いて行われ、オリンピック同様にメダルが授与される競技」となった。ちなみに、オジャイはＫ－１ＷＧＰベスト８のガオグライ・ゲンノラシンにも勝利しているテクニシャン。

る着衣総合格闘技大会「グラントロフィーの王者**ドゥロ・ブノワからヒールホールドでタップアウトを奪った**02年「ＷＡＲＳ６」を最後に、こういった他競技ルールへの挑戦は激減。

空道競技者の能力を示すとともに、他競技から学ぶ作業が完了し、後は空道競技内のみ技術のレベルアップを図る時期に達したということだろう。

　近年では、笹沢が北京五輪での種目採用が噂されていた「散打」に挑み、名王者オジャイ（イラン）にポイント勝利を収める大金星を挙げ、08年のオリンピック出場権を獲得したことが記憶に残るのみである。※2

常に格闘技界の潮流に挑み、そこで好成績を残しながらも、結局、レジェンド空道家達は、グローブ競技や裸体ＭＭＡのプロ興行に身を染めることはなかった。

空道が、21世紀の武道として世界40余国に普及した陰には、先人たちのプライドを懸けた闘いがあったことを忘れてはならない。

WARS 各大会結果

Result

THE WARS 7.7
1992年7月7日 後楽園ホール（東京）

ムエタイルール＋投げ　3分5R
△長田賢一　[引き分け]　ポータイ・チョーワイクン△
（大道塾）　　　　　　　　　　　　　（タイ）

ムエタイルール＋投げ　3分5R
○エッカチャイ・ソーサワット　[判定]　加藤清尚●
（タイ）　　　　　　　　　　　　　　（大道塾）

ムエタイルール＋投げ　3分5R
○市原海樹　[1R2分30秒　KO]　ミハエル・エフスティグネフ●
（大道塾）　　　　　　　　　　　　　（ロシア）

ムエタイルール　3分5R
○飯村健一　[2R2分3秒　KO]　ティショノフ●
（大道塾）　　　　　　　　　　　　　（ロシア）

ムエカッチューアルール　3分3R
△マイケル　[引き分け]　ミンキーセン△
（ミャンマー）　　　　　　　　（ミャンマー）

SAWスペシャルルール　5分1R（エキシビジョン）
木村浩一郎　[勝敗なし]　伊藤敏行
（SAW）　　　　　　　　　　（SAW）

北斗旗ルール　本戦3分延長2分再延長2分
○京崎　武　[再延長判定　4—1]　酒井　修●
（誠空会）　　　　　　　　　　　　　（大道塾）

ムエタイルール　3分3R
○オレグ・バヒレフ　[1R2分20秒　TKO]　大成　敦●
（ロシア）　　　　　　　　　　　　　（大誠塾）

キックボクシングルール＋投げ　3分3R
△小金丸茂昭　[引き分け]　コンペット・シッサハハーン△
（真武館）　　　　　　　　　　　　　（タイ）

THE WARS '93
1993年7月8日 後楽園ホール（東京）

グローブ空手マッチ　3分5R
○市原海樹　[5R1分20秒　TKO]　ヤン・ロムルダー●
（大道塾）　　　　　　　　　　　　　（オランダ）

グローブ空手マッチ　2分5R
○稲葉紀之　[判定3—0]　大成　敦●
（藤原道場）　　　　　　　　　　　（大誠塾）

グローブ空手マッチ　3分5R
○ライアン・シムソン　[判定2—1]　加藤清尚●
（オランダ）　　　　　　　　　　　（大道塾）

グローブ空手マッチ　3分5R
○飯村健一　[判定2—0]　阿部健一●
（大道塾）　　　　　　　　　　　　（健闘塾）

グローブ空手マッチ　3分3R
○山下茂敏　[判定2—0]　鶴見直史●
（真武館）　　　　　　　　　　　　（奥旨塾）

総合格闘技グラップルマッチ　3分3R
○住本和隆　[優勢勝ち]　奥田康則●
（勇武会）　　　　　　　　　　　（合気道SA）

SAWリアルチャンピオンマッチ　3分3R
○木村浩一郎　[優勢勝ち]　長瀬　玲●
（SAW）　　　　　　　　　　　　（SAW）

真武館スタイルマッチ　3分3R
○小金丸茂昭　[優勢勝ち]　組坂幸喜●
（真武館）　　　　　　　　　　　　（辻道場）

格闘空手マッチ　3分2R
○多田英史　[優勢勝ち]　森　直樹●
（大道塾）　　　　　　　　　　　（大道塾）

THE WARS Ⅲ
1996年2月17日 枇杷島スポーツセンター（名古屋）

北斗旗スペシャルルール　本戦3分延長3分
○長田賢一　[判定3—0]　アレキサンダー・D・マルチノフ●
（大道塾）　　　　　　　　　　　（大道塾ロシア）

キックボクシングルール　3分3R（エキシビジョン）
加藤清尚　[勝敗なし]　清水裕治
（大道塾）　　　　　　　　　　（拳剛塾）

シューテング特別ルール　3分2R
○九平　[判定3—0]　森　直樹●
（スーパータイガーセンタージム）　（大道塾）

全日本格闘技選手権ルール　本戦3分延長3分
△長谷川朋彦　[引き分け]　久原清幸△
（大道塾）　　　　　　　　　（真武館）

総合格闘技特別ルール　3分2R
○郷野聡寛　[判定2—0]　土居龍晴●
（スポーツ会館）　　　　　　（大道塾）

北斗旗ルール　本戦3分延長3分
○藤澤雄司　[延長判定3—0]　藤川陽一●
（大道塾）　　　　　　　　　　（奥旨塾）

SAW特別ルール　3分2R
△長沼　豊　[引き分け]　河村尚久△
（大道塾）　　　　　　　　　（SAW）

北斗旗ルール　本戦3分延長3分
○五十嵐祐司　[延長判定2—1]　佐藤敦士●
（大道塾）　　　　　　　　　　　（拳桜会）

全日本格闘技選手権ルール　本戦3分延長3分
△市瀬　猛　[引き分け]　太田和博△
（大道塾）　　　　　　　　（真武館）

北斗旗ルール　本戦3分延長3分
○小野　亮　[本戦2分24秒　一本]　大川真人●
（大道塾）　　　　　　　　　　　　（大道塾）

THE WARS Ⅳ
1997年3月17日　後楽園ホール（東京）

WARS特別ルール　3分5R
△秋山賢治　[時間切れ]　ジャスティン・マッコーリー△
（大道塾）　　　　　　　　　　（リングスUSA）

修斗ルール・ウェルター級　3分5R
○森　直樹　[判定3—0]　九平●
（大道塾）　（シューティングジム大宮）

修斗公式戦・ライトヘビー級　3分5R
○郷野聡寛　[判定3—0]　長野常道●
（フリー）　　　　　　　　（大道塾）

修斗公式戦・ライトヘビー級　3分5R
○山崎　進　[判定3—0]　中尾受太郎●
（大道塾）　　　　　（シューティングジム横浜）

ブラジリアン柔術ルール　8分一本勝負
○中井祐樹　[ポイント判定13—0]　藤原正人●
（シューティングジム大宮）　　　（フリー）

北斗旗実験ルール（素面、オープンフィンガーグローブ着用）3分3R
○土居龍晴　[判定1—0]　鶴屋　浩●
（大道塾）　　　　　　　（治政館）

北斗旗ルール　3分2R
○岩木秀之　[判定3—0]　大川真人●
（大道塾）　　　　　　　（大道塾）

SAW特別ルール　3分2R
△高橋　誠　[引き分け]　北郷　謙△
（SAW）　　　　　　　　（豊道館）

北斗旗実験ルール（掌底による素面への攻撃可）3分2R
○今津陽一　[1R1分12秒　腕ひしぎ膝固め]　村田良成●
（大道塾）　　　　　　　　　　　　　　（大道塾）

北斗旗ルール　3分2R
○石原美和子　[判定3—0]　高橋洋子●
（大道塾）　　　　　（J'd吉本女子プロレス）

THE WARS Ⅴ
1999年4月8日　後楽園ホール（東京）

パンクラチオンマッチ　15分1本勝負
△山崎進　[時間切れ]　美濃輪育久△
（大道塾）　　　　　（パンクラス横浜道場）

WARSルール（道衣なし、肘うちなし）　3分3R
△小川英樹　[時間切れ]　田中健一△
（大道塾）　　　　（総合格闘技田沼道場）

ブラジリアン柔術ルール　8分1本勝負
○中井祐樹　[ポイント判定21—0]　藤本　勤●
（パレストラ東京）　　　　（パレストラ函館）

WARSルール（道衣なし、肘うちなし）　3分3R
○鶴屋　浩　[1R1分18秒　Vクロスアームロック]　土居龍晴●
（治政館）　　　　　　　　　　　　　　（大道塾）

全日本格闘技選手権ルール　3分3R
△高松　猛　[引き分け]　赤崎勝久△
（大道塾）　　　　　　　（無門塾）

SAWスペシャルルール　5分2R
△河村尚久　[引き分け]　勢田誠一△
（SAW）　　　　　　　（パレストラ仙台）

WARSルール（道衣着用、肘うちなし）　3分3R
○太田和博　[2R1分13秒　TKO]　金子裕己●
（真武館）　　　　　　　　　　（四王塾）

WARSルール（道衣着用、肘うちあり）　3分3R

○山下志功　[3R34秒　腕ひしぎ十字固め]　川口昭一郎●
（パレストラ札幌）　　　　　　　　　　　　（大道塾）

WARSルール　3分3R

○小川英樹　VS　ドゥロ・ブノワ●
（中部本部）　　　　　　　　　（LC:仏）
[2R2分40秒　ヒールホールドにより小川選手一本勝ち]

THE WARS 6
2002年7月17日 後楽園ホール（東京）

※下記所属団体名LCは「リュットコンタクト」の略です

北斗旗ルール　本戦3分延長3分

○平塚洋二郎　VS　マシュー・マクレガー●
（那覇支部）　　　　　　　（誠空会:豪）
[延長戦2分10秒　腕ひしぎ十字固めにより平塚選手一本勝ち]

WARSルール3分3R

●八島有美　VS　デュカステル・ステファニー○
（横浜教室）　　　　　　　　（LC:仏）
[2R2分15秒　腕ひしぎ膝固めステファニー選手一本勝ち]

WARSルール　5分、3分の2R制

△稲田卓也　VS　ボナフ・ロラン△
（横浜教室）　　　　　（LC:仏）
[1R3分30秒　ボナフ選手出血の為ノーコンテスト]

WARSルール　3分3R

△八隅孝平　VS　ディディエ・リュッツ△
（パレストラ東京）　　　（LC:仏）
[ポイント0-0　時間切れ引き分け]

北斗旗ルール　本戦3分延長3分

○伊賀泰四郎　VS　佐藤繁樹●
（関西本部）　　　　（東北本部）
[本戦45秒 佐藤右肩脱臼の為試合続行不能、ドクターストップ]

WARSルール　3分3R

△飯村健一　VS　ファド・エズベリ△
（総本部）　　　　　（LC:仏）
[ポイント0-0　時間切れ引き分け]

WARSルール　3分3R

○藤松泰通　VS　デニス・フランソワ●
（総本部）　　　　　（LC:仏）
[ポイント1-0　1Rパンチによるポイントで藤松選手判定勝]

WARSルール　5分、3分の2R制

○山崎　進　VS　フォートリー・パトリック●
（総本部）　　　　　（LC:仏）
[ポイント3-0　本戦パンチによるポイントで山崎選手優勢勝]

■加藤久輝

MMA

2017年1月21日 Bellator 170

○3R終了（判定3-0）ハレック・グレイシー

2016年10月21日 Bellator 162

○1R 4:58 TKO（左フック）A.J.マシューズ

2016年4月17日　RIZIN.1

○1R 1:04 TKO（左アッパー→パウンド）悠太

2015年11月20日　Bellator 146

●1R 3:43 KO（左フック）メルヴィン・マヌーフ

2015年6月26日 Bellator 139

○2R 0:34 KO（左スーパーマンパンチ）ジョー・シリング

2015年3月22日 HEAT35

【HEAT総合ルール ミドル級タイトルマッチ】

●1R 4:16 TKO（パウンド）エンリケ・スギモト

2014年4月19日 HEAT31

【HEAT総合ルール ミドル級王座決定戦】

○1R 0:53 TKO（スタンドパンチ連打）新村優貴

2014年2月23日 HEAT30

○2R 0:28 TKO（左ハイキック→パウンド）坂下裕介

2013年9月29日　HEAT28

○1R 2:14 TKO（パウンド）中村勇太

2013年3月31日　HEAT26

○1R 1:29 TKO（スタンドパンチ連打）川岡司

キックボクシング

2016年6月25日 Bellator 157【Dynamite2】

○2R 2:59 KO（左バックブロー）ジョー・シリング

■野村幸汰

2014年柔道全日本選手権ベスト16

2014年世界サンボ選手権コンバットサンボ部門 100
キロ超級5位

■大谷美結

2017年ボクシング全日本選手権女子ミドル級優勝

2018年ボクシング全日本選手権女子ミドル級優勝

2018年全日本サンボ選手権大会女子68kg級優勝

2018年サンボワールドカップ68キロ級　銅メダル

■伊藤新太　安富北斗

2018.9.20　イベント「巌流島」にて空道ルールマッチ
伊藤が襟絞めで勝利

■渡部秀一

2018.9.20　イベント「巌流島」にて、16人トーナメントに参
戦。1回戦、鈴木渓選手（柔道）と対戦して1分程度でグラ
ウンド状態でのパンチ連打によるTKO勝ち。2回戦で、
優勝した奥田啓介選手（プロレス）にタックルで3回場外
に押し出され、1本負けとなった。

■清水和磨

2017年5月21日（日）東京タワーメディアセンターで行われた
キックボクシング系イベント「ZONE 6 "The Vengeance"」に
て、ラウェイ（バンデージのみを巻いた拳での顔面パンチOKの
キックボクシング系の競技）ルールの試合（無差別級戦 3分
3R）

中川達彦（花鳥風月）から4度のダウンを奪い、3R 55秒
TKO勝利。

■末廣智明

キックボクシング

2017年1月22日「REBELS.48 & INNOVATION Champi
onsCarnival」

東京・ディファ有明

●【3R判定0-2】翔・センチャイジム（センチャイムエタイジム）

2016年10月23日「REBELS.46」

東京・ディファ有明

○【2R29秒 TKO】長谷川健（RIKIX）

2016年7月10日「REBELS.44」

東京・ディファ有明

○【3R判定3-0】良太郎（池袋BLUE DOG GYM）

2016年2月13日「SHOOT BOXING 2016 act.1」

東京・後楽園ホール

○【3R判定2-0】村田聖明（シーザー）

2015年10月10日「NKB 大和魂シリーズ VOL.4」

東京・後楽園ホール

○【1R2分10秒 TKO】桃井浩（神武館）

2015年9月16日「REBELS.38」

東京・後楽園ホール

△【3R判定1-0】久保政哉(PHOENIX)

2015年6月10日「Fight & Mosh Round1-NO KICK, NO LIFE-」

東京・TSUTAYA O-EAST渋谷

●【5R判定0-3】内田雅之(目黒藤本)

2013年12月23日「SHOOT BOXING2013 及川知浩引退イベント～完全相伝～」

大阪・ボディーメーカーコロシアム第二競技場

●【4R判定0-3】池上孝二(及川道場)

2013年12月1日「NJKF Muay ThaiOpen 25」

東京・新宿FACE

●【3R判定0-3】キヨソンセン・ソーチャルワン(タイ)

2013年10月20日「BOUT 15 函館大会」

北海道・流通ホール　※SBルール

○【3R判定2-1】石澤大介(パラエストラ札幌)

2012年10月28日「REBELS MUAYTHAI-1」

●【5R判定0-3】SHIGERU(新宿レフティー)

※WPMF日本スーパーフェザー級タイトルマッチ

2012年9月30日「REALDEAL30」

○【3R判定3-0】花田元誓(リアルディール)

2012年3月25日「M-1ムエタイチャレンジ「SuttYodMuaythai vol.1」

○【3R判定3-0】KEI(E.S.G)

2012年1月22日「REBELS.10(WPMF日本ライト級王座決定トーナメント準決勝戦)」

○【5R判定3-0】稲葉竜太(team OJ)

2010年8月1日「MUAY2010 グランドステージ」

●【5R判定0-3】デンサイアム・ルークプラバーツ(タイ)

2010年3月21日「M-1 FAIRTEX SINGHA BEERムエタイチャレンジ『NAI KANOMTOM vol.1』」

○【3R判定3-0】前田尚紀(藤原)

2009年9月23日「NJKF WBCムエタイルール日本統一王座決定戦～ROAD TO REAL KING 11～」

●【2R2分07秒 KO】赤十字竜(キング)

※WBCムエタイルール スーパーフェザー級 日本統一王座決定トーナメント決勝戦

2009年8月2日「MA日本キック BREAK THROUGH-12～突破口～KICKGUTS2009～梶原一騎23回忌追悼記念・第12回梶原一騎杯(WBCムエタイルール スーパーフェザー級 日本統一王座決定トーナメント準決勝)」

○【5R判定2-1】中須賀芳徳(OGUNI)

2009年5月31日「RISE 55」

○【4R判定3-0】小宮山工介(北斗会館)

2009年1月18日「ムエローク Japan 2009 ～最大最強のムエタイ祭り～」

●【1R0分58秒 TKO】ノンオー・シットオー(タイ)

※以上、https://efight.jp/playermeikan-20121029_5058 より

■平塚洋二郎

2018年10月20日(土)東京・後楽園ホールで行われたキックボクシング団体「J-NETWORK」のスーパーウェルター級王座決定戦(3分5R延長1R、ヒジあり)で、笹谷 淳(team CMRADE/J-NETWORKスーパーウェルター級暫定王者)から、1R3分05秒左フックでTKO勝利を収め、王座を獲得する。

■田中俊輔

2009年8月2日 Club DEEP

○1R 1:56 KO　新田翔

2010年3月14日　ノースBOUT-4

○3分3R終了(判定3-0)亮AKB

2010年8月1日Club DEEP

○5分2R終了(判定1-0)井上 拓也

2010年11月7日 GRACHAN5

○1R 4:10(KO)ソープたけし

2010年11月7日 DEEP51

●1R 4:35 (フロントチョーク)釜谷真

全日本大会予選および夏期合宿にて行われた新人戦・黒帯戦の結果

Result

第1回交流試合
1981年6月7日　（本部道場）

1位　岩崎弥太郎　　2位　小野浩二
3位　村上　明・高橋英明

1981ミヤギテレビ杯大道塾内選考会
1981年7月31日　（松島野外活動センター）

ベスト4　村上成之・岩崎弥太郎・小野浩二・村上　明

第2回交流試合
1982年5月30日　（宮城県武道館）

1位　村上　明　　2位　小野浩二
3位　松本　剛　　4位　渡部行彦

1982ミヤギテレビ杯大道塾内選考会
1982年7月31日　（石巻市渡波小体育館）

ベスト4　矢島史郎・村上　明・岩崎弥太郎・小野浩二
ベスト8　柴田　剛・三浦悦夫・松本　剛・西　良典

1983大道塾新人戦
1983年5月29日　（仙台市武道館）

1位　星　秀明　　2位　三浦悦夫　　3位　比嘉正行
4位　山田義輝　　5位　藤原一美　　6位　千葉　満
7位　佐和田亮二　8位　白鳥隆俊
特別賞　熱海　智
敢闘賞　賀上賢一・加藤清尚・森　正夫・羽金英彦

1983ミヤギテレビ杯大道塾内選考会
1983年7月30日　（福島県営原町体育館）

ベスト4　星　秀明・岩崎弥太郎・村上　明・西　良典
ベスト8　佐和田亮二・三浦悦夫・長田賢一・渡辺行彦

大道塾新人戦
1984年5月20日　（仙台市武道館）

1位　羽金英彦　　2位　比嘉正行　　3位　渡部行彦
4位　佐和田亮二　5位　須田敏弘　　6位　角田正克
7位　賀上賢一　　8位　加藤清尚

1984ミヤギテレビ杯大道塾内選考会
1984年7月28日　（大谷公民館）

ベスト4　岩崎弥太郎・三浦悦夫・村上　明・長田賢一
ベスト8　加藤清尚・佐和田亮二・比嘉正行・羽金英彦

第1回山形県大会
1984年9月9日　（山形県営武道館）

1位　後藤幸司　　2位　鹿野正昭
3位　石山光治　　4位　佐々木俊幸

第1回岡崎・飯田道場交流試合
1984年11月18日

1位　山本和彦　　2位　家田照明
3位　矢野　武　　4位　大泉克二

第1回関東大会
1985年4月28日　（茨城県高萩市）

1位　渡辺正明　　2位　大和田浩之
3位　菅原正弘　　4位　荒井正行

第2回岡崎・飯田道場交流試合
1985年5月12日

Aブロック（体力指数235以下）
　　　　　　　　1位　家田照明　2位　横田晴彦
Bブロック（体力指数236以上）
　　　　　　　　1位　山本和彦　2位　熊崎守男

第1回北東北大会
1985年6月16日　（青森県八戸市）

1位　門田正寿　　2位　藤原一美
3位　斉藤　真　　4位　和田活昭

1985大道塾新人戦
1985年7月27日　（山形県蔵王体育館）

1位　小沢　隆　　2位　白鳥隆俊　　3位　門田正寿
4位　松尾　剛　　5位　渡辺正明　　6位　荒井正行
7位　小柳善彦　　8位　佐藤一夫
敢闘賞　中西明彦・保科　聡・高垣吉宏・伊藤友貴

第2回山形県大会
1985年9月7日　（山形市武道館）

1位　滝口義弘　　2位　今野　潤
3位　八鍬正典　　4位　須藤孝三
特別賞　山田利一郎

第2回岡崎・飯田道場交流試合
1985年9月8日　（飯田市武道館）

1位　山本和彦　　2位　遠藤勝男
3位　原　潤　　　4位　宮野勝吉

第1回宮城県大会
1985年9月29日　（宮城県古川市武道館）

1位　山田利一郎　2位　高垣吉宏
3位　由利文博　　4位　飛永耕治

第1回愛知県大会
1986年3月23日　（愛知県岡崎市体育館）

軽・軽中量級　1位　家田照明　2位　高垣吉宏
中・重量級　　1位　石塚克宏　2位　矢野　武

第2回関東大会
1986年4月29日　（千葉県松戸市武道館）

1位　山田利一郎　2位　松尾　剛　3位　中西明彦
4位　渡辺慎二　5位　荒井秀顕　6位　廣井　健
敢闘賞　伊藤友貴・鈴木久雄

第1回岩手県大会
1986年6月29日　（岩手県盛岡市体育館）

1位　須永信二　2位　上野正美

1986大道塾全国新人戦
1986年7月26日　（阿字ヶ浦小学校）

1位　山田利一郎　2位　佐藤一夫　3位　荒井秀顕
4位　小寺英樹　5位　遠藤勝男　6位　上野正美
7位　高垣吉宏　8位　園部雄也
敢闘賞　今野潤・江川哲也

第1回長野県大会
1986年9月14日　（飯田市体育館）

1位　遠藤勝男　2位　寺園紳一　3位　矢野　武
4位　宮野勝吉　5位　原　潤　6位　田原将之
7位　神山信彦　8位　伊藤友貴

第3回山形県大会
1986年9月23日　（東根市体育館）

1位　小柳喜彦　2位　高垣吉宏
3位　石山光治・園部雄也

第2回宮城県大会
1986年10月19日　（登米町体育館）

1位　佐藤一夫　2位　小柳喜彦　3位　若林武司
4位　田原俊也　5位　千田輝男　6位　池渕幸治
7位　園部雄也　8位　湯山和彦
特別賞　伊藤正弘・戸村茂樹・加賀谷俊明

第1回福岡・長崎交流試合
1986年12月14日　（福岡市体育館）

1位　浦　隆輝　2位　畑山浩一
3位　竹末正治・水野博幸

第2回愛知県大会
1987年4月28日　（豊橋市武道館）

1位　上野正美　2位　宮野勝吉
3位　市瀬　猛　4位　伊藤則夫

第3回関東大会
1987年4月29日　（茨城県日立市武道館）

1位　廣井　健　2位　大山幸光
3位　田中　昌　4位　米盛良弘

第2回北九州地区交流試合
1987年5月3日　（長崎市三菱会館）

1位　中原征治　2位　水野博幸
3位　竹末正治　4位　幾度忠直

第1回青森県大会
1987年6月28日　（青森県八戸市武道館）

1位　庄田真人　2位　三浦　誠
3位　田村勇孝　4位　有江重勝
敢闘賞　小野淳一郎

1987大道塾全国新人戦
1987年7月25日　（阿字ヶ浦小学校）

1位　上野正美　2位　庄田真人　3位　田原俊也
4位　牧野壮樹　5位　飛永耕治　6位　高橋　稔
7位　黒崎　豊　8位　柴田昌也

第4回山形県大会
1987年9月6日　（山形市武道館）

1位　千葉　茂　2位　土田　智　3位　今野　潤
4位　沼沢　力　5位　石山光治　6位　大場善栄
7位　金子裕二

第2回長野県大会
1987年9月20日　（長野県飯田市武道館）

1位　宮野勝吉　2位　伊藤友貴　3位　蛸島　巨
4位　廣井　健　5位　寺園紳一　6位　石田圭市
7位　長沢清彦　8位　渡辺慎二

第3回宮城県大会
1987年9月23日　（宮城県石巻総合体育館）

1位　有江重勝　2位　黒崎　豊
3位　保科　聡　4位　寺島穀一郎

第4回関東大会
1987年10月11日　（練馬区総合体育館）

1位　高橋　稔　2位　市原海樹　3位　菅谷裕二
4位　蛸島　巨　5位　神田　勲　6位　牧野壮樹
7位　田村隆之　8位　柴田昌大

第3回北九州大会
1987年11月1日

1位　飯村健一　2位　田原政之　3位　畔田　聡
4位　野口　5位　明田耕一　6位　竹末正治
7位　出田　8位　原秀士郎

第5回関東大会
1988年4月29日　（千葉県船橋市体育館）

1位　有江重勝　2位　市原海樹　3位　木村優元
4位　花井光浩　5位　吉岡克明　6位　蛸島　巨
敢闘賞　清川明哲・伊藤吉彦

第3回愛知県大会
1988年5月1日

軽量級　1位　寺岡紳一　2位　小川　悟
重量級　1位　森下和人　2位　牧野壮樹

第2回岩手県大会
1988年6月26日　（盛岡市武道館）

1位　石田圭市　2位　今野　潤　3位　高野良平
4位　今井　克　5位　洞口正浩　6位　品野圭司
7位　遠藤泰弘　8位　稲垣拓一

第1回東北・北海道地区大道塾新人戦
1988年7月30日　（山形県蔵王町体育館）

1位　白鳥隆俊　　2位　稲垣拓一
3位　遠藤英　　　4位　洞口正治
特別賞　横尾祐一

第1回関東地区新人戦
1988年8月6日　（阿字ヶ浦小学校）

1位　市原海樹　　2位　有江康勝
3位　牧野壮樹　　4位　蛸島巨

第1回西日本地区新人戦
1988年8月20日

1位　大野豪史　　2位　佐藤重延　　3位　城浩
特別賞　辻万寿夫

第5回山形県大会
1988年8月28日　（山形県武道館）

1位　黒崎豊　　　2位　柴田英明
3位　鈴木和徳　　4位　神保隆之

第3回長野大会
1988年9月15日　（長野県松本市武道館）

1位　野口健　　　2位　佐藤重延　　3位　城浩
4位　金村洙昌　　5位　竹末正治　　6位　大野豪
7位　国井栄次　　8位　土居龍晴
特別賞　牧田和典

第4回宮城県大会
1988年10月2日　（宮城県塩釜市武道館）

1位　石田圭市　　2位　今野潤　　　3位　千葉茂
4位　黒崎豊　　　5位　佐々木剛　　6位　田中孝
7位　遠藤英　　　8位　長尾勝弘

第1回西日本大会
1988年10月10日　（守屋武道館）

1位　宮野勝吉　　2位　佐々木誠　　3位　寺園紳一
4位　後迫俊　　　5位　伊藤友貴　　6位　諸橋善道

第6回関東大会
1988年10月16日　（千葉県武道館）

1位　市原海樹　　2位　飯村健一　　3位　永沢潤
4位　鈴木規正　　5位　松本健一　　6位　古賀大介
7位　福島博信　　8位　吉岡克明
特別賞　涌井満

第5回愛知県大会
1989年3月12日　（豊橋市武道館）

1位　野口健　　　2位　佐藤重延　　3位　松岡春男
4位　荻野憲史　　5位　中川成洋　　6位　田倉直彦
7位　光島道郎　　8位　山口定則

第7回関東大会
1989年3月21日　（神奈川県立武道館）

1位　蛸島巨　　　2位　沖見正義　　3位　福島博信
4位　神田勲　　　5位　萩庭英典　　6位　牧野壮樹
7位　赤崎広和　　8位　友次広寿

第3回青森県大会
1989年6月4日　（青森県八戸市武道館）

1位　稲垣拓一　　2位　中嶋直志　　3位　遠藤泰弘
4位　大和正弘　　5位　山影達　　　6位　宇賀茂
7位　遠山豊伸　　8位　森合真也

第2回東北地区新人戦
1989年7月29日

1位　木村優亮　　2位　稲垣拓一
3位　遠藤泰弘　　4位　寺沢純悦
特別賞　阿部

第2回関東地区新人戦
1989年8月5日　（阿字ヶ浦小学校）

1位　福島博信　　2位　萩庭英典　　3位　沖見正義
4位　青木伊之　　5位　若月隆　　　6位　多田英史
7位　佐藤大二郎　8位　渡辺慎二
特別賞　高松猛・友次広寿

第2回西日本地区新人戦
1989年8月12日

1位　国井栄治　　2位　酒井修
3位　品野圭司　　4位　佐藤重延
特別賞　今崎

第1回東北大会
1989年10月1日　（宮城県登米町体育館）

1位　稲垣拓一　　2位　千葉茂　　　3位　遠藤泰弘
4位　大原一郎　　5位　太田友成　　6位　沼畑健司
7位　安藤博通　　8位　柴田英明
特別賞　阿部・寺沢

第8回関東大会
1989年10月8日　（日立市多賀武道館）

1位　沖見正義　　2位　福島博信　　3位　青木伊之
4位　田尻雅治　　5位　広瀬勝征　　6位　鈴木研
7位　平野安英　　8位　長谷川朋彦

第2回西日本大会
1989年10月15日　（堺市初芝）

1位　西出太郎　　2位　今崎常秀　　3位　酒井修
4位　国井栄次　　5位　中西博之　　6位　中川成洋
7位　品野圭司　　8位　松田次郎

第9回関東大会
1990年4月29日　（東京武道館）

軽量級	1位	飛永耕治	2位	高松猛
	3位	松本健一	4位	長沢潤
中量級	1位	多田英史	2位	渡辺法禎
	3位	白石昇	4位	山村良一
軽重量級	1位	城浩	2位	福島博信
	3位	佐藤重延	4位	青木伊之

第3回西日本大会
1990年5月4日　（名古屋露橋スポーツセンター）

軽量級	1位	中川成洋	2位	竹末正治
中量級	1位	土居龍晴	2位	後藤轍也
軽重量級	1位	鈴木規正	2位	明田耕一
重量級	1位	品野圭司	2位	西出太郎

第2回東北大会
2位　瀬戸井徳光
1990年5月5日　（山形市厚生年金センター）

軽量級	1位	佐藤　健	2位	瀬戸井徳光
中量級	1位	黒崎　豊	2位	白鳥隆俊
軽重量級	1位	寺沢純悦	2位	千葉　茂
重量級	1位	今野　潤	2位	高橋　稔

第3回東北・北海道地区大道塾新人戦
1990年7月27日　（山形県蔵王町体育館）

1位	阿部　太	2位	瀬戸井徳光
3位	志摩　忍	4位	佐々木純

第3回関東地区新人戦
1990年8月4日　（阿字ヶ浦小学校）

1位	沖見正義	2位	長野常道	3位	永沢　潤
4位	古賀大介	5位	吉田直樹	6位	矢野公一
7位	佐藤直人	8位	佐藤大二郎		

第3回西日本地区新人戦
1990年8月12日　（三重県津市武道館）

1位	森　卓也	2位	中西博之
3位	北窪訓之	4位	原　潤

第2回新潟県大会
1990年9月2日

1位	吉田博文	2位	若月　隆
3位	長谷川朋彦	4位	羽鳥雅之

第4回長野県大会
1990年9月16日

1位	酒井　修	2位	小寺英樹
3位	岩間真太郎	4位	長沢靖彦

第10回関東大会
1990年10月7日

1位	石田圭市	2位	沖見正義	3位	青木伊之
4位	品野圭司	5位	萩庭英典	6位	長谷川朋彦
7位	牧野壮樹	8位	荒井　孝		

第3回東北大会
1990年10月21日

1位	千葉　茂	2位	白鳥隆俊	3位	黒崎　豊
4位	稲垣拓一	5位	鈴木裕喜	6位	遠藤泰弘
7位	沼畑健司	8位	阿部　太		

第4回西日本大会
1990年10月28日

1位	酒井　修	2位	国井栄次	3位	西出太郎
4位	鈴木規正	5位	小沢　隆	6位	神山信彦
7位	小寺英樹	8位	中川成洋		

1991北斗旗体力別予選・第11回関東大会
1991年4月21日　（荒川区総合スポーツセンター）

軽量級	1位	朝岡秀樹	2位	高松　猛
中量級	1位	多田英史	2位	山村良一
軽重量級	1位	大野豪史	2位	荒井省司
重量級	1位	品野圭司	2位	沖見正義

1991北斗旗体力別予選・第4回東北大会
1991年4月29日　（八戸市武道館）

軽量級	1位	阿部広明	2位	佐藤　健
	3位	渡辺浩一	4位	川越義徳
中量・軽重量級	1位	寺沢純悦	2位	武山卓己
	3位	米沢省至	4位	中嶋直志

1991北斗旗体力別予選・第5回西日本大会
1991年5月4日　（名古屋市露橋スポーツセンター）

軽量級	1位	藤井良一	2位	吉田康治
中量級	1位	酒井　修	2位	渡辺正明
軽重量級	1位	佐藤重延	2位	鈴木規正
重量級	1位	西出太郎	2位	辻万寿夫

1991大道塾全国新人戦
1991年8月3日

1位	長野常道	2位	後追俊一	3位	藤田　斉
4位	中西博之	5位	森　直樹	6位	矢野公一
7位	長谷川朋彦	8位	森田　洋		

1991北斗旗無差別予選・第5回東北大会
1991年9月29日　（宮城県古川市総合体育館）

1位	遠藤泰弘	2位	阿部広明
3位	斎藤直樹	4位	遠山豊伸

1991北斗旗無差別予選・第6回西日本大会
1991年10月6日　（大阪府住吉公園体育館）

1位	佐藤重延	2位	品野圭司	3位	鈴木規正
4位	辻万寿夫	5位	寺園紳一	6位	後追俊一
7位	西出太郎	8位	藤井良一		

1991北斗旗無差別予選・第12回関東大会
1991年10月10日　（日立市多賀武道館）

1位	沖見正義	2位	牧野壮樹	3位	藤田　斉
4位	川辺　修	5位	萩庭英典	6位	鈴木　研
7位	黒木克昌	8位	多田英史		

1992北斗旗体力別予選・第6回東北大会
1992年4月26日　（岩手県営武道館）

軽量級	1位	阿部広明	2位	鈴木裕喜
中量級	1位	中嶋直志	2位	山口定則
軽重量級	1位	武山卓己	2位	横尾裕一
重量級	1位	千葉　茂	2位	五十嵐祐司

1992北斗旗体力別予選・第13回関東大会
1992年4月29日　（荒川区スポーツセンター）

軽量級	1位	蛸島　巨	2位	中川　晃
中量級	1位	長谷川朋彦	2位	飯村健一
軽重量級	1位	森　直樹	2位	牧野壮樹
重量級	1位	長野常道	2位	稲垣拓一

1992北斗旗体力別予選・第7回西日本大会
1992年5月3日　（名古屋露橋スポーツセンター）

軽量級	1位	稲垣　聡	2位	藤井良一
中量級	1位	寺園紳一	2位	岩間慎太郎
軽重量級	1位	佐藤重延	2位	林　英伸
重量級	1位	石田圭市	2位	品野圭司

第4回関東・東北地区新人戦
1992年8月8日

1位 小柳	2位 加藤	3位 阿江	4位 吉田
5位 牧	6位 金子	7位 吉澤	8位 倉戸

第4回西日本地区新人戦
1992年8月22日　（三重県津市武道館）

1位 田口	2位 河原	3位 長沼	4位 佐藤

1992北斗旗無差別予選・第14回関東大会
1992年9月27日　（台東リバーサイドスポーツセンター）

1位 牧野壮樹	2位 沖見正義	3位 萩庭英典
4位 蛸島 巨	5位 森 直樹	6位 朝岡秀樹
7位 金子哲也	8位 遠藤 英	

1992北斗旗無差別予選・第7回東北大会
1992年10月4日　（宮城県迫町民体育館）

1位 寺沢純悦	2位 五十嵐祐司
3位 遠藤 英	4位 森川 啓
特別賞 小川英樹・渡辺 繁	

1992北斗旗無差別予選・第8回西日本大会
1992年10月11日　（守口市体育館）

1位 石田圭市	2位 酒井 修	3位 小沢 隆
4位 辻万寿夫	5位 秋山賢治	6位 稲垣 聡
7位 鈴木規正	8位 黒崎 豊	

1993北斗旗体力別予選・第15回関東大会
1993年3月20日　（台東リバーサイドスポーツセンター）

軽量級	1位 蛸島 巨	2位 鈴木 研
中量級	1位 多田英史	2位 森田 洋
軽重量級	1位 森 直樹	2位 牧野壮樹
重量級	1位 沖見正義	2位 小柳勝利

1993北斗旗体力別予選・第9回西日本大会
1993年3月21日　（名古屋露橋スポーツセンター）

軽量級	1位 稲垣 聡	2位 藤井良一
中量級	1位 黒崎 豊	2位 酒井 修
軽重量級	1位 北川真吾	2位 岩間栄次郎
重量級	1位 長沼 豊	2位 大城健二

1993北斗旗体力別予選・第8回東北大会
1993年3月28日　（宮城県スポーツセンター）

軽量級	1位 小川英樹	2位 菅野正憲
中量級	1位 高野良平	2位 小野 亮
重量級	1位 寺沢純悦	2位 木村優元

第5回東北地区新人戦
1993年8月1日　（蔵王小学校体育館）

1位 小野 亮	2位 山口定則	3位 稲持正也
4位 ガルシア	5位 遠藤 剛	6位 菅野正憲
7位 東 浩司	8位 佐藤繁樹	

第5回関東北地区新人戦
1993年8月8日　（阿字ヶ浦小学校体育館）

1位 北山晃二	2位 高橋敏親	3位 岡部武央
4位 塚田栄治	5位 井本憲史	6位 広瀬勝征
7位 芳賀光生	8位 阿江俊彦	

第5回西日本地区新人戦
1993年8月22日　（彦根市勤労者体育センター）

1位 市瀬 猛	2位 古賀明彦
3位 村田和彦	4位 藤澤雄司

1993北斗旗無差別予選・第9回東北大会
1993年9月26日　（宮城県石巻市総合体育館）

1位 奥山啓司	2位 五十嵐祐司
3位 小沢太一	4位 小野 亮

1993北斗旗無差別予選・第10回西日本大会
1993年10月3日　（守口市体育館）

1位 品野圭二	2位 秋山賢治	3位 鈴木規正
4位 酒井 修	5位 長沼 豊	6位 西出太郎
7位 宮野勝吉	8位 辻万寿夫	

1993北斗旗無差別予選・第16回関東大会
1993年10月11日　（台東リバーサイドスポーツセンター）

1位 長谷川朋彦	2位 森 直樹	3位 沖見正義
4位 牧野壮樹	5位 高橋敏親	6位 稲垣 聡
7位 森田 洋	8位 北山晃二	

1994北斗旗体力別予選・第17回関東大会
1994年3月13日　（台東リバーサイドスポーツセンター）

軽量級	1位 高松 猛	2位 松浪健太
	3位 稲垣 聡	4位 蛸島 巨
中量級	1位 飯村健一	2位 長谷川朋彦
	3位 芦塚裕一	4位 遠藤 英
軽重量級	1位 森 直樹	2位 アレクセイ・コノネンコ
	3位 山下正和	4位 井本憲史
重量級	1位 沖見正義	2位 牧野壮樹
	3位 金子哲也	4位 中山正和

1994北斗旗体力別予選・第2回九州沖縄大会
1994年3月20日　（ももちパレス）

軽量級	1位 田中陸照
中量級	1位 黒崎 豊
軽重量級	1位 永島逸郎

1994北斗旗体力別予選・第11回西日本大会
1994年3月21日

軽量級	1位 宮野勝吉	2位 古川雄一
中量級	1位 土居龍晴	2位 岩間真太郎
軽重量級	1位 酒井 修	2位 北川真悟
重量級	1位 秋山賢治	2位 鈴木規正

1994北斗旗体力別予選・第10回東北大会
1994年3月27日

軽量級	1位 小川英樹	2位 滝口義弘
中量級	1位 有江重勝	2位 中嶋直志
軽重量級	1位 遠藤康弘	2位 横沢 賢
重量級	1位 五十嵐祐司	2位 小沢太一

第6回東北地区新人戦
1994年7月31日　（蔵王小学校体育館）

1位 小笠原寛	2位 武内俊雄
3位 奥山啓司	4位 佐藤繁樹

東北地区黒帯戦
1994年8月3日　（蔵王小学校体育館）

1位 小川英樹	2位 五十嵐祐司

第6回関東地区新人戦
1994年8月7日　（阿字ヶ浦小学校）

1位　伊藤彰浩		2位　田中真言		3位　斉藤　昇	
4位　広瀬勝征		5位　前田　聡		6位　榎本弘紀	
7位　森　尚		8位　国田康二			

第6回西日本地区合宿大会
1994年8月22日　（彦根市勤労者体育センター）

新人戦
1位　市瀬　猛	2位　菅家　裕
3位　中西良栄	4位　林　栄伸

黒帯戦
1位　石田圭市	2位　秋山賢治
3位　長沼　豊	4位　松田秀晶

九州・沖縄地区合宿大会
1994年8月28日

新人戦
1位　永島逸郎	2位　二瀬直樹
3位　神里耕造	4位　萩原克徳

黒帯戦
1位　庄田真人

1994北斗旗無差別予選・第18回関東大会
1994年9月25日　（台東リバーサイドスポーツセンター）

1位　森　直樹	2位　中山正和	3位　高松　猛
4位　奥山啓司	5位　山田利一郎	6位　北山晃二
7位　長野常道	8位　国井栄次	

1994北斗旗無差別予選・第11回東北大会
1994年10月2日　（角田市総合体育館）

1位　五十嵐祐司	2位　佐藤繁樹
3位　岩木秀之	4位　滝口義弘

1994北斗旗無差別予選・第3回九州沖縄大会
1994年10月9日　（ももちパレス）

1位　森　卓也	2位　稲垣　聡
3位　西嶋慎一郎	4位　田中陸照

1994北斗旗無差別予選・第12回西日本大会
1994年10月10日　（大阪府立体育館）

1位　秋山賢治	2位　市場　猛	3位　鈴木規正
4位　品野圭司	5位　岩間真太郎	6位　辻　由訓
7位　寺園紳一	8位　松田英晶	

1995北斗旗体力別予選・第19回関東大会
1995年3月5日

軽量級	1位　高松　猛		2位　蛸島　巨	
	3位　朝岡秀樹		4位　松浪健太	
中量級	1位　長野常道		2位　斎藤　昇	
	3位　寺本正之		4位　渡辺正明	
軽重量級	1位　森　直樹		2位　北山晃二	
	3位　荒井省司		4位　田村英生	
重量級	1位　沖見正義		2位　稲垣拓一	
	3位　脇田端木	4位　中山正和		

特別賞　伊藤紀夫・池野泰輔

1995北斗旗体力別予選・第12回東北大会
1995年3月12日

軽量級	1位　滝口義弘	2位　東　浩司
中量級	1位　小野　亮	2位　遠藤　英
軽重量級	1位　横沢　賢	2位　小田島武志
重量級	1位　小柳勝利	2位　野原健太郎

1995北斗旗体力別予選・第4回九州沖縄大会
1995年3月19日

軽量級	1位　田中陸照	2位　平島　健
中量級	1位　森　卓也	2位　堀江徳雄
軽重量級	1位　小松秀広	2位　永島逸郎

1995北斗旗体力別予選・第13回西日本大会
1995年3月20日

軽量級	1位　宮野勝吉	2位　藤井良一	3位　小沢　貴
中量級	1位　岩間真太郎	2位　土居龍晴	3位　菅家　裕
軽重量級	1位　市瀬　猛	2位　藤澤雄司	3位　中西良栄
重量級	1位　長沼　豊	2位　辻　由訓	3位　今津陽一

特別賞　大川真人・伊藤嘉英

1995大道塾新人戦
1995年8月6日　（阿字ヶ浦小学校）

1位　伊藤彰浩	2位　斉藤　昇	3位　今津陽一
4位　ホマヨン	5位　小松洋之	6位　荘保　隆
7位　大川真人	8位　佐藤繁樹	

1995北斗旗無差別予選・第13回東北大会
1995年9月24日

1位　諸留　淳	2位　小沢太一
3位　小野　亮	4位　五十嵐祐司

特別賞　宮路淑紀

1995北斗旗無差別予選・第20回関東大会
1995年10月1日　（台東リバーサイドスポーツセンター）

1位　中山正和	2位　ホマヨン	3位　沖見正義
4位　奥山啓司	5位　田村英生	6位　長谷川朋彦
7位　稲田卓也	8位　金子哲也	

特別賞　岩木秀之

1995北斗旗無差別予選・第5回九州沖縄大会
1995年10月8日　（ももちパレス）

1位　田中真言	2位　森　卓也
3位　永島逸郎	4位　田中陸照

特別賞　又吉清人

1995北斗旗無差別予選・第14回西日本大会
1995年10月10日

1位　秋山賢治	2位　土居龍晴	3位　酒井　修
4位　品野圭司	5位　今津陽一	6位　西出太郎
7位　辻万寿夫	8位　長沼　豊	

特別賞　大川真人

1996北斗旗体力別予選・第21回関東大会
1996年3月17日　（荒川総合スポーツセンター）

軽量級　1位　蛸島　巨　　2位　高松　猛
　　　　3位　遠藤　英　　4位　長野正暁
中量級　1位　長谷川朋彦　2位　工藤雄平
　　　　3位　岩木秀之　　4位　寺本正之
軽重量級　1位　長野常道　2位　斉藤　昇
　　　　3位　藤澤雄司　　4位　池野泰輔
重量級　1位　沖見正義　　2位　金子哲也
　　　　3位　野原健太郎　4位　稲田卓也

1996北斗旗体力別予選・第6回九州沖縄大会
1996年3月20日　（ももちパレス）

軽量級　1位　稲垣　聡
中量級　1位　藤原正明　　2位　二瀬直樹
軽重量級　1位　田中真言　2位　森　卓也
重量級　1位　中嶋龍哉　　2位　永島逸郎

1996北斗旗体力別予選・第14回東北大会
1996年3月24日　（自衛隊八戸航空基地体育館）

軽量級　1位　辻村元伸　　2位　小川英樹
中量級　1位　黒崎　豊　　2位　佐藤繁樹
軽重量級　1位　アレクセイ・コノネンコ　2位　小野　亮
重量級　1位　武内俊雄　　2位　設楽直樹

1996北斗旗体力別予選・第15回西日本大会
1996年3月31日　（岡谷市民総合体育館）

軽量級　1位　宮野勝吉　2位　相星誠策　3位　小沢　貴
中量級　1位　岩間真太郎　2位　高垣吉弘　3位　菅谷　裕
軽重量級　1位　中西良栄　2位　中西博之　3位　伊予田徹
重量級　1位　辻万寿夫　2位　藤田忠司　3位　和田知之

第7回東北地区合宿大会
1996年7月28日　（山形県蔵王町体育館）

新人戦
1位　設楽直樹　　2位　武内俊男
3位　星　義彰　　4位　西条鉄也
特別賞　高橋　衛
黒帯戦
1位　五十嵐祐司　　2位　佐藤繁樹

第7回関東地区合宿大会
1996年8月4日　（阿字ヶ浦小学校）

新人戦
1位　和田優勝　　2位　阿部新治郎　3位　佐々木守
4位　長谷部信　　5位　清水和磨　　6位　甲斐博之
7位　加藤裕嗣　　8位　藤田起徹
特別賞　田口浩史・山崎進
黒帯戦
1位　長野常道　　2位　長谷川朋彦　3位　齋藤　昇
4位　森　直樹　　5位　山崎　進　　6位　沖見正義
特別賞　仲田豊穂

第7回西日本地区合宿大会
1996年8月11日　（三重県津市武道館）

新人戦
1位　土田真也　2位　和田知之　3位　萩野憲志　4位　原田将司
特別賞　浪崎　純
黒帯戦
1位　今津陽一　2位　酒井　修　3位　岩間徳三郎　4位　加藤年嗣
特別賞　西出太郎

九州地区合宿大会
1996年8月23日　（B＆G海洋センター）

新人戦
1位　中嶋龍哉　2位　白木康二郎　3位　井川洋之
黒帯戦
1位　中嶋龍哉　2位　藤原能明　3位　森卓也　4位　田中真言

1996北斗旗無差別予選・第16回西日本大会
1996年9月22日　（守口市体育館）

1位　石田圭市　　2位　岩間真太郎　3位　土居龍晴
4位　菅家　裕　　5位　西出太郎　　6位　宮野勝吉
7位　今津陽一　　8位　長沼　豊
特別賞　浪崎　純

1996北斗旗無差別予選・第15回東北大会
1996年9月29日　（宮城県スポーツセンター柔道場）

1位　小野　亮　　2位　設楽直樹
3位　仲野　靖　　4位　蛸島　巨

1996北斗旗無差別予選・第22回関東大会
1996年10月6日　（新宿区スポーツセンター）

1位　長野常道　　2位　稲田卓也　　3位　森　直樹
4位　長谷川朋彦　5位　稲垣拓一　　6位　星　義彰
7位　斎藤　昇　　8位　沖見正義
特別賞　松田道人

1996北斗旗無差別予選・第7回九州沖縄大会
1996年10月10日　（ももちパレス）

1位　森　卓也　　2位　平島　謙
3位　村田良成　　4位　遠島浩克
特別賞　志喜屋保・高松忠介

1997北斗旗体力別予選・第8回九州沖縄大会
1997年3月22日　（ももちパレス）

軽量級　1位　平島　健　　2位　平田真宏
中量級　1位　白木康次郎　2位　松浦弘嗣
軽重量級　1位　森　卓也　2位　田中真言
重量級　1位　永島逸郎

1997北斗旗体力別予選・第17回西日本大会
1997年3月30日　（名古屋市露橋スポーツセンター）

軽量級　1位　寺西　登　　2位　古川雄一
　　　　3位　稲垣　聡　　4位　土田真也
中量級　1位　宮野勝吉　　2位　寺園紳一
　　　　3位　萩野憲志　　4位　吉澤直樹
軽重量級　1位　清水　裕　2位　寄田明寿　3位　中西博之
重量級　1位　藤田忠司　　2位　川口昭一郎　3位　西出太郎

1997北斗旗体力別予選・第23回関東大会
1997年4月6日　（新宿スポーツセンター）

軽量級　1位　高松　猛　　2位　松浪健太
　　　　3位　鈴木純芳　　4位　寺田　猛
中量級　1位　長谷川朋彦　2位　岩木秀之
　　　　3位　佐野教明　　4位　泉　高志
軽重量級　1位　斉藤　昇　2位　田村高志
　　　　3位　藤澤雄司　　4位　岩野泰輔
重量級　1位　沖見正義　　2位　稲田卓也
　　　　3位　長谷部信　　4位　加藤裕嗣

1997北斗旗体力別予選・第6回北海道大会
1997年4月13日　　（豊平市体育館）

1位　青木正樹　　2位　佐々木亮一
3位　赤平亘彌　　4位　大久保進一

1997北斗旗体力別予選・第16回東北大会
1997年4月20日　　（仙台市武道館）

軽量級　　1位　金田良浩
中量級　　1位　宮路淑紀　　2位　仲野靖　　3位　高橋衛
軽重量級　1位　小野亮　　2位　寺沢純悦
重量級　　1位　諸留淳　　2位　武内俊雄

北海道地区合宿大会
1997年7月27日　　（樺戸郡月形町総合体育館）

新人戦
1位　菅原英文　　2位　大久保進一
3位　宮沢敏彦　　4位　佐々木亮一
特別賞　南條雅己

第8回東北地区合宿大会
1997年8月3日　　（山形県蔵王町体育館）

新人戦
1位　西条鉄也　　2位　岡崎匠　　3位　高谷敏晶
黒帯戦
1位　五十嵐祐司　　2位　小野亮

第8回関東地区合宿大会
1997年8月10日　　（阿字ヶ浦小学校）

新人戦
1位　亀山文武　　2位　高田久嗣　　3位　山崎進
4位　松橋裕一　　5位　川又武志　　6位　清水和磨
7位　江口忠友　　8位　平岸静男
特別賞　荒井裕介
黒帯戦
1位　長野常道　　2位　森直樹
3位　小松洋之　　4位　沖見正義
特別賞　稲田卓也

第8回西日本地区合宿大会
1997年8月24日　　（三重県津市武道館）

新人戦
1位　北田大介　　2位　加藤貴広
3位　永井明宏　　4位　五味健治
黒帯戦
1位　今津陽一　　2位　川口昭一郎
3位　浪崎純　　4位　加藤年嗣
敢闘賞　土居龍晴

九州・沖縄地区合宿大会
1997年8月31日　　（B＆G海洋センター）

新人戦
1位　藤原正明　　2位　川福浩司
3位　柏村浩史　　4位　清原隆介
黒帯戦
1位　中嶋龍哉　　2位　庄田真人

1997北斗旗無差別予選・第7回北海道大会
1997年9月23日　　（音更町武道場）

1位　田村高志　　2位　大久保進一

1997北斗旗無差別予選・第17回東北大会
1997年9月28日　　（岩手県営武道場）

1位　五十嵐祐司　　2位　諸留淳
3位　小野亮　　4位　佐藤繁樹
敢闘賞　山口雅己・長沼昌史
特別賞　高橋衛・西条鉄也

1997北斗旗無差別予選・第24回関東大会
1997年10月5日　　（台東リバーサイドスポーツセンター）

1位　沖見正義　　2位　星義彰　　3位　長谷川朋彦
4位　長野常道　　5位　森直樹　　6位　前田聡
7位　高松猛　　8位　小松洋之
特別賞　工藤雄平

1997北斗旗無差別予選・第18回西日本大会
1997年10月10日　　（大阪府立体育館）

1位　石田圭市　　2位　長沼豊　　3位　藤田忠司
4位　西出太郎　　5位　今津陽一　　6位　品野圭司
7位　鈴木規正　　8位　中西博之
特別賞　阿部たける・服部宏明

1997北斗旗無差別予選・第9回九州沖縄大会
1997年10月12日　　（博多体育館）

1位　村田良成　　2位　森卓也　　3位　柏村浩史

1998北斗旗体力別予選・第10回九州沖縄大会
1998年3月12日　　（ももちパレス）

軽量・中量級　　1位　藤原正明　　2位　黒崎豊
軽重量・重量級　1位　寺本正之　　2位　森卓也

1998北斗旗体力別予選・第19回西日本大会
1998年3月21日　　（名古屋市露橋スポーツセンター）

軽量級　　1位　寺西登　　2位　日下一夫
　　　　　3位　阿部たける　4位　相星誠策
中量級　　1位　大川真人　　2位　吉岡正弘
　　　　　3位　岩間徳三郎　4位　市原喜治
軽重量級　1位　土居龍晴　　2位　渡辺正明
　　　　　3位　寄田明寿　　4位　森松勝利
重量級　　1位　今津陽一　　2位　辻万寿夫
　　　　　3位　北田大輔　　4位　川口昭一郎

1998北斗旗体力別予選・第25回関東大会
1998年4月5日　　（新宿スポーツセンター）

軽量級　　1位　高松猛　　2位　伊藤
　　　　　3位　鈴木　　4位　上野
中量級　　1位　長谷川朋彦　2位　高田久嗣
　　　　　3位　中島　　4位　飯島
軽重量級　1位　藤澤雄司　　2位　齋藤昇
　　　　　3位　阿部　　4位　多田
重量級　　1位　沖見正義　　2位　星義彰
　　　　　3位　加藤裕嗣　　4位　清水和磨

1998北斗旗体力別予選・第18回東北大会
1998年4月12日　　（仙台市泉武道館）

軽量級　　1位　蛸島巨　　2位　小山政幸
中量級　　1位　宮路淑紀　　2位　中川博之
軽重量級　1位　小野亮　　2位　高橋衛
重量級　　1位　荘保隆　　2位　浜松新一郎

1998北斗旗体力別予選・第8回北海道大会
1998年4月19日

軽量・中量　1位　南條雅己
軽重量・重量　1位　田村高志

大道塾全国夏期合宿支部対抗戦
1998年8月2日　（神奈川県富士箱根ランド）

1位　木町組　　2位　飯田組

1998北斗旗無差別予選・第9回北海道大会
1998年10月11日　（遠軽町武道館）

1位　田村高志　　2位　小川徳克

1998北斗旗無差別予選・第19回東北大会
1998年10月18日　（山形市総合スポーツセンター）

1位　浜松新一郎　2位　西條鉄也　3位　高橋　衛
4位　諸留　淳　5位　中川博之　6位　金本一弘
敢闘賞　永山裕
特別賞　小山田実

1998北斗旗無差別予選・第20回西日本大会
1998年10月25日　（守口市民体育館）

1位　川口昭一郎　2位　藤田忠司　3位　西出太郎
4位　岩間徳三郎　5位　今津洋一　6位　辻万寿夫
7位　武山卓己　8位　寺西　登

1998北斗旗無差別予選・第26回関東大会
1998年11月1日　（台東リバーサイドスポーツセンター）

1位　稲田卓也　　2位　稲垣拓一　　3位　沖見正義
4位　長野常道　　5位　清水和磨　　6位　前田　聡
7位　甲斐博之　　8位　藤澤雄司

1998北斗旗無差別予選・第11回九州沖縄大会
1998年11月8日

1位　中嶋龍哉　　2位　寺本正之

1999北斗旗体力別予選・第20回東北大会
1999年3月

軽量級　1位　永山　　　2位　佐藤
中量級　1位　中川博之　2位　今野
軽重量級　1位　小野　亮　2位　高橋　衛
重量級　1位　浜松新一郎　2位　堀

1999北斗旗体力別予選・第12回九州沖縄大会
1999年3月

中量級　1位　藤原正明　　2位　松浦弘嗣
軽重量級　1位　遠島

1999北斗旗体力別予選・第21回西日本大会
1999年3月22日　（名古屋市露橋スポーツセンター）

軽量級　1位　寺西　登　　2位　辻村元伸
中量級　1位　高垣吉弘　　2位　平原徳浩
軽重量級　1位　酒井　修　　2位　鈴木規正
重量級　1位　品野圭司　　2位　藤田忠司

1999北斗旗体力別予選・第27回関東大会
1999年3月28日　（台東リバーサイドスポーツセンター）

軽量級　1位　上野　　　2位　寺田
　　　　3位　高橋　　　4位　松本
中量級　1位　飯島　進　2位　長谷川朋彦
　　　　3位　中山　　　4位　深見
軽重量級　1位　飯村健一　2位　岩木秀之
　　　　3位　多田　　　4位　阿部
重量級　1位　村田良成　2位　金子
　　　　3位　野原　　　4位　沖見正義

1999北斗旗体力別予選・第4回中国・四国大会
1999年4月4日　（徳山市総合スポーツセンター）

1位　秋山　剛　　2位　北窪
3位　若月　　　　4位　山本
新人賞　加藤

1999北斗旗体力別予選・第10回北海道大会
1999年4月18日　（千歳総合武道センター）

軽量・中量級　1位　長沼昌史　2位　三宅　仁
軽重量・重量級　1位　大久保進一　2位　板垣高徳

第9回東北地区新人戦
1999年7月25日

1位　滝田　　2位　柳谷　　3位　高橋　　4位　堀

第9回関東地区新人戦
1999年8月8日　（阿字ヶ浦小学校）

1位　藤松　　2位　石田　　3位　篠宮
4位　秋吉　　5位　奥村　　6位　崎山

第9回西日本地区新人戦
1999年8月22日　（滋賀県びわ町スポーツの森内体育館）

1位　小瀬古　　2位　中野

1999北斗旗無差別予選・第11回北海道大会
1999年9月19日　（音更町総合体育館）

1位　田村高志　　2位　大久保進一
3位　長沼昌史　　4位　板垣高徳

1999北斗旗無差別予選・第6回新潟大会
1999年9月23日　（新潟市鳥屋野総合体育館）

1位　岩木秀之　　2位　星　義彰　　3位　松橋裕一
敢闘賞　高橋敏親

1999北斗旗無差別予選・第21回東北大会
1999年9月26日　（宮城県スポーツセンター）

1位　浜松新一郎　2位　堀　啓
3位　高橋　衛　　4位　滝田　巌

1999北斗旗無差別予選・第28回関東大会
1999年10月3日　（新宿スポーツセンター）

1位　沖見正義　　2位　稲田卓也　　3位　能登谷佳樹
4位　藤澤雄司　　5位　前田　聡　　6位　森　直樹
7位　武山卓己　　8位　藤松泰通

1999北斗旗無差別予選・第13回九州沖縄大会
1999年10月10日　（ももちパレス）

1位　寺本正之　　2位　若月里木

1999北斗旗無差別予選・第22回西日本大会
1999年10月17日　（岸和田市総合体育館）

1位　藤田忠司　　2位　西出太郎　　3位　服部宏明
4位　平原徳浩　　5位　鈴木規正　　6位　渡辺正明
7位　大吾　学　　8位　土居龍晴

2000北斗旗体力別予選・第23回西日本大会
2000年3月19日　（愛知県武道館）

軽量級　　1位　榎並博之　　2位　池田一次
中量級　　1位　原田治久
軽重量級　1位　川口昭一郎　2位　中西良栄
重量級　　1位　藤田忠司　　2位　辻万寿夫

2000北斗旗体力別予選・第12回北海道大会
2000年3月20日　（北海道立総合体育センター）

軽量・中量級　　1位　長沼昌史　　2位　宮澤敏彦
軽重量・重量級　1位　大久保進一　2位　下村　賢

2000北斗旗体力別予選・第14回九州沖縄大会
2000年3月26日　（アクシオン福岡）

軽量級　　1位　平安孝行
中量級　　1位　山本秀明
軽重量級　1位　寺本正之　　2位　若月里木
重量級　　1位　中嶋龍哉

2000北斗旗体力別予選・第29回関東大会
2000年4月2日　（台東リバーサイドスポーツセンター）

軽量級　　1位　伊藤紀夫　　2位　田尻雅治
　　　　　3位　富田　憲　　4位　寺田　猛
中量級　　1位　高田久嗣　　2位　中山康洋
　　　　　3位　青木政樹　　4位　長谷川朋彦
軽重量級　1位　小野　亮　　2位　能登谷佳樹
　　　　　3位　甲斐博之　　4位　山下正和
重量級　　1位　稲田卓也　　2位　金子哲也
　　　　　3位　沖見正義　　4位　藤澤雄司

2000北斗旗体力別予選・第22回東北大会
2000年4月9日　（八戸市武道館）

軽量級　　1位　高橋哲郎　2位　蛸島　巨
中量級　　1位　中川博之　2位　今野　章　　3位　角掛真也
軽重量級　1位　寺沢純悦　2位　高橋　衛　　3位　西條鉄也
重量級　　1位　堀　啓　　2位　浜松新一郎　3位　五十嵐祐司

第3回北海道地区夏期大会
2000年7月23日　（月形町総合体育館）

黒帯戦
1位　大久保進一　　2位　村上　明

新人戦
1位　板垣高徳　　2位　鈴木隆太　　3位　水谷彰男

第22回関東地区夏期合宿大会
2000年7月30日　（茨城県勝田市体育館）

黒帯戦
1位　山崎　進　　2位　稲田卓也
3位　長谷川朋彦　4位　能登谷佳樹

新人戦
1位　藤松泰通　　2位　東　龍二
3位　山崎靖公　　4位　伊藤　暁
5位　高橋正人　　6位　土屋正昭

第10回東北地区夏期合宿大会
2000年8月6日　（山形市立蔵王体育館）

1位　角掛真也　　2位　堺田幸志

第10回西日本地区夏期合宿大会
2000年8月20日　（彦根市勤労者体育センター）

黒帯戦
1位　藤田忠司　　2位　小川英樹

新人戦
1位　今村基宏　　2位　福薗浩一　　3位　荒木健太郎

第6回九州地区夏期大会
2000年8月27日　（瀬高町B＆G海洋センター）

新人戦
1位　山本秀明　　2位　渡辺靖之
3位　室井剛志　　4位　池田尚人

2000北斗旗無差別予選・第13回北海道大会
2000年9月

1位　田村高志　　2位　大久保進一

2000北斗旗無差別予選・第15回九州沖縄大会
2000年9月

1位　寺本正之　　2位　秋山　剛
3位　羽田野亮二・遠嶋浩克

2000北斗旗無差別予選・第24回西日本大会
2000年9月

1位　藤田忠司　　2位　石田圭一　　3位　鈴木規正
4位　品野圭司　　5位　中谷泰久　　6位　伊予田徹
7位　平原徳浩　　8位　渡辺正明

2000北斗旗無差別予選・第23回東北大会
2000年9月17日

1位　滝田　巌　　2位　奥山啓司　　3位　中嶋啓之
4位　中川博之　　5位　小川　英

2000北斗旗全日本無差別選手権予選・第30回関東大会及び交流試合
2000年10月9日　（中央区総合スポーツセンター）

1位　岩木秀之　　2位　中山正和　　3位　高田久嗣
4位　村田良成　　5位　藤澤雄司　　6位　松橋裕一
7位　長野常通　　8位　寺田　猛

第7回新潟大会
2000年10月14日

1位　金子哲也　2位　清水和磨　3位　市嶋　潤

第5回中国四国地区交流大会
2001年3月4日　（広島市安佐南区スポーツセンター）

1位　山本秀明　　2位　西浦賢一

第6回北信越新潟大会
2001年3月4日　（鳥屋野体育館武道場）

1位　藤崎　勲　　2位　木村　聡　　3位　渡辺真一

2001北斗旗体力別全国予選大会
2001年3月18日　（新宿スポーツセンター）

軽量級	1位	榎並博幸	2位	上野　正
中量級	1位	池田一次	2位	佐野教明
軽重量級	1位	岩木秀之	2位	石田圭市
重量級	1位	荒井省司	2位	片平祐一郎
超重量級	1位	前田　聡	2位	山崎靖公

第16回九州・沖縄大会
2001年3月18日

| 1位 | 森　卓也 | 2位 | 加藤和浩 |

第25回西日本大会
2001年3月25日

軽量級	1位	小林	2位	玉置
中量級	1位	山下	2位	坂井
軽重量級	1位	時任	2位	赤坂
重量級	1位	鈴木	2位	下板屋

第31回関東大会
2001年4月1日　（台東リバーサイドスポーツセンター）

| 軽量・中量級 | 1位 | 藤本直樹 | 2位 | 堀　宗紀 |
| 軽重量・重量級 | 1位 | 長谷川正人 | 2位 | 早津忠夫 |

第24回東北大会
2001年4月8日

軽量級	1位	佐藤繁樹	2位	今田　允
中量級	1位	今野　章	2位	松川　博
軽重量級	1位	後藤一郎	2位	我妻　猛
重量級	1位	木村　猛	2位	本間淳一

第14回北海道大会
2001年4月15日

| 1位 | 鈴木隆太 | 2位 | 長尾雄士 |

第11回全国新人戦
2001年7月29日

| 1位 | 青木政樹 | 2位 | 鈴木純芳 |
| 3位 | 東　龍二 | 4位 | 石橋昌之 |

第33回関東地区大会
2002年3月21日

軽量級	1位	高橋　腕	2位	佐久間僚
中量級	1位	三次哲男	2位	奥野孝浩
軽重量級	1位	山口啓二	2位	斉藤雅史
重量級	1位	清水和磨	2位	亀山文武
超重量級	1位	藤松泰通	2位	長谷川正人

第7回新潟県大会
2002年3月24日　（新潟市黒埼地区体育館武道場）

| 1位 | 渡辺　良 | 2位 | 石田晃久 |

第26回東北地区大会
2002年3月31日

軽量級	1位	佐藤繁樹	2位	渡辺和暁
中量級	1位	今野　章	2位	笹原　晃
軽重量級	1位	我妻　猛	2位	高橋　衛
重量・超重量	1位	浜松新一郎	2位	長田賢一

第27回西日本地区大会
2002年4月

軽量級	1位	寺西　登	2位	伊賀泰司郎
中量級	1位	吉岡正裕	2位	原田治久
軽重量級	1位	嘉見俊宏	2位	伊豫田徹
重量級	1位	石田圭市	2位	川口昭一郎
超重量級	1位	藤田忠司	2位	高橋敏親

2002北斗旗無差別北海道地区予選及び北海道地区大会
2002年9月22日

| 1位 | 佐々木嗣治 | 2位 | 田村高志 |

2002北斗旗無差別東北予選及び東北地区大会
2002年9月29日

| 1位 | 木村　猛 | 2位 | 小松洋之 |
| 敢闘賞 | 斉藤真希・三浦隆善 |

2002北斗旗無差別九州地区予選及び九州地区大会
2002年10月6日

| 1位 | 秋山　剛 | 2位 | 吉濱実哲 | 3位 | 遠嶋浩克 |

2002北斗旗無差別西日本地区予選及び西日本地区大会
2002年10月13日

1位	寺本正之	2位	石田圭市
3位	川口昭一郎	4位	時任真樹
5位	中谷泰久	6位	渡辺正明
7位	服部宏明	8位	伊像田徹

2002北斗旗無差別関東地区予選及び関東地区大会
2002年10月14日　（中央区スポーツセンター）

| 1位 | アレキサンダー・ロバート | 2位 | 金子哲也 | 3位 | 小松英広 |
| 4位 | 吉澤雅宏 | 5位 | 荒井省司 | 6位 | 寺園太 |

2002北斗旗無差別北信越地区予選及び北信越地区大会
2002年10月20日　（新潟市鳥屋野体育館）

| 1位 | 斎藤雅史 | 2位 | 中山康洋 | 3位 | 番場　均 |

2003北斗旗全日本空道体力別選手権予選・第35回関東大会及び交流試合
2003年3月23日　（台東リバーサイドスポーツセンター）

軽量級	1位	高橋　腕	2位	番場　均	3位	上野敏文
中量級	1位	藤本直樹	2位	佐野教明	3位	三次哲男
	4位	今村基宏	5位	室伏浩平		
軽重量級	1位	小野　亮	2位	澤口誠一	3位	仲田豊穂
重量級	1位	志田　淳	2位	平田誠一		
超重量級	1位	稲田卓也	2位	山崎　進		

2003北斗旗全日本空道体力別選手権・第28回東北大会及び交流試合
2003年3月30日　（上山市体育文化センター）

軽量級	1位	渡辺和暁	2位	太田秀俊	3位	高橋哲郎
中量級	1位	今野　章	2位	中川博之	3位	芳賀俊一
軽重量級	1位	我妻　猛	2位	鈴木清治	3位	三浦隆義
重量級	1位	木村　猛	2位	長田賢一	3位	藤川弥伸
敢闘賞	菅原智範

2003北斗旗全日本空道体力別選手権・第29回西日本大会及び交流試合
2003年4月6日　（愛知県スポーツ会館）

軽量級	1位	榎並博幸	2位	小林　悟
中量級	1位	中野渡啓示	2位	荒木健太郎
軽重量級	1位	嘉見俊宏	2位	中尾稔実
重量級	1位	前田　大	2位	林　久直
超重量級	1位	藤田忠司	2位	川口昭一郎

2003北斗旗全日本空道体力別選手権・第18回北海道大会及び交流試合
2003年4月13日　（札幌中島体育センター）

1位　佐々木嗣治　2位　宮澤敏彦

2003北斗旗全日本空道体力別選手権予選・第20回九州・沖縄地区大会及び交流試合
2003年4月20日　（アクシオン福岡）

（240未満の部）
1位　吉濱実哲　2位　平島　健　3位　矢野義裕

（240以上の部）
1位　平塚洋二郎　2位　森　卓也

2003東北地区夏期合宿大会
2003年8月

黒帯グランド戦
1位　アンドレア・ストッパ　2位　小松洋之

新人戦
1位　井田耕治　2位　佐藤将光　3位　中川賢一

2003西日本地区夏期合宿大会
2003年8月

黒帯戦
1位　寺本正之　2位　品野圭司
3位　小寺英樹　4位　渡辺正明

新人戦
1位　岡村龍之　2位　川上大樹
3位　有川桂太　4位　松下靖史

2003九州地区夏期合宿大会
2003年8月

黒帯ワンマッチ戦
1位　寺本正之

新人戦・4級以上の部
1位　今里太二　2位　飯田　章

新人戦・基本ルールの部
1位　松本　剛　2位　吉川哲朗

2003北斗旗全日本無差別選手権予選・第19回北海道大会及び交流試合
2003年9月21日

1位　田村高志　2位　大久保進一

2003北斗旗全日本無差別選手権予選・第29回東北大会及び交流試合
2003年9月28日　（南方武道館）

1位　五十嵐祐司　2位　小松洋之　3位　太田友則
4位　鈴木清治　5位　高橋　衛　6位　高谷敏晶

2003北斗旗全日本無差別選手権予選・第21回九州・沖縄地区大会及び交流試合
2003年10月5日　（ももちパレス）

1位　森　卓也　2位　山田敏代和　3位　矢野義裕

2003北斗旗全日本無差別選手権予選・第36回関東大会及び交流試合
2003年10月12日　（中央区立総合スポーツセンター）

1位　稲田卓也　2位　金子哲也　3位　川口昭一郎
4位　平田誠一　5位　荒井省司　6位　亀山文武
7位　小野　亮　8位　高橋敏親
特別賞　川人幹也・藤田憲雄

2003北斗旗全日本無差別選手権予選・第30回西日本大会及び交流試合
2003年10月13日　（ゆめドームうえの）

1位　石田圭市　2位　服部宏明　3位　伊賀泰司郎
4位　荒木健太郎　5位　前田　大　6位　小瀬古重樹
7位　寺西　登　8位　山下祐治

2004北斗旗全日本空道体力別選手権予選・第31回西日本大会及び交流試合
2004年3月14日　（愛知県スポーツ会館）

軽量級	1位　小林　悟	2位　中西　登
	3位　榎並博幸	4位　有本淳吾
中量級	1位　平原徳浩	2位　豊田哲也
	3位　谷口大和	
軽重量級	1位　伊豫田徹	2位　服部宏明
重量級	1位　中谷泰久	2位　川口昭一郎
超重量級	1位　藤田忠司	

2004北斗旗全日本空道体力別選手権予選・第20回北海道大会及び交流試合
2004年3月28日　（札幌中島体育センター）

1位　田村高志　2位　大久保進一

2004北斗旗全日本空道体力別選手権予選・第37回関東大会及び交流試合
2004年4月4日　（中央区立総合スポーツセンター）

軽量級	1位　末廣智明	2位　高橋　腕
	3位　番場　均	4位　朝岡秀樹
中量級	1位　佐野教明	2位　菊池　滋
	3位　飯村健一	4位　伊藤紀夫
	5位　小野貴久	6位　飯島　進
	7位　青木政樹	8位　藤本直樹
軽重量級	1位　小野　亮	2位　渡辺正明
	3位　斉藤雅史	4位　前田　大
重量級	1位　笹沢一有	2位　藤澤雄司
	3位　荒井省司	
超重量級	1位　稲田卓也	

2004北斗旗全日本空道体力別選手権予選・第30回東北大会及び交流試合
2004年4月11日　（一関市武道館）

軽量級	1位　渡部和暁	2位　中村　充
中量級	1位　花山健一	2位　岡本竜一
軽重量級	1位　アレクセイ・コノネンコ	2位　鈴木清治
重量級	1位　木村　猛	2位　太田友則
超重量級	1位　瀧田　巌	

2004北斗旗全日本空道体力別選手権予選・第22回九州・沖縄大会及び交流試合
2004年4月18日　（アクシオン福岡）

230未満の部
1位　平安孝行　2位　水落新次
230以上250未満の部
1位　矢野義裕　2位　志喜屋保
250以上の部
1位　平塚洋二郎

第6回全国合同合宿
2004年7月25日　（栃木県今市市）

黒帯戦
1位　稲田卓也　2位　藤松泰通
3位　寺本正之　4位　高橋敏親

新人戦4級以上
1位　稲田雅善　2位　小林知昭　3位　大内　剛
4位　滝川洋輔　5位　藤松信哉

新人戦5級以下
1位　日高　学　2位　水元健二　3位　藤本圭介

2004北斗旗全日本無差別選手権予選・第21回北海道大会及び交流試合
2004年9月26日　（帯広の森体育館）

1位　佐々木嗣治　　2位　宮澤敏彦

2004北斗旗全日本無差別選手権予選・第32回西日本大会及び交流試合
2004年10月3日　（富谷町武道館）

1位　藤田忠司　　2位　石田圭一　　3位　伊賀泰司郎
4位　伊豫田徹　　5位　服部宏明　　6位　小林　悟

2004北斗旗全日本無差別選手権予選・第38回関東大会及び交流試合
2004年10月10日　（台東リバーサイドスポーツセンター）

1位　藤松泰通　　2位　稲田卓也　　3位　飯島　進
4位　平田誠一　　5位　青木政樹　　6位　小野　亮
7位　池野泰輔　　8位　渡辺正明
特別賞　稲田雅善・藤松信哉

2004北斗旗全日本無差別選手権予選・第23回九州・沖縄大会及び交流試合
2004年10月17日　（ももちパレス）

1位　平塚洋二郎　2位　森　卓也
3位　小田悠介　　4位　今里太二

2004北斗旗全日本無差別選手権予選・第31回東北大会及び交流試合
2004年10月24日　（大阪府立岸和田体育館）

1位　五十嵐祐司　2位　小松洋之
3位　今野　章　　4位　大内　剛

2004北斗旗全日本無差別選手権予選・第10回新潟県大会及び北信越地区予選会
2004年10月30日　（鳥屋野総合体育館）

1位　岩木秀之　　2位　高橋　腕

2005北斗旗全日本空道体力別選手権予選・第24回九州・沖縄大会及び交流試合
2005年3月20日　（ももちパレス）

250未満
1位　巻　礼史　　2位　矢野義裕　　3位　今里太二
250以上
1位　森　卓也　　2位　中西大悟

2005北斗旗全日本空道体力別選手権予選・第33回西日本大会及び交流試合
2005年3月21日　（露橋スポーツセンター）

軽量級　　1位　伊賀泰司郎　2位　有本淳吾
中量級　　1位　寺本正之　　2位　寺園紳一
軽重量級　1位　服部宏明　　2位　時任真樹
重量級　　1位　川口昭一郎　2位　馬渕　秀
超重量級　1位　藤田忠司

2005北斗旗全日本空道体力別選手権予選・第32回東北大会及び交流試合
2005年3月27日　（八戸武道館）

軽量級　　1位　渡部和暁　　2位　太田秀俊
　　　　　3位　中村　充
中量級　　1位　今野　章　　2位　中川博之
　　　　　3位　岡本竜一
軽重量級　1位　鈴木清治　　2位　澤口誠一
重量級　　1位　小松洋之　　2位　本城谷功
　　　　　3位　木村　猛
超重量級　1位　小川　英

2005北斗旗全日本空道体力別選手権予選・第39回関東大会及び交流試合
2005年4月3日　（新宿スポーツセンター）

軽量級　　1位　高橋　腕　　2位　末廣智明　　3位　榎並博幸
　　　　　4位　小林　悟　　5位　黒川哲志
中量級　　1位　岩木秀之　　2位　青木政樹　　3位　神部　真
　　　　　4位　菊池　滋　　5位　今村基宏　　6位　飯島　進
軽重量級　1位　小野　亮　　2位　斉藤雅史　　3位　平田誠一
　　　　　4位　池野泰輔　　5位　藤松信哉
重量級　　1位　藤澤雄司　　2位　稲田雅善　　3位　笹沢一有
超重量級　1位　藤松泰通　　2位　金子哲也

2005北斗旗全日本空道体力別選手権予選・第22回北海道大会
2005年4月10日　（札幌中島体育センター）

中量級　　　　1位　宮澤敏彦
軽重量級以上　1位　佐々木嗣治

2006北斗旗全日本空道体力別選手権予選・第26回九州・沖縄大会及び各交流試合
2006年3月19日　（ももちパレス）

軽量級　　　　1位　平安孝行
中量級　　　　1位　巻　礼史
軽重量級以上　1位　森　卓也

2006北斗旗全日本空道体力別選手権予選・第35回西日本大会及び各交流試合
2006年3月26日　（愛知県スポーツ会館）

軽量級　　1位　崎村暁東　　2位　有本淳吾
　　　　　3位　寺西　登　　4位　古川雄一
中量級　　1位　原田治久　　2位　岡村龍之
　　　　　3位　小林　悟　　4位　山下祐治
軽重量級　1位　服部弘明　　2位　時任真樹
重量級　　1位　土井　健
超重量級　1位　石田圭市

2006北斗旗全日本空道体力別選手権東北地区予選・第33回東北大会及びビジネスマンクラス交流大会
2006年4月2日　（青森市スポーツ会館）

軽量級　　　　1位　太田秀俊　　　　　　2位　渡部和暁
中量級　　　　1位　我妻　猛　　　　　　2位　高谷敏晶
軽重量級　　　1位　アレクセイ コノネンコ　2位　鈴木 清治(石巻)
重量・超重量級　1位　本城谷功　　　　　2位　佐藤　将光

2006北斗旗全日本空道体力別選手権予選・第41回関東大会及び交流試合
2006年4月9日　（中央区立総合スポーツセンター）

軽量級　　1位　伊藤紀夫　　2位　黒川哲志
　　　　　3位　川上大樹　　4位　佐久間僚
中量級　　1位　松田徹矢　　2位　神部　真
　　　　　3位　川上淳哉　　4位　飯島　進
軽重量級　1位　小野　亮　　2位　渡邉　良
　　　　　3位　池野泰輔　　4位　斉藤雅史
重量級　　1位　稲田雅善
超重量級　1位　藤松泰通　　2位　小貫太郎

2006北斗旗全日本空道体力別選手権予選・第24回北海道大会及び各交流試合
2006年4月26日　（札幌中島体育センター）

-240クラス　1位　神屋雅光
240+クラス　1位　佐々木嗣治

北海道地区夏期合宿大会
2006年7月23日

黒帯戦　1位　田村高志
新人戦　1位　田中俊輔

東北地区夏期合宿大会
2006年7月30日　（蔵王第三小中学校体育館）

黒帯戦
1位　小松洋之　　2位　清水和磨

新人戦
1位　佐藤武志　　2位　岡　裕次

関東地区夏期合宿大会
2006年8月6日　（黒羽体育施設格技室）

黒帯戦
1位　藤松泰通　　2位　笹沢一有　　3位　能登谷佳樹
4位　岩木秀之　　5位　朝岡秀樹

新人戦
1位　江利川卓磨　　2位　嶋田昌弘　　3位　宮地　孟
4位　依田純宏

西日本地区夏期合宿大会
2006年8月27日　（浅井体育館）

黒帯戦
1位　藤田忠司　　2位　服部宏明
3位　八百智英　　4位　岡村龍之

新人戦
1位　山田　壮　　2位　伊藤　剛　　3位　杉浦宗憲

九州地区夏期合宿大会
2006年9月3日　（瀬高町Ｂ＆Ｇ海洋センター）

黒帯戦　1位　平塚洋二郎
新人戦　1位　元山　創

2006北斗旗全日本空道無差別選手権予選・第25回北海道大会及び交流試合
2006年9月17日　（芽室町総合体育館）

1位　田村高志　　2位　佐々木嗣治

2006北斗旗全日本空道無差別選手権東北地区予選・第34回東北大会及び交流大会
2006年9月18日　（宮城県武道館）

1位　我妻　猛　　2位　高野　望
3位　高谷敏晶　　4位　吉田　誠
特別賞　山本　渡

2006北斗旗全日本空道無差別選手権予選・第27回九州・沖縄大会及び交流大会
2006年9月23日　（アクシオン福岡）

1位　吉濱実哲　　2位　森　卓也　　3位　古閑康隆

2006北斗旗全日本空道無差別選手権予選・第36回西日本大会及び交流大会
2006年10月8日　（三重県立ゆめドームうえの）

1位　土井　健　　2位　松山惣武

2006北斗旗全日本空道無差別選手権予選・第42回関東大会及び交流大会
2006年10月9日　（中央区立総合スポーツセンター）

1位　稲田卓也　　2位　御園生勉　　3位　原田敏克
4位　笹沢一有　　5位　勝　直光　　6位　森　直樹
7位　稲田雅善　　8位　吉澤雅宏
特別賞　小林知昭・作田啓司

2006北斗旗全日本空道無差別選手権第4回北信越地区予選・第11回新潟県大会
2006年10月22日　（新潟市鳥屋野総合体育館）

1位　高橋　腕　　2位　前田陽介　　3位　渡辺真一

2007北斗旗全日本空道体力別選手権予選・第28回九州・沖縄大会及び交流大会
2007年3月18日　（アクシオン福岡）

軽量級　　　1位　平安孝行　　2位　水落信次
中量級　　　1位　今里太二　　2位　巻　礼史
軽重量級　　1位　吉濱実哲
重量級以上の部　1位　山田敏代和

2007北斗旗全日本空道体力別選手権予選・第37回西日本大会及び各交流大会
2007年3月25日　（愛知県スポーツ会館）

軽量級　　　1位　川上大樹　　2位　坂子和夫
　　　　　　3位　有本淳吾　　4位　寺西　登
中量級　　　1位　榎並博幸　　2位　山下裕治
軽重量級　　1位　服部宏明　　2位　酒井　修
重量級以上の部　1位　藤田忠司

2007北斗旗全日本空道体力別選手権予選・第43回関東大会及び交流大会
2007年4月1日　（中央区総合スポーツセンター）

軽量級　　　1位　高橋　腕　　2位　末廣智明　　3位　宮地　孟
　　　　　　4位　黒川哲志　　5位　松山尚也　　6位　伊藤紀夫
中量級　　　1位　堀　宗紀　　2位　飯島　進　3位　須磨崎眞
　　　　　　4位　小川孔久
軽重量級　　1位　山内真也　　2位　御園生勉
重量級　　　1位　藤松泰通　　2位　志田　淳
超重量級　　1位　稲田卓也　　2位　長谷川正人
女子部ワンマッチ戦　　勝利者　前原映子

2007北斗旗全日本空道体力別選手権東北地区予選会・第35回東北大会及びビジネスマン・女子部大会
2007年4月8日　（山形市総合スポーツセンター）

軽量級　　　1位　太田秀俊
中量級　　　1位　我妻　猛　　2位　高谷茂樹
軽重量級　　1位　アレクセイ・コノネンコ
重量級　　　1位　高野　望
超重量級　　1位　菅原智範

2007北斗旗全日本空道体力別選手権予選・第26回北海道大会及び交流大会
2007年4月15日　（白石区体育館）

中量級　　　　1位　田中俊輔　　2位　神屋雅光
軽重量級以上　1位　佐々木嗣治

2007西日本地区ビジネスマンクラス・女子部・少年部交流大会
2007年4月22日

女子部予選　1位　神山歩未

2007北斗旗全日本空道無差別選手権予選・第27回北海道大会及び交流大会
2007年10月6日　（音更町武道館）

1位　佐々木嗣治　　2位　宮澤敏彦

2007北斗旗全日本空道無差別選手権東北地区予選・第35回東北大会及びビジネスマンクラス交流試合
2007年10月7日　（仙台市泉総合運動場）

1位　我妻　猛　　2位　高野　望
3位　渡部和暁　　4位　佐藤浩次

2007北斗旗全日本空道無差別選手権予選・第37回西日本大会及び各交流大会
2007年10月21日　（岸和田市総合体育館）

1位　石田圭市　　2位　中村源三郎
3位　伊藤　剛　　4位　時任真樹

2007北斗旗全日本空道無差別選手権予選・第28回九州・沖縄大会及び交流大会
2007年10月28日　（粕屋町総合体育館）

1位　吉濱実哲　　2位　山田敏代和　　3位　花田元誓

2007全日本空道無差別選手権第5回北信越地区予選会及び第12回新潟県大会
2007年10月28日　（新潟市鳥屋野総合体育館）

1位　高橋　腕　　2位　水野俊一

2007北斗旗全日本空道無差別選手権予選・第43回関東大会及び各交流大会
2007年11月4日　（台東リバーサイドスポーツセンター）

1位　藤松泰通　　2位　能登谷佳樹　　3位　小林知昭
4位　稲田卓也　　5位　キーナン・マイク　　6位　吉澤雅宏
7位　前田陽介　　8位　青木政樹
特別賞　中島秀昭・上野正

女子の部
1位　前原映子

2008全日本体力別選手権予選・第30回九州・沖縄大会及び交流大会
2008年3月30日　（アクシオン福岡）

軽量級　　　1位　野崎允裕　　2位　福原和也
中量級　　　1位　巻　礼史　　2位　長谷川朋彦
軽重量級以上の部　1位　平塚洋二郎

2008全日本体力別選手権予選・第39回西日本大会及び各交流大会
2008年4月6日　（愛知県スポーツ会館）

軽量級　　　1位　有本淳吾　　2位　松山尚也
　　　　　　3位　前田　大　　4位　寺田　猛
中量級　　　1位　榎並博幸　　2位　山下祐治
　　　　　　3位　荒木健太郎　　4位　原田治久
軽重量級　　1位　服部宏明　　2位　笹沢一有
　　　　　　3位　時任真樹
重量級　　　1位　三木英人　　2位　山田　壮
女子の部　　1位　坂原夕子

2008全日本体力別選手権予選・第45回関東大会及び各交流大会
2008年4月13日　（中央区立総合スポーツセンター）

軽量級　　　1位　高橋　腕　　2位　宿利雄太
　　　　　　3位　植田　毅　　4位　宮地　孟
　　　　　　5位　和知正仁　　6位　佐久間僚
中量級　　　1位　神部　真　　2位　小川孔久
　　　　　　3位　田中洋輔　　4位　堀越亮祐
　　　　　　5位　水野俊一　　6位　渡辺正明
軽重量級　　1位　ジェイソン・アンゴーフ
　　　　　　2位　北田大輔　　3位　野田洋正
重量級　　　1位　平田誠一　　2位　日高　進
　　　　　　3位　阿部和幸
超重量級　　1位　キーナン・マイク　　2位　堀本裕介

2008全日本体力別選手権東北地区予選会・第36回東北大会および交流大会
2008年4月20日　（ノースアジア大学総合体育館）

軽量級　※決勝進出者両名の棄権により特別ルールを適用
　　　　　　2位　草薙一司・太田秀俊
中量級　　　1位　我妻　猛　　2位　渡辺和焼
軽重量級　　1位　鈴木清治
重量級　　　1位　高　野望　　2位　木村　猛
超重量級　　1位　菅原智範

2008全日本体力別選手権予選・第28回北海道大会及び交流大会
2008年4月27日　（札幌市東区体育館）

中量級　　　1位　田中俊輔　　2位　堀　宗紀
軽重量級以上の部　1位　大日向貴之

2008秋全日本体力別選手権東北地区予選会・第38回東北大会および交流大会
2008年9月14日　（石巻総合体育館）

軽量級　　　1位　亘理崇麿
中量級　　　1位　我妻　猛　　2位　佐藤将光
軽重量級　　1位　鈴木清治
重量級　　　1位　高野　望
超重量級　　1位　菅原智範

2008秋全日本体力別選手権予選・第46回関東大会及び各交流大会
2008年9月15日　（台東リバーサイドスポーツセンター）

軽量級　　　1位　小林　悟　　2位　宮地　孟
　　　　　　3位　小林伴一　　4位　川上大樹
中量級　　　1位　青木政樹　　2位　田中俊輔
　　　　　　3位　須磨崎真　　4位　今里太二
　　　　　　5位　田中洋輔
軽重量級　　1位　野田洋正　　2位　ジェイソン・アンゴーフ
重量級　　　1位　勝山　聡　　2位　清水和磨
　　　　　　3位　平田誠一　　4位　阿部和幸・藤澤雄司
超重量級　　1位　キーナン・マイク

2008秋全日本体力別選手権予選・第29回北海道大会及び交流大会
2008年9月23日　（帯広の森体育館）

中量級　　　　1位　宮澤敏彦
重量級以上　　1位　佐々木嗣治　　2位　大久保進一

2008秋全日本体力別選手権予選・第40回西日本大会及び各交流大会
2008年9月28日　（名張市武道交流館）

軽量級　　　1位　小芝裕也　　2位　伊藤大介
　　　　　　3位　永田智也
中量級　　　1位　荒木健太郎　　2位　豊田哲也
　　　　　　3位　柳川慶夫
軽重量級　　1位　勝　直光　　2位　畑中大志
　　　　　　3位　西尾　厚　　4位　市川忠樹
重量級以上1位　西出隆彦　　2位　永島逸郎
女子部　　　1位　神山歩未

2008秋全日本体力別選手権予選・第31回九州・沖縄大会及び交流大会
2008年10月5日　（粕屋町総合体育館）

軽量級　　　1位　花田元誓
中量級　　　1位　巻　礼史　　2位　古閑康隆
軽重量級　　1位　服部宏明
重量級以上　勝利者　佐藤和浩

2009全日本空道体力別選手権予選・第32回九州・沖縄大会及び交流大会
2009年3月22日　（粕屋町総合体育館）

軽量級　　　1位　花田元誓　　2位　中村要四郎
中量級　　　1位　巻　礼史　　2位　長谷川朋彦
軽重量級以上の部　　1位　佐藤和浩　　2位　服部宏明

2009全日本空道体力別選手権予選・第41回西日本大会及び各交流大会
2009年3月29日　（愛知県スポーツ会館）

軽量級　　　1位　川上大樹　　2位　安井彰伸
　　　　　　3位　伊藤大介　　4位　菊池友則
中量級　　　1位　元山　創　　2位　榎並博幸
　　　　　　3位　山下裕治　　4位　荒木健太郎
軽重量級　　1位　時任真樹　　2位　笹沢一有
　　　　　　3位　杉浦宗憲　　4位　市川忠樹
重量級　　　1位　江本孝弘　　2位　野田洋一
女子の部　　1位　寺嶋裕美

2009全日本空道体力別選手権予選・第47回関東大会及び各交流大会
2009年4月5日　（中央区立総合スポーツセンター）

軽量級	1位 高橋 腕	2位 宮地 孟
	3位 中村知大	4位 岸 純青
	5位 小林 悟	
中量級	1位 堀越亮祐	2位 柳川慶夫
	3位 須磨崎真	4位 堀 宗紀
	5位 荒柄義隆	
軽重量級	1位 野田洋正	2位 ジェイソン・アンゴーブ
	3位 高橋辰佳	4位 北田大輔
重量級	1位 八幡義一	2位 日高 進
超重量級	1位 伊藤征章	2位 三木善靖

2009全日本空道体力別選手権東北地区予選会・第39回東北大会および交流大会
2009年4月12日　（奥州市水沢武道館）

| 軽量級 | 1位 渡部和暁 | 2位 亘理嵩磨 |
| 中量級 | 1位 我妻 猛 | 2位 高谷茂樹 |

軽重量級以上の部
1位 高野 望　2位 鈴木清治　3位 加賀一則

2009全日本空道体力別選手権予選・第30回北海道大会及び交流大会
2009年4月19日　（札幌市東区体育館）

中量級以下の部　1位 神屋雅光
軽重量級以上の部　1位 池田準太　2位 田中雄介

2010全日本空道体力別予選・第34回九州・沖縄大会及び交流大会
2010年3月21日　（アクシオン福岡）

軽量級の部　1位 中村要四郎
中量級の部　1位 巻 礼史
軽重量級以上の部　1位 磯濱将裕　2位 中西大悟

2010全日本空道体力別予選・第43回西日本大会及び交流大会
2010年3月22日　（岡崎中央公園総合体育館）

女子の部　1位 神山喜未
軽量級	1位 安井彰伸	2位 伊藤大介
中量級	1位 榎並博幸	2位 堀越亮祐
軽重量級	1位 市川忠樹	
重量級以上	1位 加藤久輝	

2010全日本空道体力別予選・第32回北海道大会及び交流大会
2010年3月28日　（札幌市東区体育館）

中量級　1位 神屋雅光
軽重量級以上の部　1位 田中雄介

2010全日本空道体力別予選・第49回関東大会及び交流大会
2010年4月4日　（中央区総合スポーツセンター）

女子の部　1位 吉倉千秋
軽量級	1位 宮地 孟	2位 小林 悟
	3位 上野 正	
中量級	1位 内田淳一	2位 佐野教明
	3位 山下正和	4位 今村基宏
軽重量級	1位 野田洋正	2位 堀江裕一
	3位 渡部秀一	4位 勝 直光
重量級	1位 阿部和幸	2位 平田誠一
超重量級	1位 キーナン・マイク	

2010全日本空道体力別予選・第41回東北大会及び交流大会
2010年4月11日　（ノースアジア大学総合体育館）

軽量級　1位 亘理嵩磨
中量級　1位 高橋 衛・荷見竜也
軽重量級　1位 鈴木清治
重量級＋超重量級　1位 打川 亨　2位 小島雅士

2010全日本空道無差別予選・第42回東北大会及び交流大会
2010年9月19日　（名取市民体育館）

| 1位 我妻 猛 | 2位 亘理崇磨 |
| 3位 菅原智範 | 4位 藤田 隆 |

2010全日本空道無差別予選・第33回北海道大会及び交流大会
2010年9月26日　（帯広の森体育館）

1位 佐々木嗣治　2位 神屋雅光

2010全日本空道無差別予選・第50回関東大会及び交流大会
2010年10月3日　（台東リバーサイドスポーツセンター）

1位 能登谷佳樹	2位 稲田卓也	3位 内田淳一
4位 鈴木智大	5位 阿部和幸	6位 中村知大
7位 中島秀昭	8位 八幡義一	

女子の部　1位 岡 裕美

2010全日本空道無差別予選・第44回西日本大会及び交流大会
2010年10月10日　（名張市武道交流館）

1位 加藤久輝	2位 堀越亮祐	3位 杉浦宗憲
4位 服部篤人	5位 饒平名知治	6位 平原徳浩
7位 山田 壮	8位 永田智也	

女子の部　1位 神山喜未

2010全日本空道無差別予選・第35回九州・沖縄大会及び交流大会
2010年10月17日　（粕屋町総合体育館）

1位 磯濱将裕　2位 清原隆介

2011北斗旗全日本空道体力別選手権九州・沖縄地区予選
2011年3月20日 　（粕屋町総合体育館）

軽量級
1位　野﨑允裕
中量級
1位　古閑康隆
軽重量級以上の部
1位　吉濱実哲

2011北斗旗全日本空道体力別選手権西日本地区予選
2011年3月21日 　（愛知県スポーツ会館第一競技場）

女子の部
1位　神山喜未
軽量級
1位　松山尚也　　　2位　安井彰伸
中量級
1位　柳川慶夫　　　2位　三村耕佑
軽重量級
1位　笹沢一有　2位　時任真樹
重量級
1位　山田壮

2011北斗旗全日本空道体力別選手権北海道地区予選
2011年3月27日 　（札幌市東区体育館）

軽・中量級の部
1位　門脇良典
軽重量級以上の部
1位　田中雄介

2011北斗旗全日本空道体力別選手権関東地区予選
2011年4月3日 　（中央区立総合スポーツセンター第1武道場）

女子の部
1位　吉倉千秋
軽量級
1位　宮地孟　　　2位　谷井翔太
3位　和知正仁
中量級
1位　内田淳一　　　2位　飯島進
3位　古郡秀彦　　　4位　今村基宏
軽重量級
1位　鈴木智大　　　2位　野田洋正
3位　秋元和也
重量級
1位　阿部和幸
超重量級
1位　キーナン・マイク

第35回北海道地区大会及び各交流大会
2011年9月19日 　（帯広の森体育館）

中量級　　　1位　田中俊輔　　　2位　堀　宗紀
軽重量級以上の部　　1位　大日向貴之

2011無差別東北地区予選
2011年9月25日 　（岩手県営武道館）

1位　藤田隆　　　2位　渡部和暁
無差別予選女子の部
勝利者　戸田佳奈子）

2011無差別関東地区予選
2011年10月2日 　（台東リバーサイドスポーツセンター）

1位　阿部和幸　　　2位　秋元和也
3位　谷井翔太　　　4位　Jason Angove
5位　村木雅也　　　6位　稲田卓也
7位　上野正　　　8位　鈴木智大
無差別予選女子の部
1位　塩田さやか

2011無差別西日本地区予選・交流大会
2011年10月2日 　（大阪府立体育館柔道場）

女子の部
1位　神山喜未
男子の部
1位　堀越亮祐　　　2位　渡部秀一
3位　山田壮　　　4位　榎並博幸

2011無差別九州地区予選・交流大会
2011年10月10日 　（粕屋町総合体育館）

1位　吉濱実哲　　　2位　清原隆介

2012北斗旗全日本空道体力別選手権関東地区予選
2012年3月20日 　（台東リバーサイドスポーツセンター　第1武道場）

女子の部
1位　吉倉千秋
軽量級
1位　宮地孟　　　2位　渡辺慎二
中量級
1位　内田淳一　　　2位　今村基宏
3位　須磨崎真
軽重量級
1位　鈴木智大　　　2位　魚津礼一
3位　野田洋正　　　4位　ジェイソンアンゴーブ）
重量級
1位　阿部和幸　　　2位　稲田卓也
超重量級
1位　保坂智雄

2012北斗旗全日本空道体力別選手権北海道地区予選
2012年3月25日 　（札幌市東区体育館）

中量級以下の部
1位　門脇良典
軽重量級以上の部
1位　田中雄介　　　2位　大日向貴之

2012北斗旗全日本空道体力別選手権九州地区予選
2012年4月1日 　（粕屋町総合体育館）

軽量級
1位　野崎允裕
中量級・軽重量級
1位　吉濱実哲　　　2位　白井陽太
重量級以上
1位　津田雄一

2012北斗旗全日本空道無差別選手権北海道地区予選
2012年9月22日　（帯広の森体育館）

1位　大日向貴之　　2位　佐々木亮一

2012北斗旗全日本空道無差別選手権関東地区予選
2012年9月23日　（中央区総合スポーツセンター）

無差別予選・女子の部
1位　前原映子
無差別予選
1位　稲田卓也　　　2位　中村知大
3位　今村基宏　　　4位　野田洋正
5位　目黒雄太　　　6位　加藤和徳
7位　鈴木智大　　　8位　水戸部隆弘

2012北斗旗全日本空道無差別選手権関東地区予選
2012年9月23日　（中央区総合スポーツセンター）

無差別予選・女子の部
1位　前原映子
無差別予選
1位　稲田卓也　　　2位　中村知大
3位　今村基宏　　　4位　野田洋正
5位　目黒雄太　　　6位　加藤和徳
7位　鈴木智大　　　8位　水戸部隆弘

2012北斗旗全日本空道無差別選手権東北地区予選
2012年9月30日　（三沢市武道場）

全日本予選の部　男子
1位　我妻猛　　　　2位　奈良朋弥
3位　吉田誠　　　　4位　草薙一司
5位　伊藤駿　　　　6位　工藤英揮
全日本予選の部　女子
1位　庄子亜久理

2012北斗旗全日本空道無差別選手権西日本地区予選
2012年10月7日　（名張市武道交流館いきいき メインアリーナ）

2012西日本地区無差別予選
1位　堀越亮祐　　　2位　笹沢一有
3位　渡部秀一　　　4位　杉浦宗憲
5位　服部篤人
女子予選
1位　神山喜未

2012北斗旗全日本空道無差別選手権九州地区予選
2010年10月8日　（粕屋町総合体育館）

1位　津田雄一

2013北斗旗全日本空道体力別選手権関東地区予選
2013年3月20日　（2013北斗旗全日本空道体力別選手権関東地区予選）

女子の部
1位　吉倉千秋
-230クラス
1位　目黒雄太　　　2位　末廣智明
3位　谷井翔太
-240クラス
1位　内田淳一　　　2位　今村基宏
3位　志賀俊幸
-250クラス
1位　ジェイソン・アンゴーブ　　2位　野田洋正
-260クラス
1位　加藤和徳　　　2位　深澤元貴
3位　望月將喜
260+クラス
1位　キーナン・マイク

2013北斗旗全日本空道体力別選手権東北地区予選
2013年3月24日　（横手市武道館柔道場）

-230クラス
1位　阿部宏信　　　2位　草薙一司
3位　近田充　　　　4位　阿部貴広
-240クラス
1位　藤田隆　　　　2位　塚原謙一）
3位　工藤英揮
-250クラス
1位　我妻猛　　　　2位　永戸竜也
-260クラス
1位　平塚洋二郎　　2位　吉田誠
3位　奈良朋弥
260+クラス
1位　風呂本君武

2013北斗旗全日本空道体力別選手権北海道地区予選
2013年4月7日　（札幌市東区体育館）

女子のクラス部（全日本出場判定試合）
勝利者　大倉萌
-240クラス
1位　門脇良典
-260クラス
1位　佐々木嗣治
全日本出場判定試合
勝利者　飯村健一

2013北斗旗無差別空道体力別選手権東北地区予選
2013年9月23日　（仙台市泉総合運動場武道館1F「柔道場」）

1位　越後暢介　　　2位　須田慎也
3位　洞口周一郎　　4位　近田充
5位　浜田宏人　　　6位　阿部貴広

2013北斗旗無差別空道体力別選手権九州地区予選
2013年9月29日　（春日市民スポーツセンター）

1位　吉濱実哲

2013北斗旗無差別空道体力別選手権関東地区予選
2013年10月14日　（中央区総合スポーツセンター地下1階武道場）

一般女子の部
1位　前原映子　　2位　庄司亜久理
一般男子の部
1位　キーナン・マイク　　2位　谷井翔太
3位　平田誠一　　4位　内田淳一
5位　キム・フィギュ　　6位　目黒雄太
7位　田中俊輔　　8位　水戸部隆弘

2014北斗旗全日本空道体力別選手権西日本地区予選
2014年3月23日　（名張市武道交流館いきいき メインアリーナ）

女子の部
勝利者　神山喜未
-230クラス
1位　安井彰伸　　2位　小芝裕也
-240クラス
1位　荒木健太郎　　2位　栁川慶夫
-250クラス
1位　杉浦宗憲　　2位　野田洋一
-260クラス
1位　山田壮　　2位　伊藤新太
260+クラス
1位　辻野浩平

2014北斗旗全日本空道体力別選手権北海道地区予選
2014年3月30日　（札幌市東区体育館）

-240クラス
1位　田中俊輔
240+クラス
1位　野村幸太

2014北斗旗全日本空道体力別選手権九州・沖縄地区予選
2014年4月6日　（粕屋町総合体育館）

-230クラス
1位　田中正明　　2位　長谷川朋彦
-240クラス
1位　巻礼史
250+クラス
1位　津田雄一

2015北斗旗全日本空道体力別選手権九州・沖縄地区予選
2015年3月8日　（春日市民スポーツセンター）

-230クラス
1位　田中正明
-240クラス
1位　寺口法秀　　2位　巻礼史
-250クラス
勝利者　小田悠介
260+クラス
勝利者　松永卓也

2015北斗旗全日本空道体力別選手権西日本地区予選
2015年3月15日　（学校法人尾張学園豊田大谷高校内　空道場）

女子の部
勝利者　神山喜未
-230クラス
1位　鈴木秀夫
-240クラス
1位　川下義人
-250クラス
1位　杉浦宗憲
-260クラス
1位　山田壮
260+クラス
1位　辻野浩平

2015北斗旗全日本空道体力別選手権東北地区予選
2015年3月22日　（七ヶ浜武道館）

-230クラス
1位　阿部宏信　　2位　渡部和暁
-240クラス
1位　塚原謙一　　2位　浜田宏人
-250クラス
1位　藤田隆
-260クラス
1位　高野望
260+クラス
1位　洞口周一朗
女子の部
1位　戸田佳奈子

2015北斗旗全日本空道体力別選手権関東地区予選
2015年3月29日　（中央区立総合スポーツセンター　第2武道場）

女子の部
1位　大谷美結
-230クラス
1位　目黒雄太　　2位　漆館宗太
3位　佐久間僚　　4位　小林伴一
-240クラス
1位　服部晶洸　　2位　國枝厚志
3位　佐々木一則
-250クラス
1位　加藤智亮誠真会館　　2位　須田雅嘉
-260クラス
1位　押木英慶　　2位　水戸部隆弘
260+クラス
1位　岩﨑大河

2015北斗旗全日本空道体力別選手権北海道地区予選
2015年4月5日　（北海道立総合体育センター北海道きたえーる武）

-240クラス
1位　神代雄太
240+クラス
1位　大日向貴之

2015 北斗旗 全日本空道無差別選手権 北海道地区予選
2015年9月6日　（札幌市東区体育館　2階格技室）

優勝　神代雄太　　準優勝　髙橋佑太

2015 北斗旗 全日本空道無差別・九州・沖縄予選
2015年9月13日　（粕屋町総合体育館）

優勝　中村要四郎
準優勝　清水和磨

2015 北斗旗全日本空道無差別選手権 関東予選

優勝　田中洋輔　　準優勝　佐々木一則
第三位　押木英慶　　第四位　渡辺慎二
第五位　國枝厚志　　第六位　上野正
第七位　飯田諭　　第八位　前田聡
女子の部
優勝　大倉萌

2015 北斗旗 全日本空道無差別・東北予選
2015年9月21日　（青森県おいらせ町いちょう公園体育館）

優勝　越後暢介　　準優勝　阿部宏信
三位　大橋邦章　　四位　洞口周一郎
女子の部
勝利者　大谷美結

2015　北斗旗全日本空道無差別・西日本予選・第54回大道塾西日本交流試合
2015年9月27日　（大阪府立体育会館）

第54回大道塾西日本流試合
一般青・黄帯の部
優勝　寺阪翼
西日本女子予選
優勝　神山育未
西日本無差別予選
優勝　辻野浩平　　準優勝　寺口法秀
3位　杉浦宗憲　　4位　羽島俊洋
5位　小芝裕也

2016 北斗旗 全日本空道体力別選手権　北海道予選
2016年3月20日　（東区体育館）

-240クラス
優勝　田中俊輔
女子の部
勝利者　大谷美結

2016 北斗旗 全日本体力別選手権　九州・沖縄予選
2016年3月21日　（粕屋町総合体育館）

-230クラス
優勝　田中正明
-240・-250混合クラス
優勝　笹沢一有　　準優勝　古閑康隆
-260・260+混合クラス
優勝　藤田斉　　準優勝　松永卓也

2016 北斗旗 全日本空道体力別選手権　西日本予選
2016年3月27日　（東海市民体育館）

女子の部
勝利者　渡邉富紀恵
-230クラス
優勝　門井研　　準優勝　赤木亮太
-240クラス
優勝　川下義人　　準優勝　伊東宗志
-250クラス
優勝　杉浦宗憲
-260・260+ 混合クラス
優勝　辻野浩平　　準優勝　渡部秀一

2016 北斗旗 全日本空道体力別選手権　関東予選

女子の部
優勝　小柳茉生
−230クラス
優勝　目黒雄太　　準優勝　小川悠太
第三位　上野正　　第四位　木村真拓
−240クラス
優勝　魚津礼一　　準優勝　服部　晶洸
第三位　山崎順也　　第四位　深澤正司
−250クラス
優勝　加藤智亮　　準優勝　野田洋正
第三位　長嶋竜司
−260クラス
優勝　押木英慶　　準優勝　五十嵐健史）
260+クラス
優勝　岩﨑大河

2016 北斗旗 全日本空道体力別選手権　東北予選

−230クラス
優勝　近田充　　準優勝　阿部宏信
−240クラス
優勝　齋藤政彦　　準優勝　伊東駿
第三位　小野竜治　　第四位　越後暢介
−250クラス
優勝　浜田宏人　　準優勝　三浦秀人
−260・260＋混合クラス
優勝　洞口周一朗　　準優勝　髙橋新

2016北斗旗全日本空道無差別選手権 北海道予選
2016年9月4日　（札幌市東区体育館）

優勝　星貴之　　準優勝　安富北斗

2016 北斗旗全日本空道無差別選手権 関東予選
2016年9月11日　（台東リバーサイドスポーツセンター　第一武道場）

女子の部
優勝　大倉萌　　準優勝　吉倉千秋
無差別
優勝　目黒雄太　　準優勝　山崎順也
第三位　キムヒギュ　第四位　神代雄太（吉祥寺）
第五位　山本英貴　　第六位　八幡義一
第七位　服部晶洸　　第八位　漆館宗太

2016 北斗旗 全日本空道無差別選手権 東北予選
2016年9月18日　（仙台市青葉体育館）

優勝　伊東駿　　準優勝　阿部宏信
3位　浜田宏人

2016 北斗旗 全日本空道無差別選手権 九州・沖縄予選
2016年9月22日

優勝　笹沢一有　　準優勝　野﨑允裕

2016 北斗旗全日本空道無差別選手権　西日本予選
2016年9月25日

シニア基本の部
優勝　酒井紅児
シニア空道の部
優勝　山田弘志
一般基本ルールの部
優勝　大嶋孝太
一般格闘ルールの部　ワンマッチ
勝利者　山田晋也

2017北斗旗全日本空道体力別選手権関東予選
2017年3月5日　（台東リバーサイドスポーツセンター　第一武道場）

女子
優勝　東由美子
-230クラス
優勝　谷井翔太　　準優勝　上野正
3位　久保浩平　　4位　荒井壱成
-240クラス
優勝　神代雄太　　準優勝　服部晶洸
3位　米塚直樹
-250クラス
優勝　山崎順也　　準優勝　加藤智亮
3位　笹沢一有
-260クラス
優勝　麦谷亮介
260+クラス
優勝　岩崎大河

2017北斗旗全日本空道体力別選手権九州・沖縄予選
2017年3月19日　（太宰府市総合体育館）

-230クラス
優勝　小芝裕也
230+クラス
優勝　巻礼史

2017北斗旗全日本空道体力別選手権西日本予選　第57回大道塾西日本地区交流試合
2017年3月20日　（豊田大谷高校 武道場）

2017北斗旗全日本空道体力別選手権西日本予選
-230クラス
優勝　髙垣友輝　　準優勝　柏幸樹
-240クラス
優勝　川下義人
-250クラス
優勝　佐藤　迅　　準優勝　政野哲也
250+クラス
優勝　辻野浩平

2017北斗旗全日本空道体力別選手権東北予選
2017年3月26日　（石巻市総合体育館　武道場）

女子の部
優勝　大倉萌
-230クラス
優勝　阿部宏信　　準優勝　菊地逸斗
-240クラス
優勝　伊東　駿　　準優勝　越後暢介
-250クラス
優勝　服部宏明
250+クラス
優勝　武者孝大郎

2017北斗旗全日本空道体力別選手権北海道予選
2017年4月2日　（札幌市東区体育館格技室）

-250クラス
優勝　安富北斗
第43回大道塾北海道交流試合
【一般交流（基本・格闘の部）】
優勝　辻航平　　準優勝　高尾翔空
【シニア交流（空道の部）】
優勝　中村竜太郎

2017北斗旗全日本空道体力別選手権　北海道地区選手権大会　第44回大道塾北海道地区交流試合
2017年9月3日　（札幌市東区体育館）

【一般交流試合】
優勝　松村祥吾　　準優勝　本角知隆
-230・-240クラス
勝利者　ソムチャ　ヌアナー
-260クラス
優勝　安富北斗

2017 秋期 空道体力別関東地区選手権大会

女子の部
優勝　小柳茉生
-230クラス
優勝　木村真拓　　準優勝　上野正
-240クラス
優勝　中村知大　　準優勝　服部篤人
-250クラス
優勝　山崎順也　　準優勝　渡邉憲正
-260ラス
優勝　加藤智亮　　準優勝　望月將喜
260+クラス
伊藤征章

2017北斗旗全日本空道体力別選手権　九州・沖縄地区選手権大会
2017年9月18日　（春日市総合スポーツセンター）

-230クラス
優勝　野﨑允裕
230+クラス
優勝　巻礼史

2017北斗旗 全日本空道体力別選手権　西日本地区選手権大会
2017年9月24日　（岸和田市総合体育館武道場）

-230クラス
優勝　小芝裕也　　準優勝　高垣友輝
-240クラス
優勝　川下義人　　準優勝　小瀬古重樹
-260クラス
優勝　渡部秀一
260+クラス　ワンマッチ
勝利者　豊田将希
【一般空道ルールの部】
優勝　洪到煥　　準優勝　髙島良太
【一般空道ルール（重量・超重量級）】
優勝　アハマド諒ハリス
【シニア空道の部　軽量級】
優勝　山田弘志
【シニア空道の部　中量級】
優勝　西村洋次郎
【シニア空道の部　重量級】
優勝　犬塚正

2017北斗旗 全日本空道体力別選手権　東北地区選手権大会

-230クラス
優勝　小野葉嗣
-240クラス
優勝　服部晶洸　　準優勝　越後暢介
-250クラス
優勝　藤田隆
260+クラス
優勝　洞口周一朗
女子の部
優勝　今野杏夏

2018 北斗旗 全日本空道体力別選手権　関東予選
2018年3月4日　（台東リバーサイドスポーツセンター場）

女子-220クラス
優勝　大倉萌
女子220+クラス
優勝　内藤雅子
-230クラス
優勝　漆館宗太　　準優勝　木村真拓
3位　末廣智明
-240クラス
優勝　谷井翔太　　準優勝　神代雄太
3位　服部晶洸
-250クラス
優勝　渡邉憲正　　準優勝　望月將喜
-260クラス
優勝　押木英慶　　準優勝　麦谷亮介
260+クラス
優勝　岩﨑大河

2018北斗旗　全日本体力別選手権北海道予選
2018年3月4日　（札幌中島体育センター　格技室）

-240クラス
優勝　ソムチャ ヌアナー
240+クラス
優勝　安富北斗

2018 北斗旗 全日本空道体力別選手権 西日本予選
2018年3月11日　（名張市武道交流館いきいき）

-230クラス
優勝　小芝裕也　　準優勝　柏幸樹
-240・-250クラス混合
優勝　川下義人　　準優勝　曽山遼太
-260クラス
優勝　辻野浩平
260+クラス
優勝　アハマド諒ハリス

2018北斗旗 全日本空道体力別選手権 九州・沖縄予選
2018年3月11日　（太宰府市総合体育館）

優勝　野崎允裕

2018北斗旗 全日本空道体力別選手権　東北予選
2018年3月18日　（名取市民体育館武道館）

女子の部
優勝　今野杏夏
-230クラス
優勝　小野葉嗣　　準優勝　阿部宏信
-240クラス
優　勝　越後暢介　　準優勝　國枝厚志
240+クラス
優　勝　藤田隆　　準優勝　岡崎匠

第５５回大道塾東北地区交流試合
2018年9月9日　（登米市中田Ｂ＆Ｇ海洋センター　武道場）

【一般無差別】
優勝　伊東駿　　準優勝　小野葉嗣
3位　伊藤誉紀
【シニア軽量級】
優勝　芳賀俊一
【シニア重量級】
優勝　矢上太郎　　準優勝　遠藤広

2019北斗旗全日本体力別選手権　関東予選
2019年3月3日　（中央区立総合スポーツセンター）

女子-220クラス
優勝　三好梨乃
女子220+クラス
優勝　内藤雅子
-230クラス
優勝　髙岡新　　準優勝　小松慎
3位　荒井壱成
-240クラス
優勝　鵜田洸二郎　　準優勝　服部晶洸
3位　田中龍太郎　　4位　服部篤人
-250クラス
優勝　山本英貴　　準優勝　原翔大
-260クラス
優勝　エフェヴィガ・ヤニック・雄志　　準優勝　江刺家奨
260+クラス
優勝　イウン・チョル

2019北斗旗全日本体力別選手権　九州・中四国予選
2019年3月17日　　（太宰府市総合体育館）

-230クラス
勝利者　野﨑允裕
250以上
優勝　笹沢一有

2019北斗旗全日本体力別選手権　西日本予選
2019年3月17日　　（豊田大谷高校・武道場）

女子220以下
勝利者　渡邊富紀恵
-230クラス
優勝　小芝裕也　　準優勝　髙垣友輝
-240クラス
優勝　伊東宗志
250以下
優勝　曽我和昭　　準優勝　近藤瑞起
-260クラス
優勝　渡部秀一
260+クラス
勝利者　佐藤迅

2019北斗旗全日本空道体力別選手権　北海道予選
2019年3月31日　　（北海道中島体育センター）

-230クラス
優勝　ソムチャ ヌアナー
-240クラス
優勝　小野寺稜太
250以上
優勝　金重樂

2019北斗旗全日本空道無差別選手権大会　東北予選
2019年9月8日　　（多賀城市総合体育館 柔道場）

無差別男子
優勝　伊東駿　　準優勝　伊藤誉紀
3位　目黒毅　　4位　三浦敏彦
無差別女子
勝利者　今野杏夏

2019北斗旗全日本空道無差別選手権関東予選
2019年9月15日　　（中央区総合スポーツセンター）

優勝　岩﨑大河　　準優勝　服部晶洸
3位　押木英慶　　4位　寺口法秀
5位　キーナン・マイク　　6位　服部篤人
7位　家弓慎　　8位　麦谷亮介
女子の部　ワンマッチ
勝利者　大倉 萌

全日本少年少女・学生・BC・女子結果

Result

全日本少年少女・女子・BC空道選抜大会

2004年11月27日　国立代々木競技場第二体育館

※2004無差別と同日開催

● ビジネスマンクラス

〈30～40才未満の部〉　優　勝／西岡則彦 (名　張)
　　　　　　　　　　　準優勝／高野信之 (総本部)

〈40～45才未満の部〉　優　勝／松下慎司 (八王子)
　　　　　　　　　　　準優勝／青木文祥 (綾　瀬)

〈45才以上の部〉　　　優　勝／丸山　弘 (佐　久)
　　　　　　　　　　　準優勝／鐘ヶ江隆 (横浜南)

● 一般 女子部

〈身体指数215未満の部〉　優　勝／堀篭亜紀 (佐　久)
　　　　　　　　　　　　準優勝／岡　裕美 (総本部)

〈身体指数215以上の部〉　優　勝／井上真由美 (横浜北)
　　　　　　　　　　　　準優勝／大島みほ (日　立)

● 少年部

〈小学1・2年 男子の部〉　優　勝／飯坂健巧 (塩　釜)
　　　　　　　　　　　　準優勝／斎藤唯悦 (塩　釜)

〈小学3・4年の部〉　　　優　勝／小柏祐二朗 (塩　釜)
　　　　　　　　　　　　準優勝／清水北斗 (名　張)

〈小学5・6年の部〉　　　優　勝／安藤知樹 (塩　釜)
　　　　　　　　　　　　準優勝／舛谷良介 (仙台西)

● 中学部

〈中学生 男子の部〉　　優　勝／友次文武 (八王子)
　　　　　　　　　　　準優勝／荒木謙治 (九　州)

〈中学生 女子の部〉　　優　勝／佐藤沙樹 (山　形)
　　　　　　　　　　　準優勝／庄子亜久理 (仙台西)

● 高校生の部

〈ワンマッチ戦1〉　　勝利者／山口啓市 (名　張)

〈ワンマッチ戦2〉　　勝利者／佐藤将光 (石　巻)

2006全日本空道女子選抜大会

2006年11月12日　ディファ有明

※2006無差別と同日開催

● 5名総当たり戦　　優　勝／岡　裕美 (横浜北)

2007全日本空道女子選手権大会

2007年12月8日　国立代々木競技場第二体育館

※2007無差別と同日開催

優　勝／森本絢香 (名　張)
準優勝／岡　裕美 (横浜北)

第1回全日本ビジネスマン空道選抜大会

2007年2月11日　台東リバーサイドスポーツセンター

● BC選抜基本ルール（5級以下）の部
　　優　勝／須田雅善 (大宮西)

● BC選抜格闘ルール（4級以上）の部
　　優　勝／畠　学 (総本部)

● BC選抜空道ルール（軽量級）
　　優　勝／渡辺慎二 (浦　和)
　　準優勝／今井康浩 (長　岡)

● BC選抜空道ルール（中量級）
　　優　勝／八百智英 (松　任)
　　準優勝／中山俊行 (横浜北)

● BC選抜空道ルール（重量級）
　　優　勝／平田誠一 (綾　瀬)
　　準優勝／伊東大地 (総本部)

第2回全日本ビジネスマン空道選抜大会

2008年2月11日　台東リバーサイドスポーツセンター

● BC選抜基本ルール（5級以下）の部
　　勝利者／畠山裕樹 (帯　広)

● BC選抜格闘ルール（4級以上）の部
　　優　勝／須田雅嘉 (大宮西)
　　準優勝／澤井信彦 (総本部)

● BC選抜空道ルール（2級以上）の部 軽量級
　　優　勝／賀川則夫 (大宮西)
　　準優勝／渡辺栄治 (木　町)

● BC選抜空道ルール（2級以上）の部 中量級
　　優　勝／毛保　剛 (大宮西)

● BC選抜空道ルール（2級以上）の部 重量級
　　優　勝／大日向貴之 (帯　広)
　　準優勝／佐藤　順 (東　北)

第3回全日本ビジネスマン空道選抜大会

2009年2月11日　荒川スポーツセンター

● 基本ルール（軽量級）
　　優　勝／新舎征英 (帯　広)

● 基本ルール（重量級）
　　優　勝／イム・ジョエン (韓　国)

●格闘ルール（A）ワンマッチ

　勝利者／布村雄一 （吉祥寺）

●格闘ルール（B）

　優　勝／内田敦郎 （湘　南）

●格闘ルール（C）ワンマッチ

　勝利者／小久保隆陽 （行　徳）

●空道ルール（軽量級）

　優　勝／三井和文 （帯　広）
　準優勝／船見政文 （帯　広）

●空道ルール（中量級）

　優　勝／佐藤　順 （東　北）
　準優勝／平石哲也 （行　徳）

●空道ルール（重量級）

　優　勝／大窪隆史 （総本部）
　準優勝／本間淳一 （大宮西）

第4回全日本ビジネスマン空道選抜大会

2010年5月16日　愛知県武道館

※2010体力別と同日開催

●BC指数　−193の部

　優　勝／小松浩二 (松山拳友会)

●BC指数　−200の部

　優　勝／浅野高久 (中部本部)

●BC指数　−210の部

　優　勝／藤澤勝明 (成田支部)

●BC指数　10+の部

　優　勝／徳増輝久 (湘南支部)

全日本空道ジュニア選手権大会 歴代入賞者一覧

※2010年（2.28）大会までは全国少年少女選手権大会として開催しておりました。

2003年 入賞者 （2003.2.16）
台東リバーサイドスポーツセンター

● 小学1・2年生の部
優勝／小柏 祐二朗（塩 釜）
準優勝／川上 翔大（長 岡）
3 位／鈴木 勝太（塩 釜）
4 位／高橋 亮憲（仙台北）

● 小学3・4年生の部
優勝／安藤 知樹（塩 釜）
準優勝／石井 真介（名 張）
3 位／森 真心（仙台西）
4 位／宅間 貢（八王子）

● 小学5・6年生の部
優勝／中島 隆一（練 馬）
準優勝／阿部 武志（石 巻）
3 位／中澤 国彦（塩 釜）
4 位／山本 卓嗣（名 張）
5 位／森本 真由（名 張）

● 中学生の部
優勝／永沼 大明（塩 釜）
準優勝／鈴木 一史（塩 釜）
3 位／森 一心（仙台西）

2004年 入賞者 （2004.2.15）
台東リバーサイドスポーツセンター

● 小学1・2年生の部
優勝／大澤 優晶（仙台北）
準優勝／坂井 麻代（松 任）
3 位／松江 守（九 州）
4 位／加賀 健太郎（塩 釜）
5 位／飯坂 健巧（塩 釜）

● 小学3・4年生の部
優勝／石井 真介（名 張）
準優勝／高野 諒（新 潟）
3 位／佐藤 佳哉（塩 釜）
4 位／小柏 祐二朗（塩 釜）
5 位／山城 椋汰（松 任）
6 位／川上 翔大（長 岡）
7 位／田中 諒（仙台西）
8 位／石塚 一（木 町）

● 小学5・6年生〈男子の部〉
優勝／阿部 武志（石 巻）
準優勝／吉尾 勇輝（松 任）
3 位／中澤 国彦（塩 釜）
4 位／安藤 知樹（塩 釜）
5 位／八島 剛（仙台西）
6 位／川円 優太郎（日 進）

● 小学5・6年生〈女子の部〉
優勝／照井 友香子（仙台西）
準優勝／森本 真由（名 張）

● 中学生の部
優勝／新井野 浩司（八王子）
準優勝／豊田 力也（名 張）
3 位／山口 啓市（名 張）

2005年 入賞者 （2005.3.6）
台東リバーサイドスポーツセンター

● 小学1・2年生の部（160未満）の部
優勝／齋藤 唯悦（塩 釜）
準優勝／根本 光太郎（帯 広）
3 位／我妻 未来（塩 釜）

● 小学1・2年生（160以上）の部
優勝／飯坂 健巧（塩 釜）
準優勝／西川 龍征（木 町）
3 位／大日方 遼（仙台西）

● 小学3・4年生（170以下）の部
優勝／土佐 圭一郎（八王子）
準優勝／西村 凌（名 張）
3 位／佐藤 加京（仙台西）
4 位／藤原 弓香子（八王子）

● 小学3・4年生（171以上）の部
優勝／川上 翔大（長 岡）
準優勝／小柏 祐二朗（塩 釜）
3 位／石塚 一（木 町）
4 位／鈴木 勝太（塩 釜）

● 小学5・6年生（男子（197未満）の部
優勝／森 真心（仙台西）
準優勝／深澤 優樹（白 根）
3 位／石井 真介（名 張）
4 位／佐々木 翔（仙台西）

● 小学5・6年生（男子（197以上）の部
優勝／安藤 知樹（塩 釜）
準優勝／宅間 貢（八王子）
3 位／中島 一憲（日 進）
4 位／池田 優斗（白 根）

● 小学5・6年生〈女子の部〉
優勝／栗原 まりい（新 潟）
準優勝／奥井 美樹（名 張）

● 中学生〈女子の部〉
優勝／森本 絢香（名 張）
準優勝／庄子 亜久理（仙台西）

● 中学生〈男子の部〉
優勝／友次 文武（八王子）
準優勝／鈴木 一史（塩 釜）
3 位／八島 剛（仙台西）

● 学生 基本ルール〈5級以下の部〉
優勝／豊田 力也（名 張）
準優勝／杉本 翔（早稲田）
3 位／シモン・ファビアン（総本部）
4 位／山口 啓市（名 張）

● 学生 顔面ルール〈4級以上の部〉
優勝／笹沢 一有（早稲田）
準優勝／荒木 晋吾（横浜北）
3 位／阿部 和幸（浦 和）
4 位／原田 亘（早稲田）

2006年 入賞者 （2006.2.12）
台東リバーサイドスポーツセンター

● 小学1・2年生（150未満）の部
優勝／水野 隆介（塩 釜）
準優勝／五十嵐 将太（塩 釜）

● 小学1・2年生（150以上）の部
優勝／齋藤 吏（仙台西）
準優勝／石塚 大（木 町）

● 小学3・4年生軽量（170未満）の部
優勝／齋藤 唯悦（塩 釜）
準優勝／佐藤 優太（帯 広）
3 位／二宮 健太朗（名 張）

● 小学3・4年生重量（170以上）の部
優勝／阿部 拓真（塩 釜）
準優勝／加賀 健太郎（塩 釜）

● 小学5・6年生〈男子（190未満）の部〉
優勝／舛谷 良介（仙台西）
準優勝／鈴木 勝太（塩 釜）

● 小学5・6年生〈男子（190以上200未満）の部〉
優勝／佐々木 翔（仙台西）
準優勝／高橋 亮憲（仙台北）

● 小学5・6年生〈男子（200以上）の部〉
優勝／石井 真介（名 張）
準優勝／小柏 祐二朗（塩 釜）

● 小学5・6年生〈女子の部〉
優勝／森本 有紀（名 張）

2007年 入賞者 （2007.2.11）
台東リバーサイドスポーツセンター

● 小学1・2年生（155未満）の部
優勝／我妻 永望（塩 釜）
準優勝／伊藤 望（帯 広）

● 小学1・2年生（155以上）の部
優勝／泉 魁斗（松 任）
準優勝／坂戸 蓮（帯 広）

● 小学3・4年生（165未満）の部
優勝／水野 隆介（塩 釜）
準優勝／石塚 大（木 町）

● 小学3・4年生（165以上179未満）の部
優勝／齋藤 唯悦（塩 釜）
準優勝／野口 隆史（名 張）

● 小学3・4年生（179以上）の部
優勝／飯坂 健巧（塩 釜）
準優勝／伊藤 梓（帯 広）

● 小学5・6年生（185未満）の部
優勝／松岡 剛史（八王子）
準優勝／蛯名 哲也（三 沢）

● 小学5・6年生（185以上205未満）の部
優勝／石塚 一（木 町）
準優勝／鈴木 勝太（塩 釜）
3 位／曽根 佳吾（塩 釜）

● 小学5・6年生（205以上）の部
優勝／川上 翔大（長 岡）
準優勝／高橋 亮憲（仙台北）

● 小学5・6年生〈女子の部〉
優勝／高橋 なるみ（塩 釜）
準優勝／尾形 奈美（仙台西）

● 中学1年生〈男子の部〉
優勝／坂田 良介（仙台西）
準優勝／太田 健斗（三 沢）

● 中学2年生〈女子の部〉
勝利者／矢尾板 悠（長 岡）

● 中学2年生〈男子の部〉
優勝／森崎 聖太（日 進）
準優勝／桜井 夢己（長 岡）

● 学生 基本ルール〈5級以下の部〉
優勝／浜崎 剛（早稲田）
準優勝／田中 洋輔（早稲田）

● 学生 格闘ルール〈4級以上の部〉
優勝／佐藤 将光（石 巻）
準優勝／山口 啓市（名 張）

● 学生 空道ルール〈2級以上の部〉
優勝／宮地 孟（八王子）
準優勝／江利川 卓廣（久 喜）

● 学生 高校生ルール〈18才未満の部〉
勝利者／菅原 裕登（帯 広）

● 学生 高校生女子の部
勝利者／佐藤 舞佳（日 進）

2008年 入賞者 （2008.2.11）
台東リバーサイドスポーツセンター

● 小学1・2年生（155未満）の部
優勝／酒井 克也（塩 釜）
準優勝／田中 駿（仙台西）
3 位／水越 麻斗（四日市）

● 小学1・2年生（155以上）の部
優勝／鈴木 祐太（仙台北）
準優勝／藤田 泰生（四日市）

● 小学1・2年生（155以上）の部
優勝／酒井 克也（塩 釜）
準優勝／田中 駿（仙台西）
3 位／水越 麻斗（四日市）

● 小学1・2年生（155以上）の部
優勝／鈴木 祐太（仙台北）
準優勝／藤田 泰生（四日市）

● 小学3・4年生（170未満）の部
優勝／水野 隆介（塩 釜）
準優勝／我妻 永望（塩 釜）
3 位／五十嵐 将太（塩 釜）

● 小学3・4年生（170以上）の部
優勝／齋藤 吏（仙台西）
準優勝／石塚 大（木 町）
3 位／安富 北斗（帯 広）

● 小学5・6年生（180未満）の部
優勝／水野 泰介（塩 釜）
準優勝／内藤 大樹（三河豊橋）
3 位／川下 義人（日 進）

● 小学5・6年生（180以上195未満）の部
優勝／木ノ内 優樹（八王子）
準優勝／野口 隆史（名 張）
3 位／小山 宗大（仙台西）

● 小学5・6年生（195以上240未満）の部
優勝／清水 亮汰（仙台西）
準優勝／阿部 拓真（塩 釜）

● 小学5・6年生（240以上）の部
勝利者／鈴木 泰斗（仙台北）

● 小学5・6年生（女子190未満）の部
優勝／田中 瑞樹（仙台西）
準優勝／遠藤 千尋（石 巻）

● 小学5・6年生（女子190以上）の部
優勝／高橋 なるみ（塩 釜）
準優勝／伊藤 梓（帯 広）

● 中学生女子
優勝／山内 葵（帯 広）
準優勝／中村 明日香（四日市）

● 中学生男子（225未満）の部
優勝／坂田 良介（仙台西）
準優勝／石塚 一（日 進）
3 位／木村 亮介（紋 別）

● 中学生男子（225以上）の部
優勝／小柏 祐二朗（塩 釜）
準優勝／村井 皇介（紋 別）
3 位／桜井 夢己（長 岡）

● 学生 基本ルール〈5級以下〉の部
優勝／勝山 聡（総本部）
準優勝／深澤 元貴（総本部）
3 位／市川 忠樹（関 西）

● 学生 格闘ルール〈4級以上〉の部
優勝／三木 善靖（早稲田）

● 学生 空道ルール〈2級以上〉の部
優勝／田中 洋輔（早稲田）

2009年 入賞者 (2009.2.15)
荒川スポーツセンター

●小学1・2年生(155未満)の部
優勝/水野 恭介(塩 釜)
準優勝/相澤 幸佑(塩 釜)
3位/山岸 蔵人(盛 岡)
4位/渡部 颯人(新 潟)

●小学1・2年生(155以上)の部
優勝/酒井 克也(塩 釜)
準優勝/小池 彪(帯 広)
3位/岩崎 正吾(青 森)
4位/加藤 桃愛(仙台西)

●小学3・4年生(170未満)の部
優勝/我妻 永望(塩 釜)
準優勝/酢谷 颯(仙台西)
3位/柴田 拓斗(帯 広)
4位/小野 葉嗣(塩 釜)

●小学3・4年生(170以上)の部
優勝/小池 猛(帯 広)
準優勝/佐藤 硯人(木 町)
3位/高橋 愁(帯 広)
4位/松田 賢(帯 広)

●小学3・4年生女子の部
優勝/小柳 茉生(新 潟)
準優勝/伊藤 望(帯 広)

●小学5・6年生男子(186未満)の部
優勝/石塚 大(木 町)
準優勝/我妻 未来(塩 釜)
3位/大泉 龍之助(木 町)
4位/渡辺 祐以(新 潟)

●小学5・6年生(186以上200未満)の部
優勝/倉又 由惟人(八王子)
準優勝/石橋 康輝(八王子)
3位/齋藤 唯悦(塩 釜)
4位/松岡 篤史(八王子)

●小学5・6年生(200以上)の部
優勝/山崎 順也(紋 別)
準優勝/野口 隆史(名 張)
3位/飯坂 健巧(塩 釜)
4位/大川 翔太(帯 広)

●小学5・6年生女子の部
優勝/大倉 萌(帯 広)
準優勝/船戸 麻衣(帯 広)
3位/千葉 有華(仙台西)
4位/伊藤 梓(帯 広)

●中学生男子(221.5未満)の部
優勝/鈴木 勝太(塩 釜)
準優勝/清水 亮汰(帯 広)
3位/阿部 拓真(塩 釜)
4位/内藤 大樹(三河豊橋)

●中学生男子(221.5以上)の部
優勝/小柏 祐二朗(塩 釜)
準優勝/鈴木 隼太(帯 広)
3位/内海 一希(三 沢)

●中学生女子の部
優勝/高橋 なるみ(塩 釜)
準優勝/尾形 奈美(仙台西)
3位/塚本 ひかり(帯 広)
4位/大矢 るい(横浜北)

2010年 入賞者 (2010.2.28)
中央区総合スポーツセンター

●小学1・2年生(156未満)の部
優勝/酒井 優太(塩 釜)
準優勝/渡部 颯人(新 潟)

●小学1・2年生(156以上)の部
優勝/入澤 知磨(帯 広)
準優勝/田中 優太郎(三 沢)

●小学3・4年生女子の部
優勝/豊田 彩月(豊 川)
準優勝/鈴木 花香(帯 広)

●小学3・4年生(162未満)の部
優勝/外川 丈一郎(帯 広)
準優勝/高橋 澪央(長 岡)

●小学3・4年生(162以上174未満)の部
優勝/小池 彪(帯 広)
準優勝/酒井 克也(塩 釜)

●小学3・4年生(174以上)の部
優勝/松田 賢(帯 広)
準優勝/鶴岡 稜悟(仙台西)

●小学5・6年生女子の部
優勝/内田 理奈(安 城)
準優勝/長内みのり(帯 広)

●小学5・6年生男子(185未満)の部
優勝/小池 猛(帯 広)
準優勝/小野 葉嗣(塩 釜)

●小学5・6年生(185以上196未満)の部
優勝/石塚 大(木 町)
準優勝/山岸 壮志(新 潟)

●小学5・6年生(196以上)の部
優勝/齋藤 吏(仙台西)
準優勝/安富 北斗(帯 広)

●中学生女子(205未満)の部
優勝/大倉 萌(帯 広)
準優勝/船戸 麻衣(帯 広)

●中学生女子(205以上)の部
優勝/高橋 なるみ(塩 釜)
準優勝/尾形 奈美(仙台西)

●中学生男子(215未満)の部
優勝/内藤 大樹(三河豊橋)
準優勝/小山 宗太(仙台西)

●中学生男子(215以上)の部
優勝/清水 亮汰(帯 広)
準優勝/山崎 順也(紋 別)

2010年 全日本空道ジュニア選抜選手権大会入賞者 (2010.11.20)
国立代々木競技場第二体育館

●小学1・2年生
優勝/酒井 優太(塩 釜)
準優勝/佐藤 秋平(新 潟)

●小学3・4年生女子の部
優勝/加藤 桃愛(仙台西)

●小学3・4年生男子171未満の部
優勝/水野 恭介(塩 釜)
準優勝/水越 麻凡(四日市)

●小学3・4年生男子171以上の部
優勝/酒井 克也(塩 釜)
準優勝/岡村 州紘(佐 久)

●小学5・6年生女子の部
優勝/小柳 茉生(新 潟)
準優勝/板橋 花菜(仙 南)

●小学5・6年生男子184未満の部
優勝/小野 葉嗣(塩 釜)
準優勝/津村 一輝(名 張)

●小学5・6年生男子184以上200未満の部
優勝/我妻 永望(塩 釜)

●小学5・6年生男子200以上の部
優勝/川村 駿太(三 沢)

●中学生女子205未満の部
優勝/大倉 萌(帯 広)

●中学生女子205以上の部
優勝/尾形 奈美(仙台西)

●中学生男子216未満の部
優勝/倉又由惟人(八王子)
準優勝/齋藤 唯悦(塩 釜)

●中学生男子216以上の部
優勝/清水 亮汰(帯 広)
準優勝/佐藤 陸(仙台西)

●高校生女子ワンマッチ
勝利者/城 侑沙(三河豊橋)
勝利者/大矢 るい(横浜北)

●高校生男子ワンマッチ
勝利者/若杉 広夢(紋 別)
勝利者/金田 航紀(日蓮宗大谷)
勝利者/山口 諒太(八王子)
勝利者/伊藤 新太(日蓮宗大谷)

●高校生女子ワンマッチ(顔面)
勝利者/山内 葵(帯 広)

●高校生男子ワンマッチ(顔面)
勝利者/寺口 法秀(大阪南)

2011年 全日本空道ジュニア選抜選手権大会入賞者 (2011.11.12)
国立代々木競技場第二体育館

●小学1・2年生
優勝/五十嵐 鷹人(三 沢)
準優勝/佐藤 秋平(新 潟)

●小学3・4年生女子の部
優勝/石川 眞子(日 進)

●小学3・4年生男子171未満の部
優勝/渡辺 颯人(新 潟)
準優勝/高橋 祥基(三 沢)

●小学3・4年生男子171以上の部
優勝/田中 優太郎(三 沢)
準優勝/酒井 優太(塩 釜)

●小学5・6年生女子の部
優勝/近藤 優那(青森市)
準優勝/加藤 桃愛(仙台西)

●小学5・6年生男子180未満の部
優勝/外川 丈一郎(帯 広)
準優勝/古田 海翔(三 沢)

●小学5・6年生男子180以上190未満の部
優勝/星 優斗(仙 南)
準優勝/相澤 幸大(塩 釜)

●小学5・6年生男子190以上199未満の部
優勝/鶴岡 稜悟(仙台西)
準優勝/酒井 克也(塩 釜)

●小学5・6年生男子199以上の部
優勝/齋藤 悠(仙 南)
準優勝/松田 賢(帯 広)

●中学生女子の部
優勝/伊藤 梓(帯 広)
準優勝/大倉 萌(帯 広)

●中学生男子229未満の部
優勝/安富 北斗(帯 広)
準優勝/川下 義人(日 進)

●中学生男子229以上の部
優勝/川崎 順也(紋 別)
準優勝/岩崎 大河(新 潟)

●高校生女子の部
勝利者/城 侑沙(三河豊橋)

●高校生男子の部
優勝/金田 航紀(日蓮宗大谷)
準優勝/鈴木 隼太(帯 広)

2012年 全日本空道ジュニア選手権大会入賞者 (2012.11.10)
国立代々木競技場第二体育館

●U9男女混合(27Kg未満)
優勝/星野 流名(豊 川)
準優勝/中村 翼(帯 広)

●U9男子(27Kg以上)
優勝/中村 一粋(帯 広)

●U11女子
優勝/高橋 真綾(三 沢)

●U11男子(30Kg未満)
優勝/赤間 亮太(多賀城)
準優勝/小野寺 稜太(帯 広)

●U11男子(30Kg以上34Kg未満)
優勝/五十嵐 鷹人(三 沢)

●U11男子(34Kg以上)
優勝/酒井 優太(塩 釜)
準優勝/谷藤 光(仙台西)

●U13女子
優勝/鹿内 愛美(青森市)
準優勝/高橋 未帆(八王子)

●U13男子(40Kg未満)
優勝/外川 丈一郎(帯 広)
準優勝/古田 海翔(三 沢)

●U13男子(40Kg以上48Kg未満)
優勝/酒井 克也(塩 釜)
準優勝/栗田 宙人(仙台西)

●U13男子(48Kg以上)
優勝/佐藤 遥斗(新 潟)

●U16女子(50Kg未満)
優勝/岩月 美加子(青森市)
準優勝/伊藤 望(帯 広)

●U16女子(50Kg以上)
優勝/大倉 萌(帯 広)
準優勝/船戸 麻衣(帯 広)

●U16男子(51Kg未満)
優勝/我妻 永望(塩 釜)

●U16男子(51Kg以上)
優勝/岩﨑 大河(新 潟)
準優勝/吉澤 鴻志(横浜北)

●U19女子
優勝/伊藤 梓(帯 広)

●U19男子(-240)
優勝/鈴木 勝太(塩 釜)

●U19男子(240+)
優勝/金田 航紀(日蓮宗大谷)
準優勝/清水 亮汰(帯 広)

2013年 全日本空道ジュニア選手権大会入賞者 (2013.11.16)
国立代々木競技場第二体育館

●U9男女混合(27Kg未満)
優勝/坂本 琥珀(登 米)
準優勝/伊藤 咲哉(仙台西)

●U9男女混合(27Kg以上37Kg未満)
優勝/酒井 晃希(塩 釜)

●U10女子(30Kg未満)
勝利者/小野寺 玲奈(帯 広)

●U10・U11女子(44Kg未満)
勝利者/高橋 真綾(三 沢)

●U10男子(30Kg未満)
優勝/中村 翼(帯 広)
準優勝/佐々木 龍希(小 樽)

●U10男子(30Kg以上40Kg未満)
優勝/小野崎 倭(仙台東)

●U11女子(34Kg未満)
優勝/赤塚 央幸(四日市)

●U11女子(34Kg以上)
優勝/赤間 亮太(多賀城)
準優勝/佐藤 秋平(新 潟)

●U11男子(34Kg以上44Kg未満)
優勝/五十嵐 鷹人(三 沢)
準優勝/藤澤 新(帯 広)

●U12女子(38Kg未満)
優勝/中村 粋里花(帯 広)

●U12女子(38Kg以上48Kg未満)
勝利者/菅野 奏羽(仙台東)

●U12男子(38Kg未満)
優勝/榊原 幸之助(四日市)
準優勝/小野寺 稜太(帯 広)

●U12男子(38Kg以上48Kg未満)
優勝/酒井 優太(塩 釜)

●U13女子(44Kg未満)
勝利者/亀田 桜子(三 沢)

●U13女子(44Kg以上54Kg未満)
勝利者/鹿内 愛美(青森市)

●U13男子(44Kg未満)
優勝/田中 優太朗(三 沢)
準優勝/高野 周諭(長 岡))

●U13男子(44Kg以上54Kg未満)
　優　勝／齊藤　翔平(三　沢)
　準優勝／中川　健吾(帯　広)
●U16女子(45Kg未満)
　優　勝／伊藤　望(帯　広)
●U16女子(45Kg以上55Kg未満)
　優　勝／千葉　有華(仙台西)
●U16女子(55Kg以上)
　優　勝／小柳　茉生(新　潟)
●U16男子(50Kg未満)
　優　勝／酒井　克也(塩　釜)
　準優勝／小野　葉嗣(塩　釜)
●U16男子(50Kg以上60Kg未満)
　優　勝／菊地　逸斗(仙　南)
●U16男子(60Kg以上70Kg未満)
　優　勝／松田　賢(帯　広)
　準優勝／吉澤　鴻志(横浜北)
●U16男子(70Kg以上)
　優　勝／鈴木　勇也(新　潟)
●U19女子
　優　勝／今野　杏夏(多賀城)
●U19男子(-240)
　優　勝／川下　義人(豊田大谷)
●U19男子(240+)
　優　勝／清水　亮汰(帯　広)

●U13女子(42Kg未満)
　優　勝／中村　粋里花(帯　広)
　準優勝／吉村　愛梨鈴(三　沢)
●U13男子(42Kg未満)
　優　勝／遠藤　春翔(塩　釜)
　準優勝／榊原　幸之助(四日市)
●U13男子(42Kg以上52Kg未満)
　優　勝／酒井　優太(塩　釜)
●U16女子(43Kg未満)
　優　勝／髙橋　菜月(塩　釜)
●U16女子(43Kg以上53Kg未満)
　勝利者／武石　夏(新　潟)
●U16女子(53Kg以上63Kg未満)
　勝利者／小髙　奈緒(江　東)
●U16男子(48Kg未満)
　優　勝／齊藤　翔平(三　沢)
　準優勝／古田　海翔(三　沢)
●U16男子(48Kg以上58Kg未満)
　優　勝／曽山　遼太(岸和田)
　準優勝／柴田　拓斗(帯　広)
●U16男子(58Kg以上68Kg未満)
　優　勝／齋藤　悠(仙　南)
　準優勝／鶴岡　稜悟(仙台西)
●U19女子(215未満)
　優　勝／大倉　萌(帯　広)
　準優勝／城　実里(三河豊橋)
●U19男子(230以上240未満)
　優　勝／川下　義人(豊田大谷)
　準優勝／伊東　宗志(日　進)

●U13 F-42
　勝利者／中村　粋里花(大道塾帯広)
●U13 F-52
　勝利者／菅野　奏羽(大道塾仙台東)
●U13 M-42
　優　勝／遠藤　春翔(大道塾塩釜)
　準優勝／ヴィラブ・マクルトチャン(アルメニア)
●U13 M-52
　優　勝／酒井　優太(大道塾塩釜)
　準優勝／ミクルテッシュ・ヴァルダンヤン(アルメニア)

●U16 F-43
　勝利者／髙橋　菜月(大道塾塩釜)
●U16 F-53
　勝利者／武石　夏(大道塾新潟)
●U16 F-63
　勝利者／小髙　奈緒(大道塾江東)
●U16 M-48
　優　勝／齊藤　翔平(大道塾三沢)
　準優勝／セリー・ヴキシュネフスキー(ウクライナ)
●U16 M-58
　優　勝／曽山　遼太(大道塾岸和田)
●U16 M-68
　優　勝／齋藤　悠(大道塾仙南)
●U19 F-215
　勝利者／大倉　萌(大道塾帯広)
●U19 F-225
　勝利者／アレクサンドラ・サビチェヴァ(ロシア)
●U19 F-235
　勝利者／今野　杏夏(大道塾多賀城)
●U19 M-220
　優　勝／ヴラディミル・ミロシュニコフ(ロシア)
●U19 M-230
　優　勝／アレクサンダー・アルカディエフ(ロシア)
●U19 M-240
　優　勝／ジョージー・ボロディー(ロシア)
　準優勝／川下　義人(大道塾豊田大谷)
●U19 M-250
　優　勝／アンドレイ・チェレパノフ(ロシア)
●U19 M-260
　優　勝／イワン・シュベト(ロシア)
●U19 M-270
　優　勝／アルテム・タラクチャヤン(アルメニア)
●U19 M270+
　勝利者／オスカー・ロペス・トベラ(スペイン)

●U11女子(34Kg未満)
　優　勝／末藤　寧々(北河内)
●U11男子(34Kg未満)
　優　勝／坂本　琥珀(塩　釜)
　準優勝／千葉　櫂己(登　米)
　３位／遠藤　将瑛(仙台西)
●U11男子(34Kg以上44Kg未満)
　優　勝／吉田　優太(帯　広)
●U13女子(44Kg未満)
　優　勝／赤塚　央幸(四日市)
●U13女子(44Kg以上54Kg未満)
　優　勝／高橋　真綾(三　沢)
●U13男子(44Kg未満)
　優　勝／小野　空雅(塩　釜)
　準優勝／藤澤　新(帯　広)
　３位／山本　来偉(長　岡)
　４位／今井　健太郎(四日市)
●U13男子(44Kg以上54Kg未満)
　優　勝／五十嵐　鷹人(三　沢)
　準優勝／赤間　亮太(多賀城)
●U13男子(54Kg以上64Kg未満)
　勝利者／藤川　興昌(吉祥寺)
●U16女子(45Kg未満)
　勝利者／吉村　愛梨鈴(三　沢)
●U16女子(45Kg以上55Kg未満)
　優　勝／中村　粋里花(帯　広)
●U16女子(55Kg以上65Kg未満)
　優　勝／末永　あゆ(石　巻)
●U16男子(50Kg未満)
　優　勝／榊原　幸之助(四日市)
　準優勝／中川　昇龍(岸和田)
●U16男子(50Kg以上60Kg未満)
　優　勝／酒井　克也(塩　釜)
　準優勝／酒井　優太(塩　釜)
　３位／赤間　優太(多賀城)

●U16男子(60Kg以上70Kg未満)
　勝利者／江上　遼太郎(三　沢)
●U16男子(70Kg以上)ワンマッチ
　勝利者／國分　凱斗(仙台西)
●U19女子(体力指数215未満)ワンマッチ
　勝利者／小柳　茉生(新　潟)
●U19男子(体力指数220未満)ワンマッチ
　勝利者／田中　大貴(名　張)
●U19男子(体力指数220以上230未満)
　優　勝／曽山　遼太(岸和田)
●U19男子(体力指数230以上240未満)
　優　勝／菊地　逸斗(仙　南)
●U19男子(体力指数250以上260未満)ワンマッチ
　勝利者／斎藤　諒太(横須賀)
●U19男子(体力指数260以上)
　優　勝／鈴木　勇也(新　潟)

●U11女子(34Kg未満)
　優　勝／相内　春花(青森市)
●U11女子(34Kg以上44Kg未満)
　優　勝／神　舞優(青森市)
●U11男子(34Kg未満)
　優　勝／鈴木　廉(四日市)
　準優勝／福本　章人(帯　広)
●U11男子(34Kg以上44Kg未満)
　優　勝／酒井　晃希(塩　釜)
　準優勝／今村　将崇(総本部)
●U13女子(44Kg未満)
　優　勝／小野寺　玲奈(帯　広)
　準優勝／星野　流名(豊　川)
●U13女子(44Kg以上54Kg未満)
　優　勝／小泉　穂乃華(帯　広)
●U13男子(44Kg未満)
　優　勝／吉田　優太(帯　広)
　準優勝／佐々木　龍希(小　樽)
　第3位／曽山　隆聖(岸和田)
●U13男子(44Kg以上54Kg未満)
　優　勝／廣庭　皓太(吉祥寺)
　準優勝／村上　信哉(朝　倉)
●U13男子(54Kg以上64Kg未満)ワンマッチ
　勝利者／山田　栄一(帯　広)
●U16女子(45Kg未満)ワンマッチ
　勝利者／中山　七海(長久手)
●U16女子(45Kg以上55Kg未満)
　優　勝／高橋　真綾(三　沢)
　準優勝／新井　ひなの(石　巻)
●U16女子(55Kg以上65Kg未満)
　優　勝／渡辺　アリアナ(仙　南)
●U16男子(50Kg未満)
　優　勝／遠藤　春翔(塩　釜)
　準優勝／赤間　亮太(多賀城)
●U16男子(50Kg以上60Kg未満)
　優　勝／酒井　優太(塩　釜)
　準優勝／榊原　幸之助(四日市)
●U16男子(60Kg以上70Kg未満)
　優　勝／曽山　智輝(岸和田)
　準優勝／榎並　耕平(西　尾)
●U16男子(70Kg以上80Kg未満)
　優　勝／江上　遼太郎(三　沢)
●U19女子(体力指数215未満)
　優　勝／小柳　茉生(新　潟)
●U19男子(体力指数220未満)ワンマッチ
　勝利者／田中　大貴(名　張)
●U19男子(体力指数220以上230未満)
　優　勝／古舘　公平(総本部)
●U19男子(体力指数230以上240未満)
　優　勝／曽山　遼太(岸和田)
●U19男子(体力指数250以上260未満)ワンマッチ
　勝利者／本郷　善大(多賀城)

●U11女子 34Kg以下
　優　勝／間瀬　心桜(三　沢)
　準優勝／遠藤　すず(石　巻)
●U11女子 44Kg以下
　優　勝／加藤　咲希(新　潟)
●U11男子 34Kg以下
　優　勝／星　空我(仙　南)
　準優勝／奥山　海晴(岸和田)
●U11男子 44Kg以下
　優　勝／熊谷　慈英(仙　南)
●U13女子 44Kg以下
　優　勝／稲垣　琴愛(四日市)
●U13女子 54Kg以下
　優　勝／江上　礼華(三　沢)
●U13男子 44Kg以下
　優　勝／駒形　祐磨(帯　広)
　準優勝／遠藤　将瑛(仙台西)
●U13男子 54Kg以下
　優　勝／吉田　優太(帯　広)
●U13男子 64Kg以下 ワンマッチ
　勝利者／水流　蒼太(筑紫野)
●U16女子 45Kg以下
　優　勝／小野寺　玲奈(帯　広)
　準優勝／小川さくら(帯　広)
●U16女子 55Kg以下
　優　勝／中村　粋里花(帯　広)
●U16女子 65Kg以下
　優　勝／小泉　穂乃華(帯　広)
●U16男子 50Kg以下
　優　勝／齋藤　聖覇(仙　南)
　準優勝／佐々木龍希(小　樽)
●U16男子 60Kg以下
　優　勝／遠藤　春翔(塩　釜)
　準優勝／榊原　幸之助(四日市)
●U16男子 70Kg以下
　優　勝／酒井　優太(塩　釜)
　準優勝／小野寺　稜太(仙　南)
●U16男子 90Kg以下 ワンマッチ
　勝利者／江上　遼太郎(三　沢)
●U19女子 215以下
　優　勝／小西　里玖(長久手)
●U19女子 225以下 ワンマッチ
　勝利者／木戸　茉琳(豊田大谷)
●U19男子 230以下
　優　勝／古舘　公平(総本部)
●U19男子 240以下 ワンマッチ
　勝利者／曽山　遼太(岸和田)
●U19男子 250以下 ワンマッチ
　勝利者／曽山　智輝(岸和田)

●U13女子(42Kg以下)
　優　勝／相内　春花(青　森)
　準優勝／佐藤　日和(登　米)
●U13女子(52Kg以下)
　優　勝／神　舞優(青　森)
●U13男子(42Kg以下)
　優　勝／鈴木　廉(四日市)
●U13男子(52Kg以下)
　優　勝／酒井　晃希(塩　釜)
　準優勝／本田　亮太(紋　別)
●U16女子(43Kg以下)
　優　勝／稲垣　琴愛(四日市)
●U16女子(53Kg以下)
　優　勝／小野寺　玲奈(帯　広)
　準優勝／高橋　真綾(三　沢)

●U16女子(63Kg以下 ワンマッチ)
　勝利者／小泉　穂乃華(帯　広)
●U16男子(48Kg以下)
　優　勝／今井　健太郎(四日市)
　準優勝／坂本　琥珀(塩　釜)
●U16男子(58Kg以下)
　優　勝／吉田　優太(帯　広)
　準優勝／齋藤　聖覇(仙　南)
●U16男子(68Kg以下)
　優　勝／鶴田　　陸(朝　倉)
　準優勝／末藤　海瑳(岸和田)
●U19女子(215以下)
　優　勝／中村　粋里花(帯　広)
●U19女子(225以下 ワンマッチ)
　勝利者／末永　あゆ(石　巻)
●U19男子(230以下)
　優　勝／遠藤　春翔(塩　釜)
●U19男子(240以下)
　優　勝／酒井　優太(塩　釜)
　準優勝／小野寺　稜太(帯　広)
●U19男子(250以下 ワンマッチ)
　勝利者／曽山　智輝(岸和田)
●U19男子(270超 ワンマッチ)
　勝利者／江上　遼太郎(三　沢)

2018年 第2回世界空道ジュニア選手権大会入賞者 (2018.12.1,2)

愛知県体育館

●U13 F-42
　勝利者／相内　春花(大道塾青森)
●U13 F-52
　勝利者／神　　舞優(大道塾青森)
●U13 M-42
　優　勝／鈴木　　廉(大道塾四日市)
　準優勝／アルセン・アヴェチシャン(ロシア)
●U13 M-52
　優　勝／酒井　晃希(大道塾塩釜)
●U16 F-43
　優　勝／稲垣　琴愛(大道塾四日市)
●U16 F-53
　勝利者／小野寺　玲奈(大道塾帯広)
●U16 F-63
　優　勝／アンゲリナ・スタロベロヴァ(ロシア)
●U16 M-48
　優　勝／今井　健太郎(大道塾四日市)
　準優勝／チムル・ボルコフ(ロシア)
●U16 M-58
　優　勝／バデイム・ルキナノフ(ロシア)
　準優勝／吉田　優太(大道塾帯広)
●U16 M-68
　優　勝／デニス・ズボフ(ロシア)
　準優勝／鶴田　　陸(大道塾朝倉)
●U19 F-215
　優　勝／ビクトリア・ノスコバ(ロシア)
●U19 F-225
　優　勝／イアナ・マレバヌナヤ(ロシア)
●U19 F-235
　優　勝／クセニア・ヤコベンコ(ロシア)
●U19 M-220
　優　勝／エルビン・カザノフ(ロシア)
●U19 M-230
　優　勝／エブゲニー・ノビコフ(ロシア)
●U19 M-240
　優　勝／ダニル・マコゴノフ(ロシア)
　準優勝／アレクサンドル・ソボフ(ロシア)
●U19 M-250
　優　勝／曽山　智輝(大道塾岸和田)
　準優勝／デミアン・ブンザ(ウクライナ)
●U19 M-260
　優　勝／ダニル・ダニロフ(ロシア)
●U19 M-270
　勝利者／コンスタンチン・イワノフ(ロシア)
●U19 M270+
　勝利者／ミハイル・スツヂョノフ(ロシア)

DAIDO-JUKU
40th
Anniversary

資料編

理事長 東 孝

〒171-0033 東京都豊島区高田2-10-11 TEL·03(5953)1860 FAX·03(5953)1861

共 催 総合武道 大道塾

国内支部

北海道・東北地区						
宮城県	仙台中央	師範	コノネンコ・アレクセイ	〒980-0014 仙台市青葉区本町1-15-8 御代田屋ビル4F	TEL. 022(264)1935	夜間
	石巻	師範	三浦 悦夫	〒986-0815 石巻市中里4丁目11-4 錬学舎道場2F	TEL. 0225(22)9743	事務局
	仙台南	師範	浪岡 文雄	練習場所・宮城県武道館	TEL. 090(1067)7133	浪岡
	仙台西	師範	長田 賢一	〒989-3204 仙台市青葉区南吉成6-2-6 武心學館内	TEL. 022(719)4247	BUJIN
	仙台東	師範代	武山 卓己	〒984-0015 仙台市若林区卸町2-9-10 コダマビル1・2F(常設道場)	TEL. 022(232)6054	
	登米	師範代	後藤 一郎	練習場所・迫武道館	TEL. 090(2886)2739	
	仙南	師範	佐藤 繁樹	練習場所・岩沼市民体育センター・名取市民体育館 他	TEL. 022(382)3137	佐藤
	多賀城	正指導員	中川 博之	練習場所・多賀城市八幡4-7-50 八幡ハイツB(常設道場)	TEL. 090(3642)1088	中川
	塩釜／木町	師範	熱海 智	塩釜支部/塩釜市新浜1丁目-25-34	TEL. 022(272)7066	熱海
				木町教室/〒980-0801 仙台市青葉区木町通り2-4-19	TEL. 022(272)7066	熱海
岩手県	盛岡	師範	狐崎 一彦	練習場所・盛岡市西仙北1-7-31(常設道場)	TEL. 019(653)0512	狐崎
山形県	東根	師範	児玉 清隆	練習場所・東根市蟹沢1775-1(常設道場)	TEL. 0237(42)0918	
	山形	師範代	髙橋 哲朗	練習場所・山形県武道館(霞城公園内)2F柔道場	TEL. 090(5354)0281	
青森県	八戸	師範代	寺沢 純悦	練習場所・八戸市武道館	TEL. 090(7793)8369	寺沢
	三沢	師範代	五十嵐 祐司	練習場所・〒039-2189 上北郡おいらせ町青葉2-50-2171	TEL. 0176(57)0360	五十嵐
	青森	師範代	五十嵐 祐司	練習場所・青森市スポーツ会館	TEL. 0176(57)0360	五十嵐
	弘前	師範代	五十嵐 祐司	練習場所・青森県武道館	TEL. 0176(57)0360	五十嵐
秋田県	秋田	師範	小松 洋之	練習場所・秋田市茨島体育館柔道場・秋田県立武道館	TEL. 080(5556)1186	小松
北海道	札幌西	師範代	菅原 英文	練習場所・〒063-0812 札幌市西区琴似2条1-3-16	TEL. 011(624)5727	
	札幌南	師範代	田中 俊輔	練習場所・札幌市豊平区中の島1条1-7-20 B1	TEL. 011(374)5220	田中
	帯広	師範	飛永 耕治	〒080-0027 帯広市西17条南4丁目18-3	TEL. 0155(41)6445	飛永
	紋別	師範代	菊地 政彦	練習場所・遠軽町武道館	TEL. 090(1643)9677	菊地
	滝川	師範代	大久保 進一	練習場所・滝川市青年体育センター	TEL. 090(2690)3303	
	小樽	師範代	佐々木 亮一	練習場所・龍宮神社 武術の間	TEL. 0134(31)2818	ささき鍼灸接骨院
	北広島	正指導員	田村 高志	練習場所・北広島市総合体育館、他	TEL. 090(8374)4421	
関東・北信越地区						
東京都	高尾	正指導員	加藤 泰典	練習場所・ソレイユビル Studio Kix 他	TEL. 050(3553)6179	
	綾瀬・荒川			稽古場所・東京武道館、荒川総合スポーツセンター	TEL. 03(5953)1860	総本部
	吉祥寺	師範	飯村 健一	〒181-0013 三鷹市下連雀1-8-16 コアパレス常葉102	TEL. 0422(47)3741	
	三鷹	正指導員	小野 亮	練習場所・SUBARU総合スポーツセンター B2F武道場	TEL. 090(4414)0437	
	多摩中央府中	正指導員	牧野 壮樹	練習場所・府中市内各所	TEL. 090(7208)6506	牧野
	渋谷	正指導員	萩庭 英典	〒150-0012 渋谷区広尾1-11-5	TEL. 03(3449)3134	
	早稲田大学			練習場所・早稲田大学記念会堂、他	TEL. 03(5953)1860	総本部
	東中野	師範代	加藤 清尚	ゴールドジム東中野東京	TEL. 03(5348)6500	ゴールドジム
	練馬	師範代	髙松 猛	稽古場所・鍬守道場(桜台)他	TEL. 03(6766)9101	大道塾練馬事務局
	御茶ノ水	師範代	朝岡 秀樹	練習場所・多目的レンタルスタジオ あまがえる	TEL. 090(6516)9495	
	東京北	師範代	岸 純青	稽古場所・滝野川体育館	TEL. 090(4092)5486	
	新宿西	師範代	金子 哲也	練習場所・アイテラスKUZAKAI SALON、スタジオ階梯	TEL. 090(1255)1624	
	大田	準指導員	中村 知大	練習場所・大田区内	TEL. 090(6293)5874	
埼玉県	大宮	正指導員	前田 聡	稽古場所・さいたま市大宮武道館	TEL. 090(9807)7437	
	浦和	師範	渡邉 慎二	練習場所・浦和駒場体育館 1F 柔道場	TEL. 048(652)8383	渡邉
	北本	師範	渡邉 慎二	練習場所・北本市体育センター柔道場	TEL. 048(652)8383	渡邉
	大宮西	師範	渡邉 慎二	練習場所・さいたま市大宮区大成町1-248-2 村上ビル3F	TEL. 048(652)8383	渡邉
	草加	師範代	能登谷 佳樹	〒340-0028 草加市谷塚1-2-45-107	TEL. 048(960)0331	
神奈川県	川崎	正指導員	石井 則夫	稽古場所・川崎市石川記念武道館	TEL. 090(3131)8526	
	湘南・横須賀	師範	森 直樹	練習場所・横須賀北体育会館／横須賀南体育会館／ゴールドジム湘南神奈川店内	TEL. 0467(95)7435	湘南事務局

関東・北信越地区

神奈川県	横浜北	正指導員	青木　伊之	〒221-0823　横浜市神奈川区二ツ谷町2-8-501号	TEL. 045(290)5037	横浜事務局
	新ゆり	師範代	篠木　隆一郎	稽古場所・川崎市麻生スポーツセンター	TEL. 050(5435)5470	
千葉県	成田	師範代	キーナン・マイク	練習場所・成田市体育館	TEL. 090(2300)2861	
	香取	正指導員	佐川　亮	練習場所・香取市民体育館	TEL. 090(6314)0429	
	行徳	師範	加藤　清尚	ゴールドジム行徳千葉アスレチックセンター	TEL. 047(390)3436	ゴールドジム
茨城県	日立	師範代	青木　公一	練習場所・日立市立助川中学校 柔剣道場 他	TEL. 080(5429)6777	青木
	水戸	準指導員	山本　吉朗	練習場所・水戸市笠原中学校、双葉台中学校	TEL. 029(297)7592	
	つくば	準指導員	山本　吉朗	練習場所・つくば市桜総合体育館	TEL. 029(297)7592	
栃木県	栃木南	準指導員	保坂　智雄	練習場所・真岡中学校武道場	TEL. 090(7426)8722	保坂
長野県	佐久	師範代	林　忠臣	〒384-0092　長野県小諸市和田819-6	TEL. 0267(22)6076	林
新潟県	新潟	師範	山田　利一郎	〒950-0914　新潟市中央区柴竹山1-2-11 丸山興産ビル101号	TEL. 070(6451)9101	山田
	長岡	師範	遠藤　英	〒940-0825　長岡市高畑町637-4（道場）	TEL. 0258(35)4809	事務局

関西・中部・中国地区

大阪府	岸和田	師範代	品野　圭司	〒596-0044　岸和田市西之内町44-37	TEL. 072(443)8146	品野
	関西宗	師範代	辻村　元伸	練習場所・南森町 柔道場	TEL. 080(3789)7897	
	大阪南	師範代	西出　太郎	〒558-0014　大阪市住吉区我孫子3丁目2-20	TEL. 090(7342)3119	
	北河内	準指導員	河原　秀人	練習場所・守口市民体育館 他	TEL. 090(8574)7622	河原
	富田	正指導員	高垣　吉宏	練習場所・富田林総合体育館 柔道場 他	TEL. 090(5150)1048	
	大阪中央	準指導員	田ノ岡　克典	練習場所・大阪市西区堀江2-5-1 エイトビル南堀江5階	TEL. 090(4860)9256	
	堺	準指導員	秋田　健太郎	練習場所・JBBスタジオ	TEL. 072(249)2900	
	住友電工	師範代	山田　壮	練習場所・伊丹市昆陽北1-1-1 住友電気工業(株) 伊丹製作所 体育館	TEL. 090(2065)1466	
広島県	広島中央	師範代	村上　智章	〒730-0048　広島市中区竹屋町3-24 小谷ビル201号	TEL. 082(246)8067	
	広島国際大学	師範代	村上　智章	〒739-2695　賀茂郡黒瀬町学園台555-36 広島国際大学(医療福祉学科)	TEL. 082(296)6195	
三重県	名張	師範	中西　明彦	〒518-0445　名張市瀬古口69	TEL. 0595(63)1791	中西
	津	師範	中西　明彦	練習場所・久居東中学校・津高校（武道場）	TEL. 0595(63)1791	中西
	四日市	師範	小川　英樹	〒510-0001　四日市市八田2-3-10	TEL. 059(333)9040	
和歌山県	和歌山		田村　健	練習場所・海南総合体育館	TEL. 090(8795)0348	品野
愛知県	日進・長久手	師範	神山　信彦	練習場所・日進市・長久手町・豊明市	TEL. 0561(61)1908	神山
	名古屋北	正指導員	小川　徹	練習場所・愛知県スポーツ会館 他	TEL. 052(795)1593	
	名古屋西	師範代	板子　和夫	練習場所・露橋スポーツセンター	TEL. 090(6644)9134	
	豊川	師範	古川　雄一	〒441-0211　豊川市御油町西欠間58番地（常設道場）	TEL. 090(3442)3329	古川
	豊田大谷高校	正指導員	山本　真司	練習場所・豊田大谷高校空道部常設道場	TEL. 0561(61)1908	神山
	安城	師範代	中西　博之	〒446-0007　安城市東栄町2-2-24	TEL. 0564(34)1753	中西
	三河豊橋	師範代	藤田　忠司	〒441-8011　豊橋市菰口町3-14 他	TEL. 090(8499)7856	
	岡崎	師範代	公手　良博	練習場所・矢作中学校武道場	TEL. 090(9927)3901	公手
	西尾	師範代	榎並　博幸	〒444-0026　岡崎市中島町字明生池6-1 2F(常設道場)	TEL. 090(9171)5922	
静岡県	静岡	師範代	菅原　睦樹	〒420-0916　静岡市葵区瀬名中央3-5-1 渡辺ビル1F	TEL. 090(8155)5351	
	静岡西	正指導員	門井　研	練習場所・旧アソカ幼稚園舎	TEL. 080(6946)7530	
	浜松	師範代	小寺　英樹	練習場所・浜松市武道館 他	TEL. 090(3448)7943	
	富士山	正指導員	高橋　竜也	練習場所・富士市立富士市体育館	TEL. 080(3482)7641	
兵庫県	神戸	準指導員	藤井　健史	練習場所・兵庫県立文化体育館・あこう堂	TEL. 090(6280)9436	
京都府	京都			練習場所・下京青少年活動センター	TEL. 03(5953)1860	総本部
奈良県	奈良桜井	正指導員	寺田　猛		TEL. 090(4622)2030	寺田
山口県	周南	正指導員	渡辺　隆	練習場所・岐陽中学校・櫛ヶ浜公民館 他	TEL. 090(4892)9374	
	岩国			練習場所・岩国東中学校格技場	TEL. 090(7994)2064	村上

九州・沖縄地区

福岡県	北九州			練習場所・勤労青少年文化センター 北九州パレス	TEL. 03(5953)1860	総本部
	筑紫野	師範	松尾　剛	〒818-0057　筑紫野市二日市南2-10-5	TEL. 092(922)5374	
	大野城	師範	松尾　剛	練習場所・大野城南コミュニティー	TEL. 092(596)9711	萩原
	朝倉	師範	松尾　剛	〒838-0001　朝倉市秋月499（道場）	TEL. 0946(25)0563	小川
	博多	正指導員	古閑　康隆	練習場所・福岡市民体育館	TEL. 090(8407)5167	
大分県	大分	師範代	藤田　斉	〒870-1123　大分市寒田1347-3	TEL. 097(567)6809	
宮崎県	都城	準指導員	原田　治久	練習場所・五十市小学校体育館・五十市地区体育館	TEL. 090(6806)5199	
沖縄県	那覇	正指導員	佐藤　和浩	練習場所・沖縄空手会館・沖縄県立武道館	TEL. 090(2668)0691	

Belgium, Bulgaria, Cyprus,
Estonia, France, Georgia,
Germany, Great Britain,
Greece, Italy, Latvia, Lithuania,
Luxembourg, Serbia, Spain,
Switzerland, Turkey, Portugal
Malta, Romania

Armenia, Azerbaijan,
Belarus, Kazakhstan,
Kyrgyzstan,
Russian Federation,
Tajikistan, Ukraine,
Uzbekistan

Affiliated

Australia, India, Japan,
Maldives, Mongolia,
Republic of Korea, Sri Lanka,
Myanmar, Indonesia,
New Zealand, Thailand,
Singapore, Viet Nam

Islamic Republic of Iran,
Kuwait, Morocco,
United Arab Emirates

WORLD

Kudo International Federation
Daidojuku 2018

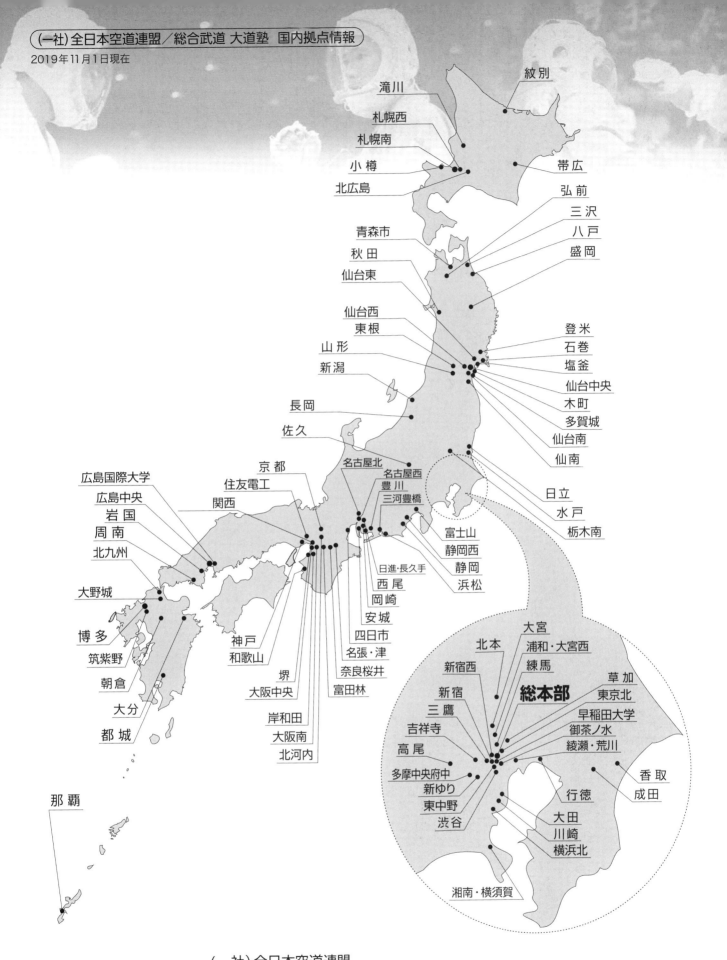

紋別

滝川

札幌西

札幌南

小 樽

北広島

帯 広

弘 前

三 沢

八 戸

盛 岡

青森市

秋 田

仙台東

仙台西

東根

山 形

新 潟

長岡

佐 久

登 米

石 巻

塩 釜

仙台中央

木 町

多賀城

仙台南

仙 南

日 立

水 戸

栃木南

名古屋北

名古屋西

豊川

三河豊橋

京 都

住友電工

関 西

広島国際大学

広島中央

岩 国

周 南

北九州

大野城

博 多

筑紫野

朝倉

大分

都 城

神戸

和歌山

堺

大阪中央

岸和田

大阪南

北河内

富士山

静岡西

静 岡

浜松

日進・長久手

西 尾

岡崎

安 城

四日市

名張・津

奈良桜井

富田林

那 覇

大宮

北本

浦和・大宮西

練馬

新宿西

総本部

草 加

東京北

新宿

三 鷹

早稲田大学

御茶ノ水

綾瀬・荒川

吉祥寺

高尾

多摩中央府中

新ゆり

東中野

渋谷

香 取

成 田

行 徳

大 田

川崎

横浜北

湘南・横須賀

（一社）全日本空道連盟

〒171-0033 東京都豊島区高田 2−10−11

TEL. 03-5953-1860 （代）

有段者リスト（国内・世界）

◎師範とは五段以上、師範代は四・三段、指導員は二段、準指導員は初段取得者の中で適格と認められた者が任命される。支部は支部長、道場・同好会は責任者が管理する（なお、98年4月以前の呼称に関しては従来どおりとする）。

氏名	支部名	取得日

一 般 部

●九段

氏名	支部名	取得日
東　孝	総本部	2013/1/13

●七段

氏名	支部名	取得日
高橋英明	総本部	2011/2/12
峰田國穂	山形	2013/1/13
狐崎一彦	盛岡	2013/1/13
児玉清隆	東根	2013/5/19
三浦悦夫	石巻	2013/6/20
神山信彦	日進	2016/1/9
山田利一郎	新潟	2018/12/3

●六段

氏名	支部名	取得日
松尾　剛	筑紫野	2014/1/13
中出正幸	八戸	2000/2/12
村上　明	札幌南	2011/2/12
南城利夫	総本部	2011/3/12
長田賢一	仙台西	2013/1/13
アナスキン・R	Russia	2013/1/13
ゾーリン・V	Russia	2014/11/17
熱海　智	木町	2015/1/10
稲垣拓一	総本部	2016/1/9
中西明彦	名張	2017/1/14
渡邉慎二	浦和	2018/1/13
湯川悦司	横須賀	2018/1/13

●五段

氏名	支部名	取得日
菅原和夫	登米	2001/2/3
宇賀持一美	日立	2001/2/3
J.M モヒディーン	Sri Lanka	2005/07/17
コノネンコ・アレクセイ	仙台中央	2012/5/13
浪岡文雄	仙台南	2013/1/13
森　直樹	横須賀	2013/1/13
松原隆一郎	総本部	2013/1/13
寺園紳一	名古屋北	2013/1/13
サモヒン・I	Ukraine	2013/3/1
小川英樹	四日市	2015/1/10
佐藤繁樹	仙南	2015/1/10
若林武司	盛岡	2016/1/9
伊藤紀夫	成田	2016/1/9
小松洋之	秋田	2016/1/9
遠藤　英	長岡	2016/4/9
イワノフ・V	Russia	2017/1/14
飯村健一	吉祥寺	2017/12/23
飛永耕治	帯広	2018/1/13
加藤清尚	行徳	2018/1/13
高橋　腕	新潟	2018/1/13
上野　正	総本部	2018/6/9
G・イエロリンポス	Hellas	2018/10/1
G・レッチ	Italy	2018/12/3

●四段

氏名	支部名	取得日
原　波男	総本部	1999/2/27
西嶋慎一郎	総本部	2004/12/22
佐藤　剛	総本部	2005/3/5
林　忠臣	佐久	2009/2/14
土田真也	France Paris ?	2009/11/16
品野圭司	岸和田	2013/1/13
西出太郎	大阪南	2013/1/13
中西博之	安城	2013/1/13
村上智章	広国大	2013/1/13
髙松　猛	練馬	2013/3/2

五十嵐祐司	三沢	2014/1/13	稲井一吉	仙台中央	2005/6/12
小寺英樹	浜松	2014/1/13	此村和男	新潟	2006/3/11
小川　英	石巻	2014/1/13	近藤正憲	新潟	2006/3/11
ムスタファエフ・Y	Azerbaijan	2014/03/01	沼畑健司	木町	2006/6/4
岸　純青	東京北	2014/6/7	土田　智	東根	2006/7/29
田中　孝	新潟	2014/12/23	長谷川朋彦	北九州	2007/12/1
榎並博幸	西尾	2015/1/10	船見政文	帯広	2008/2/11
M・ボラ	India Mumbai	2015/05/09	今野眞彦	総本部	2008/10/11
野神信弘	総本部	2015/6/20	酒井浩志	神戸	2008/12/23
朝岡秀樹	御茶ノ水	2015/8/2	小川泰樹	朝倉	2009/6/7
神山歩未	日進	2015/12/13	山下裕治	名張	2009/10/18
間宮　洋	塩釜	2016/5/29	森谷忠三	東根	2009/12/11
佐藤　順	仙台中央	2016/12/18	髙橋　衛	木町	2010/4/11
伊藤征章	総本部	2017/1/14	平原德浩	名張	2010/10/10
N・アルベク	Kazakhstan	2017/2/11	鈴木義雄	名張	2010/10/10
C・W・トレホ	Mexico	2017/2/11	我妻　猛	仙南	2010/12/19
遠藤　剛	長岡	2017/8/6	菅原智範	石巻	2011/2/12
平島　健	筑紫野	2017/8/27	宮澤敏彦	札幌南	2012/3/25
金子哲也	新宿西	2017/12/23	久世直紀	名古屋西	2012/6/24
廣井　健	川崎	2018/1/13	高谷敏晶	仙台中央	2012/7/29
古川雄一	豊川	2018/1/13	早津忠夫	新潟	2012/8/5
藤田忠司	三河豊橋	2018/1/13	吉田博文	新潟	2012/8/5
坂本　明	盛岡	2018/1/13	牧　登	総本部	2012/12/23
B・ラスラン	Belarus	2018/12/3	菅原英文	札幌西	2013/1/13
C・トレス	Brazil	2018/12/3	長谷川正人	新潟	2013/8/11
M・ミャシニコフ	U・A・E	2018/12/3	大久保進一	滝川	2013/12/20
能登谷佳樹	草加	2018/12/23	平塚洋二郎	仙南	2013/12/22
山崎　進	総本部	2018/12/23	佐々木亮一	小樽	2014/3/30
篠木隆一郎	新ゆり	2019/6/22	後藤一郎	登米	2014/12/21
田中俊輔	札幌南	2019/7/21	松並亮治	総本部	2014/12/23
			髙田　大	浦和	2014/12/23

●参段

峯岸昭夫	仙南	1994/2/27	M・シャリアリ	Iran	2015/01/01
沖見正義	横浜北	1998/4/6	公手良博	岡崎	2015/1/10
中嶋直志	盛岡	1999/2/27	渡邊正善	木町	2015/2/15
辻　万寿夫	京都	2000/2/12	神屋雅光	帯広	2015/3/1
山影　達	盛岡	2003/3/1	畔上圭介	長岡	2015/8/2
			平田誠一	綾瀬	2015/8/2

藤田　斉	大分	2015/8/30		F・カリオ	France Rennes	2019/10/20
佐野教明	川崎	2015/9/1				
伊東大地	佐久	2015/12/23		●弐段		
佐々木　守	長岡	2015/12/23		白鳥隆俊	仙台中央	1988/7/30
イム・ジェヨン	Korea (Daegu)	2016/01/09		蛸島　巨	むつ	1991/5/26
青木公一	日立	2016/1/9		酒井　修	総本部	1991/11/9
深澤正司	湘南	2016/4/3		遠藤泰弘	仙台中央	1992/3/8
佐藤忠彦	北本	2016/4/3		牧野壮樹	府中	1992/4/29
近田　充	多賀城	2016/4/3		沢田嘉嗣	豊川	1993/2/27
山本真司	日進	2016/8/7		高垣吉宏	富田林	1993/3/21
渡部秀一	岸和田	2016/11/12		小川　徹	名古屋北	1993/5/3
大日向貴之	札幌南	2016/12/16		小川　悟	四日市	1993/5/3
太田英利	横浜北	2016/12/23		田尻雅治	日立	1995/8/6
髙橋哲朗	山形	2017/1/1		高山　晃	総本部	1997/6/15
B・ムンクバット	Mongolia	2017/01/01		荒井省司	横浜北	1997/10/5
菅原睦樹	静岡	2017/1/14		吉澤直樹	横浜北	1998/4/6
今松　健	総本部	2017/3/20		佐藤　健	塩釜	1999/4/11
竹元慎二	日進	2017/6/18		石上　武	総本部	1999/10/23
永石浩一	広島中央	2017/12/2		藤原秀昭	関西宗	1999/12/12
キーナン・マイク	成田	2018/1/13		前田　聡	大宮	2000/2/20
武山卓己	仙台東	2018/1/13		高田公明	仙台南	2000/2/24
藤澤雄司	横浜北	2018/1/13		寄田明寿	岡崎	2000/3/19
野々山一郎	総本部	2018/3/4		稲田卓也	横浜北	2000/4/2
菊地政彦	紋別	2018/3/25		高田久嗣	吉祥寺	2000/4/2
小林猛弘	新潟	2018/6/30		寺田　猛	奈良桜井	2000/7/8
内山秀樹	新潟	2018/6/30		中山正和	総本部	2000/10/9
萩庭英典	渋谷	2018/12/3		田中健一	新潟	2001/3/4
門脇良典	札幌南	2018/12/15		八島有美	横浜北	2001/4/1
岡田季之	仙台東	2018/12/16		小松秀広	横須賀	2001/12/23
加藤泰典	高尾	2018/12/23		鈴村勝次	総本部	2002/3/2
板子和夫	名古屋西	2019/1/12		濵松新一郎	木町	2002/3/31
山田　壮	関西宗	2019/1/12		鈴木英次	仙台中央	2002/9/29
辻村元伸	関西宗	2019/1/12		遠嶋浩克	北九州	2002/10/6
寺沢純悦	八戸	2019/1/12		中谷泰久	名張	2002/10/13
安部貴文	新潟	2019/7/28		服部宏明	仙台中央	2002/10/13
平野　篤	新潟	2019/7/28		吉岡正裕	関西宗	2002/12/8
水落信次	筑紫野	2019/9/21		中川博之	多賀城	2003/5/11

伊藤政博	仙台南	2003/7/31	梶原正好	名張	2010/10/10
清水和磨	北九州	2003/11/30	本間淳一	東根	2010/12/23
桜井秀司	仙台南	2003/12/25	松下慎司	高尾	2010/12/23
小野 亮	吉祥寺	2004/5/16	菊池 滋	総本部	2010/12/23
寺嶋裕美	名張	2004/6/20	古閑康隆	博多	2011/3/20
野平 昇	成田	2004/6/20	大野典行	静岡西	2011/6/26
池野泰輔	成田	2004/10/10	山田嘉幸	日進	2011/6/26
飯島 進	浦和	2005/4/3	佐々木嗣治	帯広	2011/7/24
今村基宏	横浜北	2005/4/3	アンゴーヴ・ジェーソン	高尾	2011/10/2
平安孝行	広島中央	2005/12/17	大西孝義	日進	2011/12/11
丸山悦夫	新潟	2006/7/2	山下正和	横浜北	2011/12/23
斉藤雅史	新潟	2006/8/6	髙橋正人	横浜北	2011/12/23
田村高志	北広島	2007/6/24	荒柄義隆	横浜北	2011/12/23
大窪隆史	総本部	2007/7/16	倉本和男	横浜北	2011/12/23
ゴスポディン・B	Bulgaria	2007/09/28	笹沢一有	大分	2012/3/18
加藤年嗣	総本部	2007/12/2	小瀬古重樹	名張	2012/3/18
髙野 望	秋田	2008/4/20	野田洋正	横浜北	2012/3/20
鈴木清治	石巻	2008/4/20	内田淳一	総本部	2012/5/13
萩原克徳	大野城	2008/6/8	神山喜未	日進	2012/5/13
小田誠司	筑紫野	2008/12/6	千葉新市	石巻	2012/5/27
岡 裕美	横浜北	2009/3/7	横堀正純	新潟	2012/8/5
佐藤和浩	那覇	2009/3/22	堀江裕一	横浜北	2012/8/5
南雲康夫	長岡	2009/7/25	吉田 誠	盛岡	2012/9/30
中西大悟	筑紫野	2009/12/6	小林 靖	山形	2012/10/25
島内知彦	浜松	2009/12/13	門井 研	静岡西	2012/12/9
水野栄治	多賀城	2009/12/20	柳川慶夫	岸和田	2013/3/10
雨宮守正	浦和	2009/12/23	門間理良	総本部	2013/6/1
前原映子	北本	2009/12/23	吉野朱実	総本部	2013/8/11
宇佐美 亮	吉祥寺	2009/12/23	多田英史	練馬	2013/8/11
石橋昌之	吉祥寺	2009/12/23	高橋健一	長岡	2013/9/22
青木政樹	浦和	2009/12/23	笠井良太郎	名張	2013/10/6
渡辺 隆	周南	2010/2/27	藤澤勝明	成田	2013/12/23
山田敏代和	博多	2010/5/23	頃安延幸	総本部	2013/12/23
三井和文	帯広	2010/5/29	阿部 靖	石巻	2014/7/21
D・アベリャン	Spain	2010/07/11	野﨑允裕	筑紫野	2014/12/7
番場 均	長岡	2010/7/24	阿部宏信	石巻	2014/12/21
坂原夕子	北河内	2010/8/22	志田 淳	吉祥寺	2014/12/23

小池秀人	湘南	2014/12/23	川出文洋	名古屋北	2017/6/18
末廣智明	吉祥寺	2014/12/23	小田中健策	盛岡	2017/7/23
鈴木秀夫	大阪南	2015/3/15	辻　一磨	御茶ノ水	2017/8/6
岡崎　匠	仙台中央	2015/3/28	東出直哉	日進	2017/8/20
大宮　真	横浜北	2015/3/28	山崎順也	紋別	2017/12/23
糸永直樹	草加	2015/3/29	服部晶洸	横浜北	2017/12/23
中田昭裕	行徳	2015/3/29	大坂泰博	御茶ノ水	2017/12/23
杉山貴規	大阪南	2015/5/5	宅間季也	高尾	2017/12/23
岩崎時典	岸和田	2015/5/5	佐川　亮	香取	2018/1/13
三浦秀人	石巻	2015/7/26	J・アレキサンダー	USA Colorado Springs	2018/1/13
野田洋一	関西宗	2015/9/27	漆館宗太	横浜北	2018/3/4
R・バーガス	Colombia	2015/10/30	髙木　徹	総本部	2018/6/9
庄子政則	仙台東	2015/12/20	辻川泰範	新潟	2018/6/30
塚原謙一	仙南	2015/12/20	玉村勝弘	新潟	2018/6/30
長島貴弘	横須賀	2015/12/23	廣下勝利	新潟	2018/6/30
平石哲也	行徳	2015/12/23	幡谷政貴	長岡	2018/6/30
青木伊之	横浜北	2016/1/9	富田　憲	新潟	2018/6/30
清田大作	御茶ノ水	2016/4/3	太田義貴	新潟	2018/6/30
松田智大	総本部	2016/4/9	金　光洙	札幌西	2018/7/22
石井則夫	川崎	2016/4/9	小原嘉昭	西尾	2018/8/26
岡　裕次	仙台中央	2016/5/29	有川桂太	筑紫野	2018/9/26
佐々木俊武	仙台東	2016/5/29	A・ロペス	Cuba	2018/12/3
多田　豊	長岡	2016/7/24	V・キム	Kyrgyzstan	2018/12/3
渋谷幸宏	新潟	2016/7/24	市川忠樹	北河内	2018/12/9
小林伴一	長岡	2016/9/11	齋藤洋太郎	仙南	2018/12/16
田中正明	筑紫野	2016/12/4	吉倉千秋	横浜北	2018/12/23
山本明徳	安城	2016/12/11	諏訪一郎	広島中央	2018/12/23
中井俊輔	安城	2016/12/11	高橋竜也	富士山	2019/1/12
板敷宗治	札幌南	2016/12/16	大山博司	総本部	2019/3/3
小山政幸	木町	2016/12/18	羽島俊洋	関西宗	2019/3/17
清水亮汰	総本部	2016/12/23	山田弘志	関西宗	2019/3/17
大中秀幸	総本部	2016/12/23	山田裕輔	筑紫野	2019/3/20
甲斐博之	行徳	2016/12/23	木谷　渉	小樽	2019/3/31
DRG・セリ	France Paris North	2017/01/01	松木裕人	御茶ノ水	2019/6/22
水谷彰男	札幌西	2017/2/27	舩山　豊	新潟	2019/7/28
江本孝弘	大阪南	2017/3/5	岩﨑大河	総本部	2019/8/4
塚田栄治	浦和	2017/3/5	押木英慶	新潟	2019/9/15

O・ニエヴァ	Paraguay	2019/10/1

●初段

鈴木規正	名古屋西	1988/10/16	澤口誠一	仙台東	2001/9/24
野口　健	総本部	1989/3/12	伊神真次	名古屋北	2001/12/16
若月　隆	横浜北	1990/9/8	青木文祥	綾瀬	2001/12/23
吉田康治	日進	1991/6/12	西岡則彦	名張	2002/6/16
竹内勝己	富田林	1991/12/15	渡邉　良	長岡	2002/6/23
東　浩司	大阪南	1993/12/19	大森雅夫	名張	2002/10/13
野沢健一	札幌西	1994/9/3	原田治久	都城	2002/12/1
小嶋一男	総本部	1995/10/14	佐藤忠行	盛岡	2002/12/15
森田樹郎	横浜北	1996/4/29	目黒勝雄	長岡	2003/1/26
荘保　隆	総本部	1996/5/12	前田　大	岸和田	2003/4/6
国田康二	新ゆり	1996/6/9	大西　正	名張	2003/4/16
仲野　靖	総本部	1996/6/23	高林宏行	長岡	2003/4/20
高澤泰一	総本部	1996/6/26	河原秀人	北河内	2003/5/25
山田正雪	新潟	1996/12/3	沼田　誠	筑紫野	2003/10/5
武田尚英	山形	1996/12/22	佐藤慶二郎	名古屋北	2003/12/7
小野武敏	総本部	1996/12/23	阿部泰幸	新潟	2003/12/13
阿部新治郎	横浜北	1997/6/15	古宇田　透	総本部	2003/12/23
長谷部　信	成田	1997/6/15	石田善政	成田	2004/1/19
深見大成	川崎	1997/9/28	中村雅春	御茶ノ水	2004/3/6
中西良栄	神戸	1998/6/7	髙橋功一	総本部	2004/3/6
堀　宗紀	成田	1998/11/1	豊田哲也	浜松	2004/3/14
塩見喜宏	横浜北	1998/12/23	高田能如	日立	2004/4/4
江口忠友	日立	1999/2/11	渡部和暁	仙台中央	2004/4/11
森　武晴	総本部	1999/3/28	西村洋次郎	関西宗	2004/5/11
櫨　信之	名古屋北	1999/5/23	栗原誠也	横浜北	2004/6/20
山田　正	登米	1999/7/18	井田耕治	仙台西	2004/7/25
小川徳克	札幌西	1999/7/25	間　隆浩	横浜北	2004/7/25
細谷貴春	総本部	1999/8/8	滝川　武	新潟	2004/12/5
佐藤日吉	長岡	1999/12/5	栗原　淳	帯広	2004/12/10
山田英貴	名古屋西	2000/4/9	間瀬恭子	横浜北	2004/12/25
諸橋善道	高尾	2000/5/21	渡部和弘	長岡	2004/12/26
中島秀昭	大宮	2001/3/4	荒井俊輔	長岡	2005/3/13
鈴木久資	岡崎	2001/3/25	巻　礼史	筑紫野	2005/3/20
日向野　勝	日立	2001/9/24	望月大介	三河豊橋	2005/3/21
			稲田雅善	総本部	2005/4/3
			鈴木　雄	高尾	2005/5/22
			佐野好昭	仙台中央	2005/6/12

佐藤弘貴	日立	2005/10/2	杉本秀陽	総本部	2008/6/14
下仮屋雄二	名張	2005/11/27	川上貴史	札幌南	2008/6/21
春井勝一	御茶ノ水	2005/12/18	堀切川　誠	静岡	2008/6/29
崎山和義	吉祥寺	2005/12/18	吉田晃一	仙台南	2008/7/22
兵頭　靖	総本部	2005/12/18	杉浦宗憲	日進	2008/11/30
上村大介	長岡	2006/3/12	服部篤人	行徳	2008/12/13
土井　健	神戸	2006/3/26	永田智也	日進	2008/12/14
坂原通仁	北河内	2006/3/26	平野　明	新潟	2008/12/21
木原裕崇	総本部	2006/6/16	三浦隆義	仙台中央	2008/12/21
川上大樹	名古屋北	2006/6/18	眞間修一	浦和	2008/12/23
渡邊幸洋	仙台東	2006/7/29	柴田　努	三沢	2009/3/7
永田　覚	新潟	2006/7/29	中島雄三	吉祥寺	2009/3/7
勝　直光	関西宗	2006/10/9	阿部和幸	新潟	2009/5/17
田中久利	紋別	2006/12/16	遠藤岳史	総本部	2009/5/30
佐々木　敦	石巻	2006/12/17	日吉靖孝	吉祥寺	2009/5/30
梶村大悟	総本部	2007/3/3	金子一広	吉祥寺	2009/5/30
今井康浩	長岡	2007/3/4	宮﨑幹雄	筑紫野	2009/6/7
宮地　孟	吉祥寺	2007/4/1	伊藤大介	安城	2009/6/28
芳賀俊一	東根	2007/4/7	髙橋喜明	横浜北	2009/7/20
水野俊一	新潟	2007/4/15	勝山　聡	総本部	2009/10/4
大岩只佳	浜松	2007/6/10	益永秀二	筑紫野	2009/10/28
佐久間　僚	川崎	2007/6/24	原　和寿	筑紫野	2009/10/28
荒川直哉	綾瀬	2007/6/24	高礒勇人	名張	2009/11/29
関根久惠	日立	2007/8/5	中川賢一	山形	2009/12/4
奥村幹夫	北九州	2007/10/28	小林聖浩	関西宗	2009/12/12
池田祐樹	筑紫野	2007/10/28	弦巻克則	新潟	2009/12/13
尾崎哲一	那覇	2007/11/18	中村嘉成	静岡西	2009/12/13
荒木健太郎	長久手	2007/12/2	笹沼　晃	木町	2009/12/20
森本絢香	名張	2007/12/8	鈴木光伴	綾瀬	2009/12/23
扇子啓介	長岡	2007/12/16	中山俊行	横浜北	2009/12/23
林　一彦	広島中央	2007/12/22	濱崎　剛	御茶ノ水	2009/12/23
大槻英世	高尾	2007/12/23	糸井陽一	総本部	2009/12/23
波多正俊	大宮	2007/12/23	深澤元貴	大田	2009/12/23
余座健一	横浜北	2007/12/23	田中靖久	綾瀬	2009/12/23
三木英人	岸和田	2008/4/6	髙橋紀美子	長岡	2010/1/24
裏地　寛	名張	2008/4/13	深草宏之	吉祥寺	2010/3/13
中村泰武	北九州	2008/6/8	宮越洋尚	三沢	2010/4/11

德増輝久	湘南	2010/5/16	大山　巌	青森市	2011/11/27
大橋　亨	御茶ノ水	2010/5/22	深見　誠	北河内	2011/12/10
大野修毅	滝川	2010/5/29	犬飼俊行	名古屋北	2011/12/11
生島　隆	渋谷	2010/6/12	小林一也	吉祥寺	2011/12/23
鈴木健二	草加	2010/6/12	井之上恭秀	吉祥寺	2011/12/23
田中洋輔	御茶ノ水	2010/7/11	清水　薫	石巻	2012/3/3
杉田秀幸	総本部	2010/11/6	菴澤雅士	総本部	2012/3/3
加島忠幸	総本部	2010/12/5	山下康治	名張	2012/3/18
小野貴久	仙台中央	2010/12/19	浅野高久	総本部	2012/6/24
阿部　準	多賀城	2010/12/19	南條健一	名古屋西	2012/7/1
中村敬三	木町	2010/12/19	鈴木隆太	札幌南	2012/7/22
小島雅士	塩釜	2010/12/19	瀬﨑美之	渋谷	2012/8/5
池田貴博	総本部	2010/12/23	水島秀輝	長久手	2012/8/26
後藤泰喜	横須賀	2010/12/23	T・テオドロウ	Cyprus	2012/10/21
江澤幸彦	綾瀬	2010/12/23	中村竜太郎	御茶ノ水	2012/11/25
平田久典	渋谷	2010/12/23	鈴木智大	府中	2012/12/1
内藤昌平	草加	2010/12/23	村越正崇	青森市	2012/12/2
大橋　武	大阪南	2010/12/23	中村要四郎	北九州	2012/12/2
渡邉　悟	草加	2010/12/23	諏訪野智彦	長岡	2012/12/16
遠藤逸郎	御茶ノ水	2010/12/23	草薙一司	秋田	2012/12/16
泉　高志	御茶ノ水	2010/12/23	大矢敏之	横浜北	2012/12/23
三島博史	草加	2011/1/15	志賀俊幸	高尾	2012/12/23
佐藤玲子	長岡	2011/3/6	小田鉄馬	草加	2012/12/23
今井正文	長岡	2011/3/6	安田健一	高尾	2012/12/23
植野素光	総本部	2011/3/12	大矢るい	横浜北	2013/3/2
保坂智雄	栃木南	2011/4/3	正木宣成	日進	2013/3/10
金　成浩	札幌南	2011/5/28	松山惣武	日進	2013/3/10
横井伸幸	総本部	2011/6/11	S・チアスツエンコ	Moldova	2013/05/01
平山雄祐	成田	2011/6/11	ジンガ D.M.G	Switzerland	2013/05/05
佐々木弘史	横浜北	2011/6/11	中村知大	大田	2013/6/12
水戸部隆弘	吉祥寺	2011/6/24	谷口　卓	岸和田	2013/6/28
荒井邦治	関西宗	2011/6/25	K・バギャン	Armenia	2013/07/01
森本俊一	横浜北	2011/8/7	神山育未	日進	2013/8/11
松永俊介	横浜北	2011/8/7	青木浩司	府中	2013/8/11
村木雅也	新潟	2011/10/2	八幡義一	御茶ノ水	2013/8/11
三宅耕一	筑紫野	2011/10/12	杉山純一	筑紫野	2013/10/2
孫　德浩	総本部	2011/10/15	土井　仁	筑紫野	2013/10/2

伊藤新太	日進	2013/10/6	田中誠一	帯広	2015/4/12
平川　陽	北九州	2013/12/7	井ノ口大輔	紋別	2015/4/12
永島逸郎	関西宗	2013/12/14	宍戸修一	仙南	2015/5/5
小芝裕也	関西宗	2013/12/14	シモン・ファビアン	総本部	2015/5/10
豊田将希	北河内	2013/12/14	寺口法秀	横浜北	2015/5/31
佐々木　盛	札幌南	2013/12/20	草野千恵	仙台東	2015/5/31
庄子亜久理	多賀城	2013/12/22	川下義人	日進	2015/6/7
松田光亮	新ゆり	2013/12/23	中村　創	総本部	2015/6/20
村上知丈	総本部	2013/12/23	大和智晃	御茶ノ水	2015/8/2
戸谷　誠	練馬	2013/12/23	松永卓也	大分	2015/8/23
谷井翔太	横須賀	2013/12/23	岩井健治	神戸	2015/8/30
長﨑義勝	岸和田	2014/2/7	文屋和英	塩釜	2015/9/6
山本峰雄	行徳	2014/3/16	松尾美子	筑紫野	2015/9/16
井上浩明	筑紫野	2014/4/9	辻野浩平	岸和田	2015/9/27
目黒雄太	長岡	2014/4/20	野村幸汰	札幌西	2015/10/5
山口雅己	塩釜	2014/9/13	A・ヴェレヌーヴェ	Argentine	2015/10/30
鈴木浩幸	塩釜	2014/9/13	小山慎治	北河内	2015/12/12
大橋邦章	仙南	2014/10/18	秋田健太郎	堺	2015/12/12
川瀬康弘	四日市	2014/12/14	平野光浩	名古屋北	2015/12/13
南　賢治	札幌南	2014/12/19	戸田佳奈子	仙台東	2015/12/20
濱上文暁	札幌南	2014/12/19	鈴木寿弥	仙台中央	2015/12/20
永戸竜也	仙台中央	2014/12/21	吉本康宏	高尾	2015/12/23
今野杏夏	多賀城	2014/12/21	山口眞人	湘南	2015/12/23
越後暢介	仙台東	2014/12/21	小泉清貴	横浜北	2015/12/23
菅　邦治	総本部	2014/12/21	房本浩司	大阪南	2016/2/7
長谷川皓之	八戸	2014/12/21	田ノ岡克典	大阪中央	2016/2/19
岡本昌樹	湘南	2014/12/23	魚津礼一	高尾	2016/4/3
大橋洋文	横浜北	2014/12/23	伊東　駿	仙台東	2016/4/3
大倉　司	大宮西	2014/12/23	経田武志	高尾	2016/4/9
堀田幸一	横浜北	2014/12/23	鈴木克史	三沢	2016/4/24
加藤和徳	吉祥寺	2014/12/23	森　寿夫	岸和田	2016/6/10
國枝厚志	秋田	2014/12/23	早川智広	日進	2016/6/12
根本敏文	帯広	2015/1/16	赤木亮太	京都	2016/6/26
駒沢常弘	新潟	2015/1/24	作田千代美	大田	2016/7/24
星　孝幸	塩釜	2015/2/15	鈴木秀一	長岡	2016/7/24
岡本浩平	筑紫野	2015/3/11	新出勝治	行徳	2016/7/24
富田一美	帯広	2015/4/12	浜田宏人	仙台東	2016/7/24

窪田　実	横浜北	2016/7/24	阿部公太郎	新潟	2017/8/6
伊東宗志	日進	2016/8/7	荒井壱成	長岡	2017/8/6
日髙　進	神戸	2016/8/7	氏家一茂	練馬	2017/8/6
小笠原温美	札幌南	2016/10/8	藤井建史	神戸	2017/8/20
及川博史	盛岡	2016/10/8	脇川正人	長岡	2017/9/24
浪波小百合	東根	2016/11/15	髙垣友輝	日進	2017/11/12
野々宮靖宏	三沢	2016/11/26	上山康次	西尾	2017/12/10
三村耕佑	北河内	2016/12/10	伊藤　梓	札幌南	2017/12/15
大野貴裕	広島中央	2016/12/10	桐田淳利	仙南	2017/12/17
弘田康人	大阪南	2016/12/10	澤田英明	仙台東	2017/12/17
柏　幸樹	長久手	2016/12/11	鈴木　智	塩釜	2017/12/17
大谷哲也	名張	2016/12/11	児島慎也	御茶ノ水	2017/12/23
西村克之	北広島	2016/12/16	山崎文敬	横須賀	2017/12/23
大坂直也	秋田	2016/12/18	坪井清弘	横須賀	2017/12/23
高橋良宣	秋田	2016/12/18	田村理一	横浜北	2017/12/23
伊東輝美	登米	2016/12/18	吉永直樹	高尾	2017/12/23
大倉　萌	吉祥寺	2016/12/23	橋本正孝	吉祥寺	2017/12/23
木村圭吾	横浜北	2016/12/23	石川貴士	横浜北	2017/12/23
山本吉朗	水戸	2016/12/23	梅谷健二	練馬	2017/12/23
菅　剛志	横浜北	2016/12/23	片山　篤	総本部	2017/12/23
阿部貴幸	横浜北	2016/12/23	渡邊　互	岸和田	2018/2/9
槇　力	日進	2017/2/4	小柳茉生	新潟	2018/3/4
羽室英利	岸和田	2017/2/10	飯塚　進	岸和田	2018/3/11
日下和信	岸和田	2017/2/10	小泉宜章	帯広	2018/3/25
G・アスラン	Turkey	2017/2/11	飛永慶造	帯広	2018/3/25
東　由美子	総本部	2017/3/5	片川智浩	紋別	2018/3/25
川上一也	三沢	2017/4/22	奈良朋弥	青森市	2018/4/26
田端康史	岸和田	2017/6/11	北條　真	盛岡	2018/5/27
小松大助	日進	2017/6/18	篠原裕貴	仙台中央	2018/5/27
熱海　龍	木町	2017/7/23	大貫浩治	仙台東	2018/5/27
渡邊哲徳	新潟	2017/8/6	堤　裕之	仙台中央	2018/5/27
柳　春逢	湘南	2017/8/6	市川孝文	総本部	2018/6/9
今田知宏	行徳	2017/8/6	齋藤政彦	仙南	2018/6/9
塗茂正和	新潟	2017/8/6	坂口真一	岸和田	2018/6/15
宮本貴文	横須賀	2017/8/6	柴口宗久	新潟	2018/6/30
長谷川美知子	新潟	2017/8/6	小松靖裕	新潟	2018/6/30
横山智樹	行徳	2017/8/6	佐藤哲也	新潟	2018/6/30

加藤隆行	新潟	2018/6/30
三木善靖	湘南	2018/9/2
廣岡 豊	岸和田	2018/9/21
A・アブドゥラ	Maldives	2018/12/3
V・ブレディキン	Malta	2018/12/3
佐藤宗明	新潟	2018/12/9
室端 東	岸和田	2018/12/9
平山晃守	関西宗	2018/12/9
永井淳司	北河内	2018/12/9
宮城 護	関西宗	2018/12/9
伊藤 望	札幌南	2018/12/15
髙橋 新	札幌南	2018/12/15
星 優斗	仙南	2018/12/16
大友清勝	仙台東	2018/12/16
北本 竜	新ゆり	2018/12/23
菊地逸斗	横浜北	2018/12/23
外山 博	練馬	2018/12/23
小林弘尚	成田	2018/12/23
麦谷亮介	行徳	2018/12/23
山本英貴	川崎	2018/12/23
沼井宏徳	横浜北	2018/12/23
飯野晃司	御茶ノ水	2018/12/23
篠原隆夫	御茶ノ水	2018/12/23
牧 正司	御茶ノ水	2018/12/23
若林和男	横須賀	2018/12/23
曽山遼太	岸和田	2019/2/15
渡邊明彦	神戸	2019/2/15
西岡雅司	岸和田	2019/2/15
三鬼裕太	御茶ノ水	2019/3/3
佐藤嘉紘	新潟	2019/3/3
篠原 正	筑紫野	2019/3/20
菊池裕哉	帯広	2019/3/26
尾上光之	大阪南	2019/4/14
安富北斗	総本部	2019/5/12
渡邊富紀恵	神戸	2019/5/12
ソムチャ・ヌアナー	札幌西	2019/7/21
金 重樂	札幌西	2019/7/21

小松 慎	新潟	2019/7/28
清水康夫	長岡	2019/7/28
G・グエン トロン	Viet Nam	2019/08/01
清水浩一	練馬	2019/8/4
石田泰樹	御茶ノ水	2019/8/4
田中龍太郎	行徳	2019/9/15
M・N・レハエム	Tunisia	2019/10/20
M・S・ブルタービン	Czech	2019/10/20
トー・ジン・L	Myanmar	2019/10/29

少 年 部

●少年部弐段

小野寺玲奈	帯広	2018/9/19
阿部ひなた	石巻	2018/12/16
佐藤龍希	東根	2019/7/28

●少年部初段

川崎秀彪	仙台東	2015/5/31
中島瑞貴	仙南	2015/5/31
清水敦史	高尾	2015/6/20
坂本琥珀	塩釜	2015/7/26
中川碧偉	新潟	2015/8/2
佐々木惣一朗	仙台東	2015/12/20
早坂青空	仙台東	2015/12/20
千葉陽生	登米	2015/12/20
遠藤健慎	仙台西	2015/12/20
吉村士徒	三沢	2016/4/24
我妻十雲	仙南	2016/5/29
後藤将太郎	登米	2016/5/29
酒井晃希	塩釜	2016/5/29
島 麻光	仙台東	2016/7/24
千葉櫂己	登米	2016/7/24
佐藤裕太	横浜北	2016/7/24
伊藤亮汰	塩釜	2016/7/24
加藤遼己	木町	2016/7/24
河本竜治	四日市	2016/8/7
山本春流	長岡	2016/9/24

鶴田響輝	朝倉	2016/10/16	星　空我	仙南	2017/12/17
村吉勇人	筑紫野	2016/10/16	味香裕之	四日市	2017/12/17
佐々木　春	多賀城	2016/12/18	鈴木　廉	四日市	2017/12/17
高須湘蔵	盛岡	2016/12/18	吉田祐太朗	仙南	2017/12/17
遠藤将瑛	仙台西	2016/12/18	後藤晴希	登米	2017/12/17
佐藤あやめ	塩釜	2016/12/18	佐藤日和	登米	2017/12/17
中村粋進	帯広	2016/12/21	須田萌日	石巻	2017/12/17
吉田優太	帯広	2016/12/21	遠藤すず	石巻	2017/12/17
大門政仁	吉祥寺	2016/12/23	佐々木　翼	長岡	2017/12/17
廣庭皓太	吉祥寺	2016/12/23	伊藤修斗	仙台西	2017/12/17
品野沙弥香	岸和田	2017/2/10	槻田ゆい	木町	2017/12/17
保田理貴	岸和田	2017/2/10	古崎聖真	練馬	2017/12/23
阿部海人	塩釜	2017/2/20	林　凌聖	佐久	2017/12/23
古川太一	盛岡	2017/3/15	奥山海晴	岸和田	2018/2/7
古賀睦七	大野城	2017/4/23	荒木　蓮	筑紫野	2018/4/15
川瀬雅斗	筑紫野	2017/4/23	相内春花	青森市	2018/4/21
牛川愛生	筑紫野	2017/4/23	熊谷慈英	仙南	2018/5/27
田丸祐丞	仙台東	2017/5/28	市川真衣	仙台東	2018/5/27
大谷優斗	仙台西	2017/5/28	渡邊晴輝	仙台東	2018/5/27
中山太陽	長久手	2017/6/11	玉村海人	新潟	2018/6/30
曽山隆聖	岸和田	2017/6/11	本田亮太	紋別	2018/7/22
曽山滉平	岸和田	2017/6/11	坂元駿斗	仙台西	2018/8/1
佐藤美心	仙南	2017/7/23	関　星斗	仙台西	2018/8/1
滝澤大陽	盛岡	2017/7/23	小牧快十	四日市	2018/8/26
水谷　海	吉祥寺	2017/8/6	古賀羽恩	大野城	2018/10/28
佐々木虎徹	吉祥寺	2017/8/6	平山光羽	筑紫野	2018/10/28
稲垣琴愛	四日市	2017/8/20	小柳裕汰	新潟	2018/10/28
古川ひなの	豊川	2017/8/20	三浦弘士	弘前	2018/11/18
杉浦虎哲	安城	2017/8/20	相内健太	青森市	2018/11/18
豊田莉咲	豊川	2017/8/20	吉村隼之介	三沢	2018/11/18
山下航汰	安城	2017/8/20	江上礼華	三沢	2018/11/18
延命恭芽	帯広	2017/9/16	西岡龍生	岸和田	2018/12/9
根本琉来	帯広	2017/9/16	末藤寧々	岸和田	2018/12/9
小泉穂乃華	帯広	2017/9/16	加藤輝汐	新潟	2018/12/9
水流蒼太	筑紫野	2017/10/8	赤間翔太	多賀城	2018/12/16
三浦由聖	三沢	2017/11/26	泉澤荘太	多賀城	2018/12/16
駒形祐磨	帯広	2017/12/16	安藤光志	多賀城	2018/12/16

松崎真虎斗	仙台東	2018/12/16
山内　蓮	仙台東	2018/12/16
明神愛梨	盛岡	2018/12/16
米澤光優	盛岡	2018/12/16
渋田大斗	木町	2018/12/16
荒井颯来	木町	2018/12/16
渡邉琉斗	木町	2018/12/16
大島圭翔	練馬	2018/12/23
菊地雛愛	帯広	2019/3/26
篠原虎汰朗	帯広	2019/3/26
延命玲冴	帯広	2019/3/26
小泉楓花	帯広	2019/3/26
大年陽向	大阪南	2019/4/14
中島なみえ	筑紫野	2019/4/21
榊原実優	筑紫野	2019/4/21
山田健治	帯広	2019/5/22
佐々木　蓮	多賀城	2019/5/26
西條萩斗	多賀城	2019/5/26
阿部翔也	石巻	2019/5/26
由利弥琴	仙台西	2019/5/26
菊池悟瑠	塩釜	2019/5/26
渋田啓斗	木町	2019/5/26
髙橋琉貴	塩釜	2019/5/26
宮武京花	木町	2019/5/26
菅原礼音	木町	2019/5/26
大谷佑士朗	名張	2019/6/16
松本小春	名張	2019/6/16
東野陽太	名張	2019/6/16
藤本潤哉	名張	2019/6/16
永橋心樹	長岡	2019/7/28
佐藤　歩	仙台西	2019/7/28
佐藤　匠	仙台西	2019/7/28
本多　敬	木町	2019/7/28
今村将崇	総本部	2019/8/4
川越琥鉄	三河豊橋	2019/8/25
小川さくら	帯広	2019/9/18
早田鴻志朗	横須賀	2019/9/23

高尾伊織	朝倉	2019/10/14
加藤優弥	大野城	2019/10/14
世羅登埜	大野城	2019/10/14
井関泰志	大野城	2019/10/14
坂井　禅	筑紫野	2019/10/14
増田悠人	筑紫野	2019/10/14
黒﨑天翔	筑紫野	2019/10/14

「祝 大道塾設立40周年」

早稲田大学名誉教授
村山 吉廣

　大道とは天地の理法に基づく人類の大道である。『孟子』にも「天下の正位に立ち、天下の大道を行く」という語がある。　東塾長がこの理想を掲げて道場を設立してから早くも四十周年とのことである。　私はその創設期に立ち会った人間の一人として感懐に堪えない。　幸いにし大道塾はひたすら発展を遂げ、「空道」を提唱してすでに二十年になるという。

　これは東師範の健全な武道を目指す真摯な態度とこれを支える周囲の人々の一貫して変わらぬ熱意と支援のたまものである。世の変動は極まりないが、「大道を行く」創設期の気高さがこれからもしっかりと貫かれてゆくことを心から期待している。

「お祝い」

全日本空道連盟　副会長
前横浜市長　元衆議院議員
中田 宏

　大道塾設立40周年および空道創始20周年を迎えられましたこと、心よりお慶び申し上げます。

　大道塾設立ならびに空道創始以来、多くの困難を乗り越え、本日の晴れの日を迎えられましたのも、「どんなに困難なことに出会っても、人生の至高に到達するためには、全てを前向きに捉え、決して挑戦を避けてはならない」という理念を掲げ、東孝先生、歴代の指導者の皆様、お世話役の皆様、選手のご父兄の皆様が一丸となって、邁進されてきた努力の賜物であります。これまで携わってこられた皆様に敬意を表します。

　長きに渡る活動を通じ、数多くの選手たちが巣立ち、現在では立派に社会人として、あらゆる分野・場面において活躍をされていることと存じます。このことは、「もって人格の陶冶をなし、社会に寄与貢献する事を希うものなり」の道場訓のもと、空道を通じて様々な学びがあったからだと思います。

　私も、高校・大学時代には空手道を通じ、数多くのことを学ばせていただいた一人です。「礼に始まり礼に終わる」という空手道の教えより、自分自身の心を磨く、相手への感謝といったことを学び、貴重な経験を積むことができたのではないかと感じております。

　私は空道をはじめとする日本の武道が青少年教育や人間形成に欠かせないものであり、大道塾ならびに空道の発展こそ、社会の発展に繋がるものであると確信をしております。

　今後益々、ご活躍されますことを祈念申し上げ、大道塾設立

40周年ならびに空道創始20周年の祝辞とさせていただきます。
　令和2年1月吉日

「祝 辞」

宮城県副知事
仙台中央支部所属
佐野 好昭

　大道塾設立40周年及び空道創始20周年、誠におめでとうございます。

格調高い祝辞は苦手ですので、私が道場生として大道塾から学んだことを振り返ってお祝いの言葉とさせていただきます。

　大学生だった私が東塾長の弟子になってから2年目の冬に、仙台市五橋の道場の壁に塾長の「思い」と「決意」、「覚悟」が詰まった大道塾設立趣意書（模造紙?を張り合わせたものに手書き）が張られたのを今でも覚えています。

　私は、驚きはしましたが、先生が独立するのであれば、弟子としてただ付いていくだけと素直に思いました。

　大道塾設立後に、道場の屋上のプレハブ小屋で、学習塾の講師をしたのも良い思い出です。

　その後、北斗旗全日本大会に1度出場し、宮城県庁に就職してからも稽古は続けたのですが、忙しい職場への転勤と結婚を機に30歳で引退しました。

　最後に出場した交流試合の後で、塾長から「佐野、黒帯をやるか。」と言われたのですが、当時の私にとって、黒帯は本当に強い人だけが締められる憧れのものだったので、「私は、まだ修行が足りません。」と辞退して、茶帯・1級で9年間の現役を終えました。

　それからの大道塾との関わりは、仙台での大会を見に行くくらいだったのですが、平成15年4月に、暴力団と対決しなければならない職場に転勤したのを機に、気合を入れ直すために15年振りに五橋の道場に行ってビジネスマンクラス（シニアクラス）に再入門しました。

　自分がやっていた「格闘空手」から、絞め、関節技も使える「総合格闘技」に進化した空道に戸惑いながらも、白帯から始めて今度は黒帯も取得することができました。

　気が付くと、再入門してからこの3月で丸18年となって、現役時代の2倍になります。

　改めて考えてみると、大道塾、空道は、私の学生時代から人生のパートナーでした。

　私も、年齢を重ねて、職員研修などで講話をする立場になったのですが、その際に、私の座右の銘の一つに「仕事・人生で迷った時は一歩前に出る。」があって、一歩前に出た方が遣り甲斐があるし、面白いと話しています。実は、その基は、スパーリングでローキックを貰ったとき、ボディにパンチを貰ったとき、痛くて弱気になって一歩後ろに下がれば、後は道場の壁に叩きつけら

れるまでローキック、パンチをもらい続ける、むしろそういう時ほど一歩前に出て反撃する勇気が必要という実体験から来ているのです。

「気持ちで絶対負けない。」は、大道塾から離れていた時も含めて、私の仕事・人生の拠り所で、それが一番役に立ったのは東日本大震災のときでした。1,000年に一度の大災害に心が折れそうになったときも、大道塾魂で自分を奮い立たせ、部下達を鼓舞することができたと思います。

これまで、私を育てていただいた東塾長、奥様、歴代の支部長、先輩、そして関係者の皆様に心より感謝申し上げます。

私が、一塾生として稽古を続けている間に、空道、大道塾は国内に100か所以上、海外約60か国に拠点を持つ団体に成長されました。この成長に私が貢献できたことはありませんが、宮城県スポーツ協会への加盟に少しだけお手伝いできたことがせめてもの恩返しかなと思います。

道場訓の「強固なる精神力と体力を養い」、「人と結びて有情を体し」は、正に現代社会において必要とされていると思います。空道、大道塾がこれからも発展され、日本スポーツ協会への加盟、延いては念願のオリンピックへの参加が実現されますよう祈念申し上げまして、私からの祝辞とさせていただきます。

「40周年記念ご挨拶」

(社)全日本空道連盟 後援会会長
イオンモール㈱顧問
村上教行

大道塾設立40周年、および空道創始20周年、まことにおめでとうございます。今回の、この喜びの節目を迎えられましたことは、塾長をはじめ、それを支えている大道塾、空道連盟の役員、支部長、塾生の皆様の粉骨砕身のご努力のたまものと、心よりお喜び申し上げます。

私は、東塾長が「空手道大道塾」を設立された宮城県に産まれ育ち、ともに東日本大震災を経験し、復興への想いもあり、大道塾とは心身ともに強い繋がりを感じております。

私が、(社)全日本空道連盟 後援会会長の責を担うこととなりました時に「小生には重責」と辞退を申し出ましたが、東塾長より空道に対する意気込みや、熱い想いを打ち明けられ、感銘を受け会長職をお受け致しました。それから現在まで微力ながらも心強い姿勢で進んでまいりました。

現在の発展は、設立当時の不眠不休の時代から今日にいたるまでの、塾長をはじめとする塾生の皆様の、日夜を分かたぬ研鑽とご努力のたまものと、心からの敬意を表すしだいでございます。

大道塾道場訓には「人と結びて有情を体し:(人々と交わることで)心を豊かにし」という言葉がありますが、これは武道の世界でも普段私の関わる商売、またどんな世界においても人として生きていく上では何事にも変え難い大切な思いだと共感しております。

武道での身体と精神の鍛錬は、一日一日の積み重ねでございます。強い体を作り、鍛え上げる精神とともに心も豊かになることは素晴らしいことであり、その信念が大道塾を皮切りに一人でも多くの人々に伝わってくれることでしょう。

今回、大道塾は設立40周年を迎えるわけですが、一日一日を精進するうち、気が付けばいつの間にか40年経っていたというのが、塾長の実感なのではないでしょうか。空道創始におきましては20周年になりましたが、まるで昨日のことのように思えるものです。

ともに白髪の生えるまでとは、夫婦の契りのときに申す言葉でございますが、そのような心づもりで、大道塾の精神についていきたい、一人でも多くの人々の糧になる人生育成に大道塾とともに携われていけたらと思っております。

最後になりましたが、今日まで溢れるばかりの熱意をもって、日夜大道塾・空道を支えてこられた方々、またご協力、ご支援をいただきました皆様に厚く御礼申し上げます。今後とも大道塾・空道の益々の発展を祈念し、個性ある風恪を備えたものになってほしいと信じ、期待しております。おめでとうございます。

「次の10年に向かって」

大道塾全国総運営委員長
(社)全日本空道連盟副理事長
髙橋英明

大道塾設立40周年ならびに空道創始20周年、おめでとうございます。

30年誌(大道塾30年の歩み)の、自分の祝辞を読み直してみました。

大道塾設立からの30年および空道連盟設立からの10年の間にも様々な出来事があったわけですが、その後の10年間で、組織的にも個人的にも大きな変化があったことを、改めて、感慨深く、思い返しました。

これから先の10年を考えると、2025年の青森国体への参加を大きな契機として、国内での空道連盟の立ち位置の変化に取り組み、加えて国際的なスポーツ機構への加入を目指す、重要10年になると思いますし、このような目標を明確に持って進める10年になると思います。

この為には、大道塾ならびに空道連盟ともに、様々な面での意識変革が必要と考えます。また総本部や事務局の活動を、多くの人たちが支え、組織としての活動に参加していくような仕組み作りが不可欠と考えます。例えば、空道連盟の各種専門委員会や、各都道府県の協会がしっかりと機能していくようなことが不可欠と考えます。

30年史の祝辞の最後では、「体が動くうちに、腰を落ち着けて海外支部の指導をしてまわれることが夢です」と書きましたが、10年後の今は、その次の10年後を楽しみにして、このような

組織作りに参画し、次の世代に引き継いでいければと思っています。

「大道塾創立40周年に寄せて」

東北地区運営委員長
狐﨑 一彦

この度、大道塾創立40周年を迎えましたこと心よりお祝い申し上げます。

今日まで、山あり谷ありの長きに亘り東塾長と共に歩んで参りましたことに、関係者のひとりとして改めて誇らしくそして大変嬉しく思います。

思えば、いまから40年前、東先生から1本の電話をもらったことを印象深く思い出します。「狐﨑、おれ極真、辞めるぞ、ついて来るかどうかは、おまえが決めろ、新しい団体を作る」大変衝撃的な発言に驚きましたが、自分は戸惑いもなく、先生に対して即答しました。「自分は、東先生について行きます。」と、電話を切った後、正直何が何だかわからない状況でした。当時、東北地区で同じく支部活動を共にしていた各支部の諸先輩方にも電話をし全員異論なし、東先生について行こうと決意を固めた時でもありました。その当時、自分は20歳を迎えたばかりで、世の中のしくみがよくわからず、ただ前のめりに突き進んでいた時でもありました。後に、これで本当によかったのか、途中足止めする時期もありましたが、継続していく気持を持つ大切さと組織人として行動に努めていくことが、どんなに大変なことか常々思う頃でした。国内の各支部長が中心になり、その支部を支える支部生の功労があって、全国に支部道場が広がり、また世界に大道塾のネットワークが形成されるまでに至ったことは、いま考えるととても快挙なことであると言っても過言ではないと思われます。

当時、『空手に投げ技を導入する』団体は、確か大道塾が最先端だったと記憶しています。通常『空手に投げを採用する‥』など以ての外、様々な邪念と解釈されつつその後、寝技を加えたルールを許容するなど、総合武道を確立する基礎的な体系を作りあげました。

いまでは、総合系と言えば、当たり前のような気がしますが、塾長が掲げる理念が当時からすれば、非道的に解釈された時もありましたが、空道を行う競技性によって新の証明が、いち早く市民権を勝ち取る結果につながったような気がします。そして、地道な行動が功をなす結果となり、全国的に各支部が各地域のスポーツ協会(旧体育協会)に加盟する動きがみられるなど、各市町村関係を中心に行政間とのマッチングが進捗される運びとなりました。これは早期から考えると、非常に偉業を成し遂げた結果につながり、この成果を得るために、随分長い年月を費やしてきたものと感慨深い気持がこみあげて参ります。空道人口は、国内では横ばい傾向であり、反対に海外では大幅な伸びをみせている状況です。また、ここ数年、海外の選手層は、日本選手を上回る勢いから好成績をみせるなど、我々日本勢は、空道母国の威信を保持できるよう益々努力していく必要があります。

2018年第5回世界大会は大好評のうちに終了し、2020年第3回ワールドカップ大会開催を控え、一層『空道』が各方面から注目を浴びることになります。

そのためには、この40周年を機に、総合武道大道塾は、ひとつの転機を迎えることになります。時代は大きく移り変わりをみせますが、我々が培ってきた技術や伝統、教訓など、今後も踏襲すべき事項を決して忘れることなく、多くの塾生に受け継いで行ってほしいと願います。『押忍』の精神は、昔も今でも同じです。21世紀の新武道と称される大道塾の礎を50周年に向け、また、ひとつひとつ階段を上っていこうではありませんか。我々には、まだまだ山積した課題があります。それを紐解いていくために、塾生一人一人の協力が必要であり、東塾長にも益々元気に頑張っていただきたいと存じます。

結びに、大道塾の更なる発展のために、今後も皆さまからご指導、ご鞭撻を賜わりますようお願い申し上げ、自分からのお祝いのご挨拶といたします。

押忍。

中部地区運営委員長
神山信彦

創立40周年を迎えられましたこと、心よりお祝い申し上げます。

忘れもしない37年前、緊張で手に汗を握りながら見知らぬ地へ掛けた1本の電話で、自分の人生が大きく、そして鮮やかに動き出しました。もしあの時、電話口に出られたのが東先生ご本人で無ければ、今の自分はなかったのかもしれません。

自分は、幼少より空手道に打ち込み、当時、フルコンタクト空手では最大の組織だった団体に所属しておりました。しかし、何かが違うと疑問を持ちながら稽古に打ち込むという悶々とした日々を送っておりました。

そんな折、東先生が立ち上げた格闘技空手大道塾が組織の中でも話題になりました。東先生の「小よく大を制す」という理念や理想が、まさに自分が長年追い求めていた真の武道のあり方そのものだったのです。当時、実際の路上での戦いを想定し、顔面への打撃を認めた格闘空手道大道塾のスタイルは、どこにも存在せず、仙台から遠く離れた名古屋の地にいた弱冠23歳の若者の胸を大きくときめかせました。

あれから37年、大道塾に関わる一瞬一瞬が輝くドラマであり、そこには物語があり、自分と家族の人生は、常に大道塾と共にあったと40周年を迎えられたこの素晴らしい折に当時の、あのときめきを思い出しながら懐かしく振り返っております。

ありきたりですが、「強くなりたい」、その一心で掛けた電話で、

東先生からいただいたお話は、先生の後輩が愛知県岡崎市で大道塾を旗揚げするので協力してほしいということでした。自分には願ったり叶ったりのお話で、名古屋から岡崎まで毎回2時間かけて通い、無我夢中で稽古に打ち込みました。やがて、名古屋でも活動が開始されると、時間を見つけてはポスターを貼りに回り、週末には演武会を行うなど、地道な活動を続けました。気がつけば、名古屋では某団体に次ぐフルコンタクト空手の草分け的な団体へと成長していました。その後、あえて言うまでもありませんが、打撃系総合武道の名の下に、全ての理想を追い求め、ついには「空手」という枠では捉えきれない、空道という名の独自の武道へと新たに発展を遂げたことは、多くの方がご存知の通りです。

この40年の間に、空道大道塾が国内のみならず世界80カ国以上にも広がり、4年に一度、世界大会を開催できるほどの世界組織に成長したことは、とても誇らしく、また胸を張れることだと思います。

空道には人生を輝かせるロマンがあり、そして、人の夢を叶える力を持っていると自分は感じています。空道を通して、次世代の子どもたちが、より輝く未来を創造できるよう、微力ながら尽力させて頂きたいと思います。

末尾になりましたが、空道がここまでの揺るぎない団体になった背後には、東先生とご家族の皆様の人には言えないご苦労と絶え間ない努力があり、そして時に悔し涙を流されることがあったこととお察しいたします。東先生並びに先生のご家族の皆様にこの場をお借りし深く感謝申し上げたいと思います。

また、各地域で大会が開けることや、地区大会を突破した選りすぐりの選手たちが戦える全日本大会、世界大会、またワールドカップという場があること、それら全て、全国の支部長・責任者の方々、また選手の稽古相手になったり、心の支えになったりと、表立っては出てこない影の支援者である塾生、彼らのご家族、そして空道大道塾に関わる全ての方々のおかげであると思います。この場をお借りし、感謝を述べさせていただきたいと思います。

そして、自分が空道大道塾に夢とロマンを持ち続け、いつまでも心は若く、稽古を通じ人生を生き生きと過ごさせていただいていることは、一重に妻と家族のおかげです。深くお礼を申し上げたいと思います。

九州・沖縄地区運営委員長
松尾 剛

大道塾創設40周年おめでとうございます。

私、大道塾寮生（第5期生）として入門し36年間、大道塾・東先生に大変お世話になっています。

空道もこの40年で、国内100ヶ所以上・海外60ヶ国を有するまでになり、世界大会も5回目を開催し、これからも益々発展す

る勢いです。

この勢いで柔道・剣道の如く日本の・世界の武道の一つとなる様に、微力ながら九州・福岡の地で空道大道塾の更なる発展の為に尽力をつくしていきたいと思います。

「大道塾設立40周年・空道誕生20周年をお祝いして」

関西地区運営委員長
品川圭司

この度は大道塾設立40周年・空道誕生20周年本当におめでとうございます。

心からお祝い申し上げます。

初のフルコンタクト空手に顔面攻撃と投げ技を取り入れた「格闘空手」より、寝技や掴みの技術を取り入れた着衣総合格闘技・総合武道としての「空道」へ進化をとげ今や日本国内は約90ヶ所、世界各国約60ヶ所に支部を構える大きな組織となりました。（今後も国内・海外での支部の増加が見込まれます。）

又世界選手権を5回開催、第2のオリンピックと言われる「ワールドゲームズ」への参加、日本ワールドゲームズ協会への正式加盟。2025年の青森国体ではデモンストレーション競技として正式に参加が決定。宮城県での体協加盟等「空道」の今後の発展を目のあたりにして、日々身の引き締まる思いを感じでいます。

しかし、大道塾設立40年は決して悠々自適な平坦な道では無く、紆余曲折を経た困難な道であった事も確かです。東塾長の大いなる「人間力」でこの困難を乗り超えられ、今のこの発展の道にあると確信しています。

私自身大道塾にお世話になって、30年を迎える事になりました。東塾長を初めて観た際の、「こういう男の人が男の上に立つんだ！」という思いは今も変わらず改めてあの最初の思いは間違いではなかったと心から感じています。

今後も大道塾・空道の発展を関西地区より微力ではありますが、全身全霊で頑張って行きたいと思います。

大道塾・空道の今後の益々の発展を心より願っています。

押忍。

「大道塾創立40周年に寄せて」

関東地区運営委員長
渡辺慎二

この度は、大道塾創立40周年、誠におめでとうございます。

大道塾の創立は1981年。そして私が大道塾に入門したのが21歳＝大学三年生の1983年10月でした。ちょうど東京支部がで

きたばかりの頃です。

それ以前には、大道塾は東北地区にしか道場は存在せず、東北以外の地域の人たちにとって大道塾の格闘空手は、ある種「幻の空手」でありました。私は大道塾に入門前、少しK会で空手をかじっていたのですが、そのK会の茶帯の先輩方が「東師範のところの大会を見に行ったんだけれど、あれはヤベぇよ。あれはケンカで空手じゃねぇよ」と話しているのを耳にしたことがあります。

当時「K会」と言えば「泣く子も黙る実戦ケンカ空手」として世に知られていたのに、そのK会の猛者である茶帯の先輩方が「あれはヤバい」「あれはケンカで空手じゃない」と噂する大道塾の空手とはいったいどれほどとんでもないものなのだろう???と思ったのを、はっきりと覚えています。ところがそんな恐ろしい大道塾(?)にその二年後、自分が入門してしまうことになるとは、、、(笑)。もちろん大道塾は、(この拙文を今読んでくださっている皆様もご存知の通り)入門してみれば恐ろしい、怖いなどということは全くなく、むしろ明るくフランクな雰囲気の道場でしたけれど。'83年の当時は、スタートしたばかりの東京支部を定着させるため、東塾長御自身が毎週土曜日に上京して来られ、土曜の夜と翌日曜午前の稽古をつけて仙台に戻られる(プラス毎木曜日は高橋英明師範が稽古をつけてくださる)という体制で運営されていました。

土曜の稽古が終われば、塾長は居残っている道場生に向かい、毎度のように「おう、飲みに行くぞ」と声を掛けてくださいます。(俺も行っていいのかな? でもまだ白帯だからダメかな? でも行きたいな、どうしよう、どうしよう?)とモジモジしていると、「コラ慎二、お前も来い!」と言われ、(うわっ、映画や漫画で見ていた「あの」東孝に名前呼ばれて、飲みにまで誘われちゃった!)とカンドーするという(笑)、まぁそんな感じでした。

そして恐縮しつつも図々しくヒョコヒョコと付いて行くと、塾長は気さくに空手界、格闘界の表やら裏やら、あるいは今後の大道塾の目標や夢(!)を、飲みながらいろいろと話してくださいまして、、、そんな話を聞きながら、その場にいられることがとても幸せで、高揚した気持ちのままに「頑張ろうぜ!」、「俺達の手で、大道塾を(東京で)作り上げていこう!」と同期の仲間達と折りに付け話したものでした。あの頃のことは、つい昨日のことのように鮮明に思い出せます。

そしてその後、大道塾は初の東京大会('85無差別)を成功させ、本部も仙台から東京に移り、それと前後して全国に支部を作りと、拡大の一途を遂げていきます。この時代='80年代後半から'90年代頭にかけては、例えて言えば、大道塾という流派/団体にとっての「若さと勢いあふれる青春時代」だったのではないかと思います。

このころ私はまだ20代。仕事ももちろん頑張っていましたが、「選手として北斗旗に出る、勝つ」ことを目標に、一心不乱に稽古に励んでおりました。このあたり、私自身の人生の青春と大道塾の流派/団体としての青春とが時期、時代としてかなり近かったというのはとても幸運なことであったと感謝しております。

産声を上げ、すくすくと成長を見せた'80年代が大道塾にとって「(青)春の時代」とするならば、国内のみならず海外にまで躍進を始めた'90年代は「盛夏の時代」、そしてそれまでの活動の成果、実績が2001年「第一回北斗旗空道世界選手権大会」として結実して、以降が「実りの秋の時代」でしょうか?!

そのような目で見てくると、今現在はどうでしょう?!

かつて私が20代の頃は、空手、格闘技の実践者はもちろん、そのファンの間ででも大道塾は知られていたものですが、最近では、ファンはおろか、実践者においても「大道塾」の名を知らない空手家、格闘技者が増えているようです。

また、各支部に置かれましても「なかなか生徒が増えない」という悩みが多いやに聞いております(恥ずかしながら、私自身の支部においても同様です)。

そのような意味では、今は大道塾という組織にとって、非常に残念なことながら「冬の時代」なのかもしれません。

ただ、昔より「冬来たりなば春遠からじ」と申します。

大道塾にとっての新たな春。それは「空道がスポーツ協会に加盟して、国に公的競技として認められる」ことなのだと思います。そこに向けて、私も微力ではありますがその一助となれるよう頑張りたいと思っております。

そしてまた10年後、今度は50周年を「また春が来たな」と皆で笑顔で迎えられることを願ってやみません。その日まで、またこれからもよろしくお願いいたします。

最後になりましたが、もう一度。

大道塾創立40周年、本当におめでとうございます。

押忍。

「大道塾創立40周年に際会して」

中国四国地区運営委員長
村上智章

1981年2月といえば当時高校1年、中学生当時漠然と「高校生になったら極真に入らなきゃ。」と脳内でなぜか入門が義務化、自主トレ開始。 1979年11月極真第2回世界選手権。そのテレビ放映で出場選手中、最も強い印象を受けたのが東先生、「世の中にはこんな人がいらっしゃるんだ」。

インターネットの「イ」の字もない当時、折々の上京時に電話帳で武道具店を捜し、また神田の大規模書店を回っては『現代カラテマガジン』、『パワー空手』といった関連書籍を取得、入門に向けて足を使った情報収集。『現代カラテマガジン』連載企画、真樹日佐夫師範の「黒帯交遊録 東孝四段」を読んで、「えっ、あの人が宮城支部長なんだ。」と脳内は完全に「運命的出会い」状況、高校進学とともに石巻道場入門。「東先生に教えてもらえるんだ」。

毎日の自主トレと当時週三回の稽古日はまず休まずに練習三昧の日々、そのうち「先生が独立するそうだ」との風聞、「練習を

続けられれば別にいいや」。

　大道塾発足後は石巻道場に極真全日本5位の実績を持つ矢島史郎先生がいらっしゃり、指導内容も充実。当時仙台五橋の総本部にて実施された組技対策の柔道講座にも出席、「知らない技が一番怖い。まずは受け身をしっかり身につけろ。投げられてみろ。そして投げられないようになれ」。

　そうこうするうち第一回大会開催が決定、「お前次の大会でるからな」。当時は緑帯4級、「緑帯じゃナメられるから茶帯締めとけ」。

　大会当日、一回戦、相手選手欠場のニュース。「不戦勝ラッキー。」と思いきや、「ご来場の皆様にお知らせです。ただいま、軽量級の部において選手が欠場、一名の欠員が発生しました。ご来場の方から選手を募集します。出場希望者は本部席までよろしくお願いします」とのアナウンス。「おいおい、ちょっと待って。僕の不戦勝は?「欠員」じゃないでしょ。「不戦勝」でしょと強烈に憤ったことを覚えている(当時はこんな「飛び入り企画」もあった)。

　一回戦、その飛び入り選手には勝利したが、二回戦敗退。「一回戦は勝ったんだから、茶帯もらえるかも。使用済みになったんだし」とごほうびの試合特別昇級を期待したが、当然そんな甘い話はなく、大会終了後「茶帯返せ」でしぶしぶ返却。幻の茶帯だったが、締めている間は本当にうれしかった(現役当時の最高級は結局「緑帯4級」のままでした)。

　四十年前の記憶はいまだ鮮明、今もまたあの頃の気持ちのまま、私なりの「初心忘れず。」である。

　量的な面での低下は否定しがたいが(「量的変化が質的変化を惹起する」説がやはり正しいように思う)。気持ちは高校生のまま、今後も稽古に精進したく思う。

　押忍。

「40周年を迎えて」

大道塾最高相談役
仙台中央食肉卸売市場社長

佐藤節夫

　本日は大道塾発足40周年、並びに空道創始20周年誠におめでとうございます。私は東師範とは1977年、昭和52年に東京の知人の紹介で地元の仙台で会うことになり、自分でも多少柔道をたしなんでいた事もあり(当時5段、県連理事―編集部注)いわゆる"空手"のイメージで約束の場所で待っていました。所が、「はじめまして」と挨拶する彼の鍛え抜かれた鋼のような体を見た時に「これで"空手"か?」と驚き、チョッとだけ挨拶をして終る積りが、それから数時間ずっと武道や格闘技の話で盛り上がり、3、4日後には何と!白帯を締めて入門する事になりました。

　当時私は政府の肝いりで始まった「仙台中央食肉卸売市場」の設立に専務として携わっていましたが、そうして始まった交

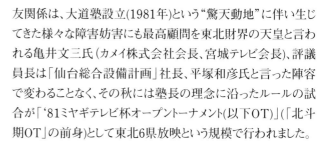

友関係は、大道塾設立(1981年)という"驚天動地"に伴い生じてきた様々な障害妨害にも最高顧問を東北財界の天皇と言われる亀井文三氏(カメイ株式会社会長、宮城テレビ会長)、評議員長は「仙台総合設備計画」社長、平塚和彦氏と言った陣容で変わることなく、その秋には塾長の理念に沿ったルールの試合が「'81ミヤギテレビ杯オープントーナメント(以下OT)」(「北斗期OT」の前身)として東北6県放映という規模で行われました。

　その後、普及の為に東奔西走し、遂に「また東京に戻るようです」となった時は「いつかはそうなるのかな〜」とは思ってはいたものの、酒飲み友達を失う気がして本当に残念でした。それだけでなく、地元の仙台とは違い、支援者も縁戚もない東京で"組織者"としての活躍が十分に出来るのか?と心配で、彼が「これからは生き馬の目を抜く東京での勝負です、頑張りマス!」と挨拶に来ても不安を拭えませんでした。

　案の定、今まで我々のような大舅、小姑が何だかんだと苦言を呈したり、選手との間に入っての風通しを良くするための"緩衝材"であったり、意見の調整弁のような役割をしていたのですが、それがなくなったために、長期的見通しや計画で動く「指導者としての東孝」の方針と、折からの格闘技ブームで叢生する「格闘技雑誌に敏感に反応する若い選手たち」の意見の違いが表面化し、行事で仙台に来る度に「社会に寄与貢献する人材の育成という武道の本義を忘れてる!」と今にも爆発しそうでした。

　「そんなのあんたは今でも練習を続けているんだから、脚を蹴って投げ付けて体で教えて遣れば良いじゃないか!」と冗談半分で言うと、「東京進出の新しい仕事に振り回され、自分の練習時間の確保が精一杯で、指導の機会が少ない為にスキンシップが減っているので、それは逆効果なんです」と言ったものでした。

　その内、そのマスコミ自体との騒動もあったようで、私などは「だから仙台が良いって言っただろう!」等と冷やかしたものでした。しかしそんな状況も極まると、彼特有の「冗談じゃねー!こんな事で潰れるかー!!」という人間機関車ぶりが目覚めたか、その十重二十重の包囲網を見事に突き抜けて見せました。

　1990年代に入ると逆に反転攻勢に出て、「大道塾の理念の是非を、世界に聞いてみようじゃないか!」と自分の武道理念を海外に向けて発信し、海外から多くの共感を得たのは、皆さんの良く知る所です。2000年には、最愛の息子正哲(まさあき)君を不慮の事故で失い、茫然自失という年月が続きましたが、その未練を払う為でしょうか、逆に齢50歳にして「空道」という全く未踏の荒野に足を踏み入れました。

　そして遂に、2001年、多くの反対を押し切りながら、「21世紀の新しい武道"空道"」として「第1回世界空道選手権大会」を挙行し、第4回の2014年には「世界ジュニア選手権大会」をも成功させ、昨年で第5回を数えるに至り、押しも押されもしない「世界の空道・大道塾」になりました。

　2025年には「国スポ青森大会」(旧称「青森国体」での公開競技として採用されたり、国際的には「第2のオリンピック」と称される、オリンピックへの登竜門「ワールドゲームズ」加盟への

布石を着々と打っており、遠くない将来に皆様にも更なる大きなニュースを提供できることでしょう。

その時を楽しみに、立場の違いはあるにしろ、空道に魅せられた者達として、今日は未来のために、大道塾・空道連盟の塾生の面々を叱咤激励しつつ痛飲したいと思います。

最後に大道塾最高相談役として、ご来場の皆様に御礼を述べさせて頂きます。今後とも宜しくご指導、ご鞭撻のほどをお願いいたします。

の皆様方に深甚なる敬意と謝意を申し上げます。

この記念する年にU.S.A本部兼N.Y支部の設立が決まり、空道の世界展開に大きな役割を果たすことは、地区運営委員長として誠に喜びに堪えません。

この様に空道が世界に広がり、競技として推奨しながらも、大道無門を忘れることなく空道の普及と発展に日々精進する所存でございます。

押忍。

【大道塾40周年寄稿文】

一般社団法人 全日本空道連盟 専務理事
佐藤豊

大道塾設立40周年、誠におめでとうございます。

近年、空道はワールドゲームスにおいてエキシビションスポーツとして参加するなど世界的評価も頓に高くなってきています。また昨今の「北斗旗世界空道選手権大会」、「世界空道ジュニア選手権大会」は、60か国を超す国々の参加実績があり、今後ますますスケールアップした世界選手権になることを予見させる素晴らしい大会となりました。

大道塾は『武道家としてだけでなく人間として完成する』ために役立つという信念から人間形成・教育の場としての道場であるという意味を込め『塾』という言葉を使用されています。(大道塾サイトより)この東師範の教えにより、大道塾はただ単に強くなるだけでなく、「生きる力が弱い人たちのために尽力する」力も併せて持っている人々が集う場であると私は思っております。イギリスの作家、レイモンド・チャンドラーの言葉に、このような一説があります。

「強くなければ生きていけない。優しくなければ生きていく資格がない」

これからも空道の修業を通じ、心身ともに強い人間になって頂くとともに、人格の陶冶をなし、その力を社会的な弱者のために寄与貢献されますことを期待しております。

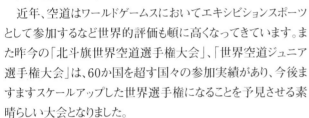

「ご挨拶」

北信越地区運営委員長
山田利一郎

塾長におかれましては、大道塾設立40周年、空道創始20周年をお迎えになられたことを、心からお喜び申し上げます。

また、長きに亘り、幾多の難を乗り越え組織運営にご尽力された奥様、事務局の方々、そして、それを支えてこられた歴代役員

「40周年記念」

北海道地区運営委員長
飛永耕治

この度は創立40周年おめでとうございます。

内弟子として総本部で寝泊まりしながら毎日稽古に打込んでいた頃から早いもので30年以上が経過しました。

現役引退後は地元に戻り空道の普及に努めていますが人を指導すると言うことは難しく…教え、教えられて毎日が自身にとっても学びの日々と言えます。

微力ですが地方から空道普及の活動に参加させていただき32年が経過しましたが、この32年間の空道の進歩と進化は驚くべきものであり、大変な勢いと変革の年月だったと思います。

21世紀の始まりとともに「格闘空手」から日本の新しい武道=「空道」を創始させて20年。

以来、5回の世界大会が開催され着実に空道は世界の武道として認知され広がりを見せ続けています。

北斗旗で活躍する選手達もこの20年間で少年部から育った選手が徐々に増え、現在ではトップ選手の大半をジュニア出身の選手で占めるようになって来ています。

これは空道がただ広がり、選手が若返ったという事だけでなく武道教育、日本の体育教育として少しずつ、しかし着実に根付いて来ている証拠と言えるでしょう。

団体としても、日本ワールドゲームズ協会(JWGA)への加盟から世界アンチドーピング機構(WADA)への加盟と、目を見張るような進歩を遂げ、また2025年には国体でのデモ競技にも決定と確実に歩むべき道を進んできたと言えるでしょう。

今後も新たな進展と展開を見せながら空道は一歩一歩確実に武道教育の道を進んでいくものと確信しています。

大道塾寮生制度

強さへの憧れと情熱にあふれ門をたたく若者たちに対し、大道塾は「道場と仕事との両立」を強く勧めるとともにその支援体制を築いてきた。

これは"社会から真に必要とされる強靭な心身を備えた武道人を育成する"という意味での「社会体育」を標榜してきた空道と大道塾の"使命"であるとの認識によるものである。

特にこの混迷する現代においては、日本社会ひいては国際社会の将来を背負う"青少年の育成"や、現在既に社会を支えている人達の"自己実現を手助け"し、教育の崩壊だけではない"人間社会そのもの"の崩壊を止めるというということにその意義があると考えている。

団体設立30周年を迎える現在、従来の「内弟子・寮生制度」を一層拡充させた「武道奨学生制度」も整った。海外支部での活動を視野にいれることも可能となったこの制度を利用して、より多くの若者に大きな夢を掴んでもらいたい。

内弟子・寮生とは？

・「全日本空道連盟」傘下、大道塾総本部内に起居して修行をする者は「内弟子」と「寮生」に分かれる。
・「内弟子」とは、経験や実績を認められ、入寮当初から道場の業務を手伝いながら修行するもの。
・「寮生」とは、日中は外部でバイトなどをして、夕方からの稽古に参加する者を言う。

入寮中は、寮費のみで、衣類以外一切不要（三食支給、部屋代・その他の生活諸経費無料、審査料や昇段料、合宿参加料、試合参加料、国内外の遠征費などの各種経費も一切不要）
内弟子・寮生出身者が支部を開設した場合は支部認可料は不要。

武道奨学生制度とは？

卒寮後の返還を前提として 入寮費＋寮費相当額 を貸与。返済は無利息。しかもその後は、大抵3年間の修行を形あるものにすべく、本部や地区本部の職員兼指導員として給与を得るので、その中からの返済は十分に可能。
試合等の実績次第で返済が最高で100%免除される。

・入寮時の書類審査と簡単な体力測定の結果次第で、入寮費や寮費が免除される。
・また、高校時代に何らかのスポーツ（当然、空道も含む）で実績がある場合は、レベルにより
  a）入寮費免除
  b）寮費免除
  c）研修生活費支給がある。（業務習得程度や人格や昇級・昇段・試合での実績等による）
・黒帯になり準指導員になれば、給与が支給される。
・卒寮後海外研修を希望する者は、1〜2年程度海外の支部で指導しながら語学の勉強も可能。

内弟子・寮生募集要項抜粋

① 入 寮 時 期　3ヶ年《寮生は弐段位を取得。正指導員・支部長の資格を得る》
② 入 寮 場 所　希望及び総本部の決定により、総本部又は地区本部
③ 体力的条件　身長＋体重が235以上 それ以下の場合は、交流試合や審査・出席日数・人格等を考慮した上で認められる
④ 年 齢 条 件　18歳（高卒）以上、25歳以下
⑤ その他の条件
 ・いずれ大道塾の支部を開く意思がある者
⑥ 必要経費
 ・1ヶ月目：入寮費／寮費（上記「武道奨学生制度」参照）／空道着代／配属先への旅費等
 ・2ヶ月目：寮費（上記「武道奨学生制度」参照）のみ
  ※朝食・夕食費は支給。
⑦ アルバイト　10:00〜17:00（18:00）頃まで（寮生の場合）
⑧ 朝　練　7:30〜9:00（月・火・水・金・土）
 昼　練 13:00〜15:00（職員のみ週4回以上）
 本稽古 16:20〜19:00、又は18:30〜21:00
 ※週1回の休養日あり。

＊＊＊その他、詳細に付きましては 国際・全日本空道連盟 大道塾総本部まで。

総本部	〒171-0033 東京都豊島区高田2丁目10-11 イースタンビル Tel 03-5953-1860 Fax 03-5953-1861
E-mail	KAJF@Ku-do.jp / Info@daidojuku.com
Homepage	http://www.ku-do.jp/　http://www.daidojuku.com/

大道塾 40 年、空道 20 年の歩み

これが空道だ！

2020 年 1 月 10 日発行　第一刷

発行人◎川保天骨　Tenkotsu Kawaho

編集人◎矢部陽士　Haruo Yabe　㈱かさら屋パブリケーションズ

制作◎空手タイムス社

発行所◎道義出版

〒 105-0004　東京都港区新橋 2-20-15 新橋駅前ビル 1 号館 405

TEL・FAX 03-6877-0893

Email dragon@dragon-media.jp

発売所◎㈱星雲社

〒 112-0012　東京都文京区水道 1-3-30

TEL 03-3868-3275 FAX 03-3868-6588

ISBN978-4-434-27069-7 C0075